JOACHIM KOPPER

ETHIK DER AUFKLÄRUNG

JOACHIM KOPPER

ETHIK DER AUFKLÄRUNG

1983
WISSENSCHAFTLICHE BUCHGESELLSCHAFT
DARMSTADT

CIP-Kurztitelaufnahme der Deutschen Bibliothek

Kopper, Joachim:
Ethik der Aufklärung / Joachim Kopper. –
Darmstadt: Wissenschaftliche Buchgesellschaft,
1983.
ISBN 3-534-08541-8

2345

Bestellnummer 8541-8

Satz: Satz-Rechen-Zentrum, Berlin
Druck und Einband: Wissenschaftliche Buchgesellschaft, Darmstadt
Printed in Germany
Schrift: Digiset Garamond, 9/11

ISBN 3-534-08541-8

INHALTSVERZEICHNIS

EINLEITUNG:
DIE LEHRE VOM COGITO ALS GRUNDLAGE DER NACHMETAPHYSISCHEN MORALPHILOSOPHIE

> At nihilominus sentimus, experimurque, nos aeternos esse. Nam mens non minus res illas sentit, quas intelligendo concipit, quam quas in memoria habet. Mentis enim oculi, quibus res videt, observatque, sunt ipsae demonstrationes.
>
> Spinoza: Ethica, Pars Quinta, De Potentia Intellectus, seu de Libertate Humana

Die Philosophen, mit denen wir uns in dieser kurzen Darstellung befassen wollen, sind alle Gegner der traditionellen Metaphysik gewesen. Das philosophische Denken der traditionellen, scholastischen Metaphysik ging vom Seienden aus und stieg durch Raisonnement und Abstraktion vom gegebenen Seienden bis hin zum unbedingten Sein auf, in dessen Betrachtung das theoretische philosophische Denken seinen Abschluß fand. Die Betrachtung des denkenden Menschen in der Welt, seines Daseins, seines Sichverstehens und seines Handelns folgte erst aus dieser Seinsbetrachtung. So war die Ethik immer eine der Seinslehre nachfolgende Disziplin. Durch die Philosophie Descartes' mußte sich dieses Verhältnis von Seinslehre und Ethik ändern. Descartes brachte das *Cogito* als oberstes Prinzip in das philosophische Denken. Für die philosophische Reflexion war nun nicht mehr das Seiende das Erste, an das sie sich halten mußte, sondern es war vielmehr das Denken des Menschen selbst, von dem sie ihren Ausgang nehmen mußte. Das philosophische Denken wird, wenn wir so sagen dürfen, zu einem Denken, in dem es dem Menschen als denkendem Wesen um sich selbst geht. Damit kann dann auch das alte Verhältnis zwischen Seinslehre und Sittenlehre so nicht mehr bestehenbleiben, sondern die Frage nach dem denkenden Menschen, nach seinem Dasein, seinem Sichverstehen und Sichverwirklichen tritt von vornherein mit in das philosophische Denken ein. Wir treten in eine Epoche der Philosophie ein, wo die alte Unterscheidung zwischen Ontologie und Ethik so nicht mehr gelten kann, sondern das Anliegen, das die traditionelle Philosophie in der Disziplin der Ethik gefaßt hatte, von Anfang an in die philosophische Reflexion mit eintritt. So wird denn auch von Spinoza das philosophische System in seinem ganzen Umfang unter dem Namen der *Ethik* vorgetragen.

Diese Umwälzung des philosophischen Denkens, diese Revolution der Denkungsart, die bei Descartes geschieht und durch die das philosophische Denken statt vom gegebenen Seienden nun vom *Cogito* seinen Ausgang nimmt, müssen wir, um die Ethik des 18. Jahrhunderts, die wir hier betrachten wollen, recht verstehen zu können, zunächst etwas eingehender erörtern. Descartes gelangt im Ausgang von dem zweifelnden Denken zu seiner Lehre vom *Cogito*. In erster Linie bezweifelt das philosophische Denken das Dasein alles dessen, was unserem Erkennen in der Welt gegeben ist. Wir sind des Daseins der Dinge, auch unseres eigenen Leibes, nicht gewiß. Wir wissen nicht, was dieses sogenannte Dasein eigentlich meint und bedeuten solle. Wenn wir aber so erst einmal zum Zweifel an dem Dasein der Dinge gelangt sind, dann stellen wir anschließend auch fest, daß wir auch von den bloßen Strukturen, wie sie die reinen Wissenschaften erfassen und wie wir sie als notwendig und allgemeingültig bestehend annehmen, kein Wissen haben, das sich durch sich als schlechthin gewiß ausweisen könnte. So tritt das philosophische Denken in einen Skeptizismus ein, in dem sich alle Behauptungen, die das Denken zuvor für gültig gehalten hatte, als in sich unausgewiesen darstellen. Aus diesem Skeptizismus heraus, in dem alle Einsichten, die bisher gegolten haben, als unausgewiesen angesehen werden, kann der Philosoph nun aber sagen: Der Denkende oder das Denken, das all dieses zweifelhafte, in sich unausgewiesene Wissen hat, das findet doch statt, das ist da. Wenn der Philosoph an den Denkenden oder das Denken, an das Cogito, das „Ich denke" selbst denkt, dann muß er sagen, dies „Ich denke" findet statt, dies „Ich denke" selbst ist da.

Über den Philosophen selber, der das „Ich denke" und sein Dasein feststellt — und von dem man ja annehmen sollte, daß er in gewisser Weise mit dem „Ich denke", das er feststellt, übereinkommt —, wird von Descartes gar nichts gesagt. Der Philosoph erlangt die Einsicht über das „Ich denke" und sein Dasein aus seinem Skeptizismus heraus. Alle anderen Einsichten und Behauptungen sind in gewisser Weise ungültig geworden. Hier aber hat er eine Einsicht und Behauptung, die als solche gilt. Die Gewißheit über die Inhalte des Denkens und Erkennens ist dem Philosophen im Skeptizismus verlorengegangen, aber dafür hat er nun die Gewißheit über das „Ich denke" und sein Dasein selbst. Die Einsicht des Philosophen über das „Ich denke" fällt in gewisser Weise aus dem Skeptizismus heraus. Sie geht gerade aus dem Skeptizismus als solche hervor. Indem das philosophische Denken sich nicht mehr an die Behauptungen über das Dasein der Dinge und über ihre Strukturen halten kann und also nicht mehr durch diese Behauptungen gebunden ist, da entdeckt es als den eigentlichen Gegenstand seines Wissens und Behauptens das Geschehen des Denkens selbst und weiß dieses Geschehen des Denkens selbst als das eigentlich Gewisse.

Der Philosoph weiß, das Denken, das „Ich denke" findet statt. Dieses Statthaben ist aber nicht mehr so etwas wie das Dasein der besonderen Dinge, die wir, einschließlich unseres eigenen Leibes, in der Welt vorfinden. Dieses besondere und bestimmte Dasein ist ja gerade als solches unausgewiesen und dem Zweifel unterworfen. Wir wissen nicht, was mit diesem angeblichen Dasein eigentlich gemeint ist. Das Statthaben des „Ich denke" ist aber auch nicht so etwas wie die Strukturen, die wir in den reinen Wissenschaften erfassen und von denen wir gemeinhin annehmen, daß sie notwendig und allgemeingültig sind. Diese Strukturen haben auch an dem Unausgewiesensein alles besonderen Wissens teil. Das Wissen um das Statthaben des „Ich denke" ist von all diesem besonderen Wissen und seinem Unausgewiesensein abgehoben. Es steht losgelöst für sich da. Was der Philosoph in diesem Wissen um das Statthaben des „Ich denke" weiß, ist nicht mehr ein Wissen um ein besonderes Etwas oder eine bestimmte Struktur, es ist ein Wissen um ein Geschehen, das unbezüglich als solches stattfindet und das als ein Sichselberkennen und Fürsichselbstdasein geschieht. Dieses Geschehen ist als solches gar nicht durch irgendwelche Bestimmungen, von denen man dann nicht weiß, was sie eigentlich meinen und was sie bedeuten sollen, zu betreffen: es findet als ein Geschehen, das als solches Kenntnis seiner selbst ist, statt, es ereignet sich, wie Heidegger gesagt hat. Alles, was im Statthaben dieses Geschehens als Besonderes gewußt ist, ist bezweifelbar; das Geschehen des „Ich denke" selbst kann von solchem Zweifel nicht betroffen werden. Es ist als das unbezügliche Geschehen, das als Seinerselbstinnesein statthat, für den Philosophen das als solches Gewisse, das sich über sein Gewißsein durch sich selbst ausweist.

Nun ist es, wie gesagt, so, daß der Philosoph sich in seinem Denken mit dem „Ich denke", das er da weiß, gar nicht identifizieren kann. Das „Ich denke" geht ihm durch die bezweifelten Inhalte des Denkens hindurch als solches auf. Obwohl er das „Ich denke" als ein Geschehen weiß, das durch die in sich unausgewiesenen Inhalte unseres Erkennens gar nicht bezeichnet werden kann, das losgelöst von diesen Inhalten für ihn dasteht, so kann er das Wissen um dieses von den Inhalten losgelöste „Ich denke" doch nur haben, sofern er dabei von diesen Inhalten ausgeht und von ihnen her seine Einsicht über das „Ich denke" gewinnt. Das macht nun, daß die Gewißheit, die er von dem „Ich denke“ hat, im eigentlichen Wortverstande weder eine Gewißheit durch Anschauung noch eine Gewißheit durch Raisonnement zu sein vermag. Durch Anschauung, durch Wahrnehmung glaubten wir des Daseins der Dinge in der Welt gewiß zu sein; durch Raisonnement und Abstraktion glaubten wir, die reinen Strukturen, die notwendig und allgemeingültig gelten sollen, erkennen zu können. Beide Arten von Einsicht, sowohl die durch Wahrnehmung geschehende über das Dasein der Dinge als auch die durch Raisonnement geschehende über die Strukturen sind im skeptischen Denken aufgelöst worden. Aus diesem skeptischen Denken heraus geschieht nun statt dessen die Gewißheit über das „Ich denke“. Aber das Denken hat sie weder auf die Weise der Wahrnehmung noch auf die Weise des Raisonnements. Man könnte sagen, daß dieses Wissen des Philosophen um das „Ich denke“ ein an dem durch die Wahrnehmungen und an dem durch Raisonnement geschehenden Wissen, das ja als solches bezweifelt ist, mitlaufendes Wissen ist, eine *con-scientia*. Die deutsche Übersetzung für *conscientia* ist üblicherweise Bewußtsein. Das Bewußtsein wäre ein Wissen von uns selber, das wir auch noch sind, indem wir das Wissen von den Dingen und von den Strukturen haben. In der Philosophie des *Cogito*, wie Descartes sie uns vorträgt, ist nicht davon die Rede, daß wir für uns selbst *conscientia*, Bewußtsein sind, sondern davon, daß der Philosoph diese *conscientia*, dieses Mitwissen oder Bewußtsein vom „Ich denke“ hat, das sich ihm in seinem Charakter von all den bezweifelten Inhalten unseres Erkennens loslöst, indem er es doch nur an diesen Inhalten — als an ihnen mitlaufend — finden kann. Von dem Philosophen selbst und von seinem Bewußtsein ist dabei gar nicht die Rede; Descartes handelt nur von dem, was die philosophische Reflexion aus dem Skeptizismus heraus entdeckt.

Das bewirkt nun aber für dieses Wissen des Philosophen um das „Ich denke“ eine eigentümliche Uneigenständigkeit. Dieses Wissen kann als ein mitlaufendes Wissen nur an dem Wissen entdeckt werden, das in seiner inhaltlichen Bedeutung bezweifelt ist und sich über sich selbst nicht ausweisen kann. Das bedeutet aber, daß auch das Wissen um das „Ich denke“ letztlich dem Zweifel nicht schlechthin entzogen werden kann; es ist ja nur als ein Wissen da, das an dem Wissen mitläuft, das in seinem inhaltlichen Bestimmtsein bezweifelt werden muß. Descartes sagt — in der dritten Meditation —, daß das Wissen um das „Ich denke“ durch seine Klarheit und Deutlichkeit in seiner Wahrheit ausgewiesen ist; aber diese Klarheit und Deutlichkeit haben auch etwa die geometrischen Wahrheiten; es bleibt ein Skrupel, ein „sozusagen metaphysischer Zweifel". Dieser metaphysische Zweifel muß ausgeräumt werden; doch direkt kann er nicht ausgeräumt werden, denn es ist das Wissen um das „Ich denke" eben nur so da, wie es sich durch sich selbst bezeugt, und da ist es immer nur das mitlaufende Wissen, das indirekt doch noch vom Zweifel betroffen bleiben muß. Das mitlaufende Wissen um das „Ich denke", in dem ja ein unbezügliches und unbedingtes Geschehen gemeint ist, müßte zu einem durch sich selbst geltenden Wissen erhoben werden, das der Bindungen an das bezweifelbare Wissen nicht mehr bedarf. Unmittelbares und durch sich selbst geltendes Wissen geben uns aber nur die Wahrnehmungen und das Raisonnement, die gerade in den Zweifel gebunden sind. So bleibt, wenn das Wissen um das *Cogito* zu einem durch sich selbst geltenden Wissen erhoben werden soll, nichts anderes übrig, als dieses unmittelbare Gelten doch wieder von der Wahrnehmung und von dem Raisonnement her zu suchen, die durch sich doch gerade nur das dem Zweifel unterworfene Wissen geben. Das Prinzip der philosophischen Reflexion, nach dem aus der Wahrnehmung und aus dem Raisonnement heraus das Wissen um das „Ich denke" in seiner unbedingten Bedeutung doch noch garantiert werden soll, ist der Satz vom Grunde, nach dem das inhaltliche und in sich bezweifelbare Wissen deswegen, weil es in dem „Ich denke" gewußt ist, nun auch von sich selbst her, als das unmittelbare Wissen, das es ist, die unbedingte Bedeutung angeben soll und damit von sich her das bloß mitlaufende Wissen um die unbedingte Bedeutung des *Cogito* zu einem durch sich geltenden unmittelbaren Wissen machen soll.

In der dritten Meditation wird dies von der Wahrnehmung her versucht. Die Wahrnehmung soll als das unmittelbare Wissen, das sie ist, durch sich das bloß mitlaufende Wissen um das *Cogito* in seiner unbedingten Bedeutung in den Rang eines unmittelbaren Wissens erheben. Daß die Wahrnehmung durch sich das *Cogito* in seiner unbedingten Bedeutung angibt und dadurch das bloß mitlaufende Wissen um diese unbedingte Bedeutung zu einem unmittelbar durch sich geltenden Wissen erhebt, das kann sie nicht dadurch leisten, daß sie sich selbst in ihrer Besonderheit und Beschränktheit angibt, sondern nur dadurch, daß sie durch sich selbst eine absolute Bedeutung meint. Auf diese Weise kommt Descartes in der dritten Meditation von den sogenannten *ideae adventitiae* her zum Beweise eines Daseins Gottes als des in sich unbedingten Bestehens. Durch dieses in sich unbedingte Bestehen ist der „metaphysische Zweifel", der noch in bezug auf das Statthaben des *Cogito* in seiner unbedingten Bedeutung bestand, behoben und das Wissen um das *Cogito* in seiner unbedingten Bedeutung von einem bloß mitlaufenden Wissen zu einem durch sich selbst geltenden Wissen geworden. Daß das *Cogito* so von der Wahrnehmung her in seiner unbedingten Bedeutung ausgewiesen wird, das geschieht durch das Hinstellen des Daseins Gottes als des absoluten Bestehens, das nach dem Satze vom Grunde vorgenommen wird. Daß es um diese Sicherung des *Cogito* geht, das sagt Descartes selbst in der dritten Meditation, bevor er an den Gottesbeweis herantritt.

In der dritten Meditation wird der Gottesbeweis von den *ideae adventitiae* her erreicht und das bloß mitlaufende Wissen um das *Cogito* auf diese Weise zu einem sich selbst ausweisenden unmittelbaren Wissen erhoben. Damit das Wissen des Philosophen um das *Cogito* aber vollständig gesichert sei, muß es auch noch auf die Weise des Raisonnements und der Abstraktion ausgewiesen werden: denn es sind diese beiden Formen des Wissens — die Wahrnehmung, die uns das Dasein gibt, und das Raisonnement, das uns die reinen Strukturen gibt —, die gemeinsam das Ganze des unmittelbaren Wissens ausmachen. In diesen beiden Formen muß das *Cogito* ausgewiesen werden und damit das bezweifelte Wissen zum unbezweifelten Wissen erhoben werden. So wie Descartes in der dritten Meditation das unbedingte Geschehen des *Cogito* auf die Weise der *ideae adventitiae* angibt und das Wissen um das *Cogito* so durch das Wissen um den daseienden Gott ausweist, so gibt er in der fünften Meditation das Wissen um das *Cogito* durch die reinen Strukturen des im raisonnierenden und abstrahierenden Denken Gewußten an. So wie uns das Denken die reinen Strukturen der geometrischen Erkenntnisse gibt, so gibt es uns durch sich — durch Denken — auch die Erkenntnis des Geschehens des Unbedingten als solchen. So erhalten wir abermals einen Gottesbeweis, in dem das Geschehen des Unbedingten nicht als ein gegebenes Sein, sondern als das in durch Denken erkannter Struktur Gedachte gewußt ist, und so auch auf diese Weise das bloß mitlaufende Wissen um das unbedingte Geschehen des *Cogito* zu einem unmittelbaren Wissen geworden ist, in dem das *Cogito* in seiner unbedingten und unbezüglichen Bedeutung als solches ausgewiesen ist.

Das Wissen des Philosophen um das „Ich denke“ wird also erst durch die Gottesbeweise als solches ausgewiesen. Der Gottesbeweis wird sowohl von der Wahrnehmung her als auch vom Denken her vollzogen. Er stellt sich dabei sowohl für die Wahrnehmung als auch für das Denken so dar, daß in diesen beiden Formen des Wissens auch etwas liege, was uns nötigt, auf ihre Weise das Geschehen des Unbedingten als solches anzugeben. Auf die Weise der *ideae adventitiae* geschieht für uns auch noch die Gottesidee, die wir dann, weil sie uns das Wesen des *Co-*

gito selbst angibt, als *idea innata* bestimmen. Auf die Weise des Denkens der reinen Strukturen, wie wir es in den geometrischen Erkenntnissen vollziehen, geschieht für uns auch das Denken des Wesens Gottes, in dem wir das Unbedingte als solches denkend wissen. Das mitlaufende Wissen um das „Ich denke" ist durch diese Gottesbeweise, wie sie von der Wahrnehmung und vom Denken her geschehen, zum unmittelbaren Wissen erhoben. Indem das *Cogito* so in das tatsächliche Wissens- und Erkenntnisgeschehen hineingebunden ist, indem es auf die Weise des tatsächlichen Wissensgeschehens ausgewiesen ist und dieses tatsächliche Wissen und Erkennen seinerseits den Charakter des Unbedingten, das im *Cogito* liegt, an sich genommen hat, da sind in der Reflexion des Philosophen die skeptischen Skrupel überwunden, da ist auch der ihn irritierende „metaphysische Zweifel" überwunden und aufgelöst.

Descartes' Lehre bringt also den großen Umschwung in der philosophischen Reflexion, der uns von der alten Seinslehre zur Lehre vom *Cogito* führt, nach der der Philosoph das Unbedingte durch das Geschehen des „Ich denke" verstehen muß und es nicht mehr nach Art eines Gegebenen vom vorausgesetzten Seienden her aufsuchen darf. Aber in der Ausführung dieses obersten Prinzips seiner Lehre, zu dessen Einsicht er im Durchgang durch den radikalen Zweifel gelangt war, mußte Descartes wieder in einer Methode des Begreifens verfahren, in der er mit den alten Metaphysikern übereinkam. Auch für ihn bleibt das Erkenntnisgeschehen an das Gegebene gebunden. Wahrnehmen und Denken, durch die wir tatsächliche Erkenntnis haben, gehen vom Gegebenen aus. Das Wissen des Philosophen um das *Cogito* findet nur statt, indem er für sein Verständnis des tatsächlichen Erkenntnisgeschehens weiterhin an das Gegebene und an das Wahrnehmen und Denken, die auf dieses Gegebene bezogen sind, gebunden bleibt. Daher kann sein Wissen um das *Cogito* nur ein mitlaufendes Wissen sein, und daher muß die eigentliche Bedeutung des *Cogito* durch die Gottesbeweise ausgewiesen werden, nämlich dadurch, daß — nach Art des wahrgenommenen und gedachten Gegebenen — ein für sich bestehendes unbedingtes Sein erstellt wird, in dem die durch das *Cogito* gemeinte Bedeutung als solche hypostasiert und fixiert ist. Es gelingt dem Philosophen also nicht, sein Wissen um das *Cogito* von einer Methode des Begreifens zu lösen, nach der seine Bedeutung doch wieder im Ausgang vom Gegebenen vorstellig gemacht wird. Für das Übereinkommen der philosophischen Reflexion mit sich selbst in diesem neuen Wissen um die Bedeutung des *Cogito* wäre es erforderlich gewesen, daß sich die philosophische Reflexion selbst als solche aus dem unbedingten und unbezüglichen Geschehen des *Cogito* vollzogen hätte, anstatt die Bedeutung des *Cogito* wieder nach Art eines Gegebenen vorstellig zu machen. Es ist die von der Metaphysik her beibehaltene Methode des Begreifens, die das neue Wissen des Philosophen um die Bedeutung des *Cogito* an die alten Vorstellungsweisen bindet, nach denen das Unbedingte auf die Weise des seienden Gottes, der unsterblich bestehenden Seele und der Weltentbundenheit oder Freiheit dieser bestehenden Seele faßlich gemacht werden muß.

Indem aber für Descartes diese alten metaphysischen Vorstellungen doch nur der Ausdruck und die Durchführung des Wissens um die Bedeutung des „Ich denke" sind, da können sie ihre Bedeutung doch nicht mehr so haben, wie sie sie in der metaphysischen Seinslehre hatten. In der Metaphysik wird das Unbedingte unter der Form des Gegebenseins gemeint; jetzt ist das Gegebensein nur Darstellung und Ausführung des ursprünglichen Wissens des Philosophen um das Geschehen des *Cogito* in seiner unbezüglichen und unbedingten Bedeutung. Wenn von Gott, wenn von der unsterblichen Seele und wenn von der Freiheit die Rede ist, dann geht es darin doch immer schon um das Sichverstehen des Menschen als denkenden Wesens, auch wenn die Art und Weise der Darstellung, unter der dieses Sichverstehen ausgedrückt wird, weiterhin von den alten Vorstellungsweisen, die an das Gegebene gebunden sind, bestimmt bleibt. Damit ist aber für das philosophische Denken die Situation eingetreten, daß für es auch alle theoretische Besinnung immer schon einen ethischen Charakter hat, daß es ihm immer schon um das Sichverstehen des Menschen in der unbedingten Bedeutung des Geschehens des *Cogito* gehen muß.

Für Descartes selbst stellt sich dies alles, wie gesagt, nicht so dar, als gehe es ihm nur um den theoretischen Aufweis von Seiendem mit unbedingter Bedeutung. Der reflektierende Philosoph bleibt in gewisser Weise immer auch außerhalb des *Cogito*, das seiner Betrachtung vorgegeben ist und das in seiner Bedeutung von ihm herausgestellt und in ihr von ihm fixiert wird. Das Sichverstehen des Menschen scheint in dieser Lehre nicht unmittelbar engagiert zu sein, da sich der Philosoph ja betrachtend seinem Gegenstande, dem *Cogito*, zuwendet, das davon, daß er sich als Mensch versteht, auch abgehoben zu bleiben scheint. Aber wir sehen deutlich, daß Decartes dieses unmittelbare Geschehen des Sichverstehens doch in die so metaphysisch anmutende Gestaltung seiner Lehre einführt. Am Ende der dritten Meditation sagt er — nachdem er den Gottesbeweis geführt hat und uns darin Gott als das ursprüngliche Gegebene vorgestellt hat —, daß das Wissen um Gott das Statthaben und Sichwissen des *Cogito* selber sei. Das bedeutet aber eben, daß der gegebene Gott unmittelbar in das Sichverstehen des Menschen als denkenden Weltwesens umgesetzt ist und in diesem Sichverstehen — oder besser noch gesagt als dieses Sichverstehen — so statthat, daß der Mensch sich selbst als aus Gott herkommend, von ihm abhängig und in solcher Abhängigkeit ihm zugleich ähnlich versteht, in solcher Weise sein Sichverstehen ist und darin wiederum sich auf die Weise der Kontemplation Gottes verhält. So zeigt es sich, daß auch für Descartes schon die — der Form nach noch metaphysische — Lehre vom *Cogito* in ihrer theoretischen Durchführung unmittelbar ethische Bedeutung hat und sich selbst als Vollzug dieser ethischen Bedeutung versteht.

Nach Descartes konnte das Denken in der metaphysischen Einkleidung des neuen Wissens der philosophischen Reflexion um die unbedingte Bedeutung des *Cogito* nicht stehenbleiben. Der Philosoph, der von der unbedingten Bedeutung, die im Sichverstehen des Menschen als eines denkenden Wesens liegt, ausgeht, kann diese unbedingte Bedeutung nicht auf Dauer so behandeln, als sei sie seiner Betrachtung nach Art eines Gegenstandes vorgegeben, sondern die philosophische Reflexion muß sich selbst in das Wissen um das *Cogito*, das ihr das Unbedingte ist, hineinstellen und sich selbst als das Sichdarstellen und das Sichfaßlichwerden dieses Wissens vollziehen. Die Methode des philosophischen Begreifens kann nicht eine solche bleiben, in der das *Cogito* doch wieder auf die Weise des Wissens angegangen werden muß, das gerade dem radikalen Zweifel unterworfen worden war, sondern sie muß eine solche Methode werden, in der das philosophische Begreifen als solches gerade das Sichvollziehen und Sichgestalten der unbedingten Bedeutung des Geschehens des *Cogito* selbst ist. Die philosophische Reflexion darf also das *Cogito* nicht mehr nach Art eines Gegebenen nehmen, sondern muß in ihm aufgehen und selbst sein Sichvollziehen sein. Das ist es, worum es den auf Descartes folgenden Denkern geht. Sie sind, obwohl sie seine Größe anerkennen, so oft gegen die Methode seines Philosophierens aufgebracht, weil sie ihnen das Sichverstehen des Menschen in der unbedingten Bedeutung des Geschehens seines Daseins als eines denkenden Wesens in theoretischen Raisonnements zu ersticken scheint. Es ist immer das ethische Anliegen, als dessen Durchführung sich von nun an auch alles theoretische Philosophieren verstehen muß.

Daß die philosophische Reflexion so in ihrem Begreifen das Sichdurchführen der unbedingten Bedeutung des *Cogito* selbst sei, das ist aber zunächst nichts anderes als ein Programm; ein Programm, das wohl auch auf die Weise der Verkündigung vorgestellt werden kann, das aber damit nicht schon in der Form des philosophischen Raisonnements durchgeführt ist. Das ist ja gerade die große Schwierigkeit für das Denken Descartes': der radikale Zweifel führt dazu, daß das metaphysische Gebundensein des Denkens aufgelöst wird, ein neues Wissen tritt in die Reflexion des Philosophen ein; aber dieses neue Wissen kann keine ihm angemessene begriffliche Darstellung bekommen, sondern für diese begriffliche Darstellung bleibt es bei dem hergebrachten Ausgehen des Denkens vom Gegebenen. Der radikale Zweifel hilft der philosophischen Reflexion zwar zu einer neuen Haltung und Einsicht, aber er hilft ihr nicht zu einem neuen Raisonnieren. Dieses neue Raisonnieren wird nicht schon dadurch erlangt, daß die auf Descartes folgenden Denker sich von vornherein schon in ihrer Reflexion in das Wissen um das *Cogito* hineingestellt haben, das Denken aus diesem Wissen heraus vollziehen, wogegen Descartes das neue Wissen aus der Bindung des philosophischen Denkens an das Gegebene heraus erwerben mußte und in der Durchführung seines Zweifels doch immer auch an das Gegebene gebunden blieb. Für die auf Descartes folgenden Denker mag sich die philosophische Reflexion unmittelbar im Wissen um das *Cogito* verstehen, aber um so selbstverständlicher gilt, daß diese Reflexion sich weiterhin in einem Begreifen, das vom Gegebenen ausgeht, durchführt; denn an diesem Gegebenen — an den Dingen und an dem Dasein des Menschen als denkenden Wesens in der Welt — hat sie nun ja unmittelbar die Inhalte für die Durchführung des neuen Wissens, wogegen Descartes für das Begreifen dieser Inhalte gerade in den radikalen Zweifel eingetreten war, freilich ohne durch ihn dies Begreifen selbst abzuschaffen oder reformieren zu können. Es kann sich also für das nachkartesische Denken nicht so verhalten, daß sogleich dazu übergegangen würde, die philosophische Reflexion auch in ihrem Begreifen dem Wissen um das *Cogito* gemäß zu machen, sondern es muß zunächst dabei bleiben, daß das neue Wissen, in das die philosophische Reflexion sich selbst als solche hineinstellt, nur unter der Form eines Begreifens verkündet wird, das diesem neuen Geschehen der philosophischen Reflexion in der unbedingten Bedeutung des *Cogito* nicht eigentlich gemäß ist, sondern es nur durch ein Denken angibt, das in seiner Form an die Voraussetzung des Gegebenen gebunden bleibt. Es muß in diesem philosophischen Denken eine gewisse Unangemessenheit der Form seines Begreifens zu dem liegen, was es eigentlich meint und was es in einer Weise vorträgt, die etwas vom Wesen der Verkündigung an sich hat. Diese Unangemessenheit des Begreifens im Vergleich zu dem durch die philosophische Reflexion eigentlich Gemeinten muß dann selbst den Antrieb zur weiteren Entwicklung dieses nachkartesischen

Denkens abgeben, wo dann sozusagen in einem zweiten Durchgang — nach Descartes selbst — das philosophische Begreifen, das vom Gegebenen ausgeht, abermals dem skeptischen Zweifel unterworfen werden und auf diese Weise der Versuch, es zu überwinden, unternommen werden muß.

I. SHAFTESBURY

1. Der Gedanke des Ganzen

Die nähere Erörterung der Moralphilosophie des 18. Jahrhunderts wollen wir mit dem Grafen Shaftesbury beginnen, dessen Schrift ›An Inquiry concerning Virtue or Merit‹, auf die wir uns hier beziehen wollen, 1699 in einer ersten Fassung erschienen ist und 1714 in überarbeiteter Form von Shaftesbury in einer Sammlung seiner Essays nochmals veröffentlicht worden ist.[1]

Mit Shaftesbury befinden wir uns vor der Situation des Denkens, in der die philosophische Reflexion das Gegebensein der Welt und des Daseins des Menschen in der Welt unmittelbar im Sichverstehen des Menschen in dem unbezüglichen und unbedingten Geschehen des *Cogito* offenbar sein läßt. Die Welt und das Dasein des Menschen in der Welt haben unmittelbar die Bedeutung, Darstellung, Sichdarstellen des Sichverstehens des Menschen in dieser unbedingten Bedeutung zu sein. Das Verständnis der Welt und des Daseins des Menschen findet so für Shaftesbury immer schon in einer philosophischen Reflexion statt, die an sich selbst moralphilosophischen Charakter hat: im bloßen Dasein der Welt und des Menschen geht es schon darum, daß sich das Sichverstehen des Menschen als solches in seiner unbedingten Bedeutung verwirkliche. Indem sich dieses Philosophieren in seinem Begreifen an das Gegebensein der Welt und des Menschen halten muß, beginnt es sein Raisonnieren unter der Form einer theoretischen Philosophie, aber diese theoretische Philosophie ist schon das Sichausführen einer in sich moralphilosophischen Reflexion. Das theoretische Raisonnement leitet durch sich selbst zu einer Form der Reflexion, in der sich das moralphilosophische Anliegen direkt ausdrückt, wo die Welt und das Dasein der Menschen als solche als das Sichdarstellen des moralischen Sichverstehens des Menschen aufgenommen sind.

Descartes war zu der unbedingten Bedeutung des *Cogito* gelangt; und diese unbedingte Bedeutung mußte, um gegen jeden Zweifel gesi-

[1] Shaftesbury, Antony: Characteristicks of Men, Manners, Opinions, Times. In three Volumes. Vol. II An Inquiry concerning Virtue and Merit. 2nd Ed. 1714 (Republ. by Gregg Intern. Publ. Ltd., Farnborough 1968).

chert zu sein, sowohl durch die Wahrnehmung als auch durch das Denken reiner Strukturen in ihrer Notwendigkeit und Allgemeingültigkeit ausgewiesen werden. Sowohl die Wahrnehmung als auch das in sich apriorische Denken geben von sich her und auf ihre Weise das Unbedingte als solches und sichern damit die unbedingte Bedeutung des *Cogito* gegen ihr bloß mitlaufendes Geschehen, in dem sie nicht eigentlich als solche faßlich sein kann. Das Wahrgenommene und das Gedachte geben sich selbst in ihrem Fürsichgelten an, auf die Weise ihres Fürsichgeltens machen sie aber gerade auch die unbedingte Bedeutung des *Cogito*, in der sie selbst geschehen, faßlich und weisen sie als solche aus. Die Labilität dieser Position des Descartes liegt darin, daß die philosophische Reflexion sich daran genügen lassen muß, daß die Wahrnehmungen und die Inhalte des reinen Denkens die unbedingte Bedeutung des *Cogito* durch ihr Fürsichgelten ausweisen, daß sie nicht danach fragen darf, ob das Fürsichgelten dieser Inhalte, in dem diese sich doch immer nur selbst in ihrem besonderen Bestimmtsein angeben, wirklich der unbedingten Bedeutung, die durch sie gemeint sein soll, angemessen sein könne. Der Skeptizismus, der zu dem Wissen um das *Cogito* leitet, muß dann wieder aufgehoben werden, wenn es darum geht, das Wissen um das *Cogito* durch die Inhalte des Wahrnehmens und des Denkens zu bestätigen. Hier verfährt das philosophische Denken wieder dogmatisch. Eben deswegen kommt es auch in der Form seiner Behauptungen auf das alte metaphysische Denken zurück, auch wenn diese Behauptungen jetzt die Bestätigung des Wissens um die unbedingte Bedeutung des *Cogito* meinen. Es finden wieder theoretische Gottesbeweise statt, und das *Cogito* wird selbst als unsterbliche Seele theoretisch verstanden.

Die ganze Entwicklung des philosophischen Denkens nach Descartes, wie wir sie nun hier in einem ersten Stadium bei Shaftesbury nehmen, geht dahin, jene Einkehr der philosophischen Reflexion in das Wissen um das unbedingte Geschehen des *Cogito*, wie sie allein durch die skeptische Haltung des philosophischen Denkens möglich geworden ist, zur vollen Übereinstimmung mit sich selbst zu bringen und alle dogmatischen Momente des Begreifens, die das Geschehen des Unbedingten gerade nicht als solches anzugeben vermögen, aus dieser Haltung des Denkens zu entfernen. Die gegebene Welt und das gegebene Dasein der Menschen in ihr bezeugen für Shaftesbury das *Cogito*, das Sichverstehen des Menschen als denkenden Wesens in seiner unbedingten Bedeutung; aber das Gegebene kann diese unbedingte Bedeutung nur so bezeugen und ausweisen, daß es sich darin zugleich als ihr unangemessen erweist. Descartes hatte sich, nachdem er durch den Zweifel zum *Cogito* gelangt war, doch wieder am dogmatischen Denken genügen lassen, um die Bedeutung des *Cogito* auszuweisen; Shaftesbury nimmt, indem er die gegebene Welt schon als die Darstellung der unbedingten Bedeutung des *Cogito* versteht, dieses Gegebensein nun auch wieder in den Skeptizismus hinein. Er läßt sich nicht einfach daran genügen, daß die gegebene Welt die Bestätigung der unbedingten Bedeutung eben leisten könne, daß sie in ihrer jeweils besonderen Gestaltung und in ihrem besonderen Bestimmtsein das unbedingte Wesen des Sichverstehens des Menschen zur Darstellung bringen könne, sondern er nimmt dieses Wissen zugleich auch in den Zweifel hinein und fragt danach, ob wohl die gegebene Welt durch sich das Unbedingte angeben könne. — Allein durch den Zweifel eröffnet sich der philosophischen Reflexion das Wissen um das *Cogito.* In die Bestätigung dieses Wissens durch die Inhalte unseres Wahrnehmens und Denkens nimmt Descartes den Zweifel noch nicht wieder hinein, sondern verfährt für diese Bestätigung weiter dogmatisch nach Art des alten metaphysischen Denkens. Shaftesbury stellt auch die philosophische Reflexion auf die Bestätigung des Wissens um das *Cogito* durch das Gegebene unter den Zweifel und in ihn hinein und tut so den ersten Schritt auf das Übereinkommen der skeptischen philosophischen Reflexion, in der allein das Wissen um das *Cogito* sich eröffnet, mit sich selbst.

Das unbedingte Geschehen des *Cogito*, das unbedingte Geschehen des Sichverstehens des Menschen als denkendes Wesen muß durch die gegebene Welt als solches ausgewiesen und bestätigt werden. Mit dieser Hinwendung zu der gegebenen Welt beginnt Shaftesbury seine philosophische Reflexion. Das moralphilosophische Denken beginnt unter der Form theoretischer Überlegungen. Die gegebene Welt ist da. In diesem Dasein der Welt liegt etwas Unbedingtes. Aber wir wissen um dieses Unbedingte nur so, daß wir uns nicht eigentlich Rechenschaft von ihm ablegen können. Das Gegebensein der Welt in ihrer besonderen Gestaltung und ihrem besonderen Bestimmtsein bezeugt direkt immer nur sich selbst, und das Unbedingte, das in dieser Gestaltung doch auch gemeint ist, geht nicht eigentlich als solches hervor. So kann es uns nicht genügen, uns, damit wir die unbedingte Bedeutung des Gegebenseins der Welt wirklich verstehen können, einfach an die Wahrnehmung der Dinge in der Welt zu halten, sondern wir müssen zugleich auch an das Denken appellieren, um durch es die unbedingte Bedeutung, die das Gegebensein der Welt meint und der die Wahrnehmung durch sich allein nicht gerecht werden kann, als solche halten zu können und damit der philosophischen Reflexion das Genügen zu geben.

Das Denken, das hier noch zu der Wahrnehmung hinzutreten muß, damit der Versuch gemacht werden könne, daß beide zusammen das Gegebensein der Welt als das Sichdarstellen des Unbedingten eröffnen, ist das Denken des Systems und des Ganzen. Descartes konnte für die Bestätigung des Wissens um das *Cogito* von beliebigen Wahrnehmungen und von beliebigen Strukturen des Denkens ausgehen, die dann durch sich das unbedingte Geschehen des *Cogito* manifest werden ließen, ohne daß dem weiter nachgefragt werden durfte, wie sie dies denn eigentlich zu leisten vermochten. So kann es sich für Shaftesbury nicht mehr verhalten. Hier ist die gegebene Welt von vornherein schon als das Geschehen der unbedingten Bedeutung des *Cogito* gemeint, hier gilt das Gegebene nicht mehr einfach faktisch durch sich selbst, sondern hier hat es immer schon die Bedeutung, als solches, als das Gegebensein, das es ist, das Sichdarstellen der unbedingten Bedeutung des Geschehens des *Cogito* zu sein. Daher unterscheiden wir nun nicht mehr das Gegebensein der einzelnen Dinge von dem Gegebensein Gottes, und wir unterscheiden auch nicht mehr die besonderen Inhalte des apriorischen Denkens von dem Denken Gottes als Gott, sondern wir haben das Gegebensein der Welt, wie es durch Wahrnehmung und wie es durch Denken stattfindet, unmittelbar und als solches als das Geschehen des Unbedingten als Sichdarstellen. Wir kommen nicht mehr durch besondere Wahrnehmungen und besonderes Denken zum gegebenen Gott, sondern alles Wahrnehmen und alles Denken, wie immer es beschaffen sei, meint, sofern es im Denken des reflektierenden Philosophen betrachtet wird, an sich selbst immer auch schon das Geschehen des Unbedingten als solches. Jede Wahrnehmung meint durch sich das Geschehen des Unbedingten, und alles reine Denken meint als solches den Weltgedanken, meint das in sich Beschlossene, meint das Ganze, das System.

Durch den Gedanken des Ganzen und des Systems soll die unbedingte Bedeutung, die in gewisser Weise schon in der Wahrnehmung liegt, zu einer in sich beschlossenen Bedeutung werden. Es soll erlangt werden, daß das Wissen um das Geschehen des Unbedingten sich in seiner Darstellung auf die Weise des Gegebenseins der Welt selbst genügen, darin mit sich selbst übereinkommen könne. Aber es zeigt sich, daß die Wahrnehmung und das reine Denken einander wechselseitig bedürfen. Descartes konnte sich in der dogmatischen Durchführung seines Skeptizismus daran genügen lassen, das Wissen um die unbedingte Bedeutung des *Cogito* sowohl von den für sich geltenden Wahrnehmungen her als auch von dem für sich geltenden reinen Denken her zu rechtfertigen. Für Shaftesbury gibt es eine solche Möglichkeit nicht mehr, sondern Wahrnehmen und Denken müssen jetzt in einen und denselben Wissensvollzug hineingenommen werden, um gemeinsam das Geschehen des Gegebenseins der Welt als unbedingte Bedeutung anzugeben. Die wahrgenommene Welt muß in der philosophischen Reflexion unmittelbar und als solche als ein Ganzes und als System gedacht werden. Das, was da ist, muß als solches auch das Ganze und das System sein.

Wenn wir nun die wahrgenommene Welt so als das Ganze und als das System denken wollen, dann merken wir, daß wir diesen Gedanken nicht wirklich vollziehen können. Wir meinen in ihm das Unbedingte, so wie wir auch durch die Wahrnehmung das Unbedingte meinen, aber der Gedanke weist das Unbedingte nicht als solches aus. Es ergibt sich im theoretischen Raisonnement des Philosophen eine Dialektik, in der wir die unbedingte Bedeutung, die im Wahrnehmen der Welt liegt, durch den Gedanken des Systems und des Ganzen in sich zu beschließen suchen und in der wir andererseits der unbedingten Bedeutung, die im Denken des Ganzen und des Systems liegt, durch die Wahrnehmung Bestätigung geben müssen. In diesem Bemühen muß die philosophische Reflexion scheitern. Sie hat das Anliegen, die unbedingte Bedeutung, die im Geschehen des Gegebenseins der Welt liegt, zu einer auf die Weise dieses Gegebenseins ausgewiesenen Bedeutung zu machen, aber sie kann diese Bestätigung auch durch das gemeinsame Wirken des Wahrnehmens und des Denkens doch nicht erlangen. Daß auf die Weise des Gegebenseins der Welt das Sichdarstellen der unbedingten Bedeutung, die das Geschehen des *Cogito* ist, statthabe, das ist so, eben indem die Welt in der philosophischen Reflexion in solcher Bedeutung gemeint ist, in den philosophischen Skeptizismus hineingenommen. Dieser Skeptizismus ändert das Begreifen, das an das Fürsichgelten des Gegebenen gebunden ist, nicht, aber er hebt die Selbstverständlichkeit auf, mit der dieses Begreifen den Anspruch erhoben hat, durch sich das Gegebene — der Wahrnehmung oder des Gedankens — als den Garanten und Zeugen des Unbedingten anzugeben.[2]

Das Gegebensein der Welt und das Gegebensein der Menschen in ihr bleibt also in bezug darauf, ob es als solches das Geschehen der unbedingten Bedeutung des *Cogito*, des Sichverstehens des Menschen als denkenden Wesens, als Sichdarstellen sein könne, dem Zweifel unterworfen. Aber das Gegebensein der Welt ist doch als das Sichdarstellen dieser unbedingten Bedeutung gemeint. Wir dürfen das Gegebene, so wie es da ist, doch immer als das Sichdarstellen des Unbedingten nehmen, auch wenn diese Bedeutung des Gegebenen letztlich nicht als solche ausgewiesen werden kann. In diesem Sinne, d.h. ohne daß dies

[2] Vgl. Inquiry, Book I, Part I.

letztlich durch den Weltbegriff ausgewiesen werden könnte, sind uns alle in der Welt gegebenen Dinge doch das Sichdarstellen des Unbedingten. Dies gilt in besonderer Weise von den Lebewesen und in der vornehmsten Weise vom Menschen selbst. Und hier verhält es sich nun wiederum so, daß ein jedes Individuum durch sich selbst und als solches unbedingte Bedeutung ausdrückt und darstellt, daß aber jedes Individuum wieder in seine Art oder Gattung hineingestellt ist und mit dem unbedingten Wert, den es in sich selbst hat, doch in diese Art oder Gattung eingeordnet werden muß, die das Unbedingte in einer umfassenderen Weise vorstellig macht. Die Art aber kann in dem unabgeschlossenen System, das wir zu erfassen vermögen, wiederum dazu bestimmt sein, einer anderen Art zur Erhaltung zu dienen, und ohne dadurch die Bedeutung zu verlieren, daß sie durch sich selbst das Unbedingte ausdrücke und darstelle, ist sie damit doch in dem Verständnis des — unabgeschlossenen — Ganzen in ihrer Bedeutung zugleich jener anderen Art untergeordnet, die durch sich und als solche ebenfalls das Unbedingte ausdrückt und zur Darstellung bringt. So erkennt der reflektierende Philosoph das Geschehen des Mannigfaltigen und seines Geordnetseins in eben dieser Mannigfaltigkeit und in dieser Ordnung als das Sichdarstellen und Sichdurchführen des Unbedingten, das als solches das Unbedingte des Sichwissens des *Cogito*, des Sichverstehens des denkenden Wesens ist. Daß das Unbedingte so auf die Weise des Mannigfaltigen geschieht, daß es immer nur in jeweils besonderer Weise da ist, das bedeutet auch, daß es immer nur durch das Zerstören von Besonderem da sein kann, und diese Zerstörung des Einzelnen und Besonderen gehört mit in das Sichdarstellen des Unbedingten auf die Weise des Gegebenen hinein. Individuen opfern sich für die Erhaltung ihrer Art, bestimmte Arten erhalten sich auf Kosten des Lebens der Individuen anderer Arten. Und das Höhere ist hier für die Betrachtung des Philosophen immer dasjenige, was sich auf Kosten des anderen zu erhalten vermag. So ergibt sich ein — in sich unabgeschlossenes — System, in dem Gegebensein sich nur durch Zerstörung erhalten kann und in dem das, was bleibt, den höheren Rang gegenüber dem hat, was durch seinen Untergang das andere im Bleiben erhalten muß.[3]

[3] Inquiry, S. 18–21: For instance, if an Animal has the Proportions of a Male, it shews he has relation to a Female. And the respective Proportions both of the Male and Female will be allow'd, doubtless, to have a joint relation to another Existence and Order of things beyond themselves. So that the Creatures are both of 'em to be consider'd as Parts of *another System:* which is that of a particular Race or Species of living Creatures, who have some one *common Nature,*

Wir sehen, daß in dieser Philosophie, in der es auf die Weise des Gegebenseins der Welt um das unbedingte Geschehen des Wissens und des Sichverstehens des denkenden Wesens geht, dieses Gegebensein eine ganz andere Bedeutung und einen ganz anderen Charakter bekommt, als dies noch in der Philosophie des Descartes der Fall war. Für Descartes gibt sich das Gegebensein der Dinge in der Welt als etwas an, das für sich gilt, das in seinem Sein in Selbstverständlichkeit da ist und das aus diesem selbstverständlichen Bestehen heraus die unbedingte Bedeutung des *Cogito* bezeugt. Descartes hält sich in seinem Denken an das Gegebensein der Dinge, er nimmt es als ein Faktum auf, und von diesem Faktum her bestimmt er den Charakter der unbedingten Bedeutung des *Cogito.* Shaftesbury dagegen ist das Gegebensein der Welt, indem auch er sich noch im Begreifen an das Fürsichgelten des Gegebenen hält, unmittelbar auch schon Offenbarsein des unbedingten Geschehens des Sichverstehens des denkenden Wesens. Und darin liegt, daß das Gegebene, die Dinge und die Lebewesen, nun nicht mehr einfach nur als das Bestehende und als das in seinem Bestimmtsein für sich Geltende aufgenommen sind, sondern daß sie zugleich in ihrer Hinfällig-

or are provided for, by some one *Order* or *Constitution* of things subsisting together, and co-operating towards their Conservation and Support.

In the same manner, if a whole Species of Animals contribute to the Existence or Well-being of some other; then is that whole Species, in general, *a Part* only of some other System.

For instance; To the Existence of the Spider, that of the Fly is absolutely necessary.

In the same manner are Flys also necessary to the Existence of other Creatures, both Fowls, and Fish. And thus are other Species or Kinds subservient to one another; as being *Parts* of *a certain System,* and included in one and the same *Order* of Beings.

So that there is a System of all Animals; an *Animal-Order* or *Oeconomy,* according to which the Animal Affairs are regulated and dispos'd...

But if the Ill of one private System be the Good of others; if it makes still to the Good of the general System (as when one Creature lives by the Destruction of another; one thing is generated from the Corruption of another; or one planetary System or *Vortex* may swallow up another) then is the Ill of that private System no real Ill in it-self; more than the pain of breeding Teeth is ill, in a System or Body which is so constituted, that without this occasion of Pain, it wou'd suffer worse, by being defective.

So that we cannot say of any Being, that it is *wholly* and *absolutely ill,* unless we can positively shew and ascertain, that *what* we call Ill is no where Good besides, in any other System, or with respect to any other Order or Oeconomy whatsoever.

keit erfahren sind, als das, was in seiner Besonderheit und in seinem Bestimmtsein gerade nicht schlechthin gilt, sondern, indem es sich in seinem Fürsichgelten darstellt, immer auch schon das Haltlose und das Zugrundegehende ist, das sich selbst als solches gerade nicht als das Bleibende meinen kann, und sein Bleiben vielmehr nur hat, indem es immer auch schon das Vergehende ist. Das Bestehende, das in der philosophischen Reflexion so gewußt ist, daß es die Offenbarkeit des unbedingten Geschehens des Sichverstehens ist, ist damit in seinem Fürsichgelten als dasjenige einsichtig geworden, was durch sich gerade nicht schlechthin gelten kann und sich durch sich nicht halten kann, sondern sein Bestehen und Bleiben nur so hat, daß darin auch der Untergang und die Zerstörung geschehen.

Durch das Eintreten in den Skeptizismus, d. h. durch das Bewußtsein von der Haltlosigkeit alles weltlich Bestehenden hatte Descartes zu der Lehre vom *Cogito* gefunden, nach der sich uns durch das weltliche Bestehen hindurch das unbedingte Geschehen und Fürsichsein des Denkens eröffnet. Nur dadurch, daß das Fürsichgelten des faktischen Bestehens und Gegebenseins, wie es für das dogmatische Denken galt, durchbrochen wurde, war es der philosophischen Reflexion möglich, zu diesem Wissen um das Geschehen des *Cogito* zu gelangen. Aber Descartes hat dann auf der zweiten Stufe seines Raisonnements, wie es von den Wahrnehmungen und vom reinen Denken ausgeht, eine Auslegung des Wissens um das *Cogito* gegeben, die dem Skeptizismus, aus dem heraus dieses Wissen allein möglich wurde, nicht mehr gerecht wird, sondern das *Cogito* selbst wieder durch das dogmatisch verstandene Fürsichgelten des Gegebenen faßlich macht und bezeugt. Shaftesbury führt den Skeptizismus, den Descartes auf der zweiten Stufe seines Raisonnierens wieder aufgegeben hatte, als Haltung des reflektierenden philosophischen Denkens bis zu Ende durch. Die Haltlosigkeit der Welt, die uns das Wissen um das Geschehen des *Cogito* gibt, wird für die Auslegung dieses Wissens nicht wieder aufgegeben, sondern sie wird gerade festgehalten, und so wird die Welt in ihrer Hinfälligkeit selbst und als diese Hinfälligkeit der Ort und die Weise, wie die unbedingte Bedeutung des Geschehens des Wissens und Sichverstehens für sich selbst statthat und offenbar ist. Für Descartes wird das Wissen um das *Cogito* durch den bestehenden Gott und durch die bestehende unsterbliche Seele ausgewiesen; für Shaftesbury weist sich das unbedingte Geschehen des *Cogito* darin aus, daß das Gegebensein der Welt als das Geschehen der in sich beschlossenen Bedeutung, als das Geschehen des Ganzen oder des Systems, das sich doch nicht als vollendet ausweisen kann und das in Hinfälligkeit geschieht, offenbar ist. Daß Shaftesbury in solcher Weise über Descartes hinausgelangt, daß er den Skeptizismus als eine Haltung, in der das philosophische Denken ganz beschlossen ist, durchführen kann, das konnte freilich nur aus dem durch Descartes eröffneten Wissen um das *Cogito* geschehen. Indem für Shaftesbury die philosophische Reflexion von vornherein in diesem Wissen steht, da ist ihr das Weltverständnis von Anfang an und als ganzes in diesen Skeptizismus eingegangen, und das dogmatische Aufnehmen des Fürsichgeltens des Gegebenen ist in dieser Philosophie nicht mehr möglich.

Innerhalb dieses skeptischen Wissens findet dann die Rechtfertigung des Geschehens des unbedingten Wissens statt. Sie findet nicht mehr so statt, daß das unbedingte Bestehen Gottes und der unsterblichen Seele aufgewiesen würde, sondern sie liegt nun darin, daß das Gegebensein der Welt in seiner Hinfälligkeit doch als es selbst gerade auch das Sichbezeugen und das Sichdarstellen unbedingter Bedeutung ist. Diese Bedeutung ist unmittelbar gewußt, indem das gegebene Dasein der Welt sowohl durch die Wahrnehmung als auch unter dem Gedanken des Ganzen und des Systems offenbar ist. Diese unbedingte Bedeutung, die im Gegebensein des weltlich Bestehenden liegt, wird aber in der philosophischen Reflexion nicht nur festgestellt, sondern sie kann auch durch ein begreifendes Denken, das von diesem Gegebenen selbst ausgeht, vorstellig gemacht und faßlich gemacht werden. Ein solches Sichdarstellen des Wissens der philosophischen Reflexion durch das Begreifen war in der Lehre Descartes' gar nicht möglich, sondern hier konnte dieses Wissen nur dadurch bezeugt werden, daß der Philosoph wieder auf die Wahrnehmungen und das Denken in reinen Strukturen zurückgriff. Bei Shaftesbury aber ist eine begriffliche Darstellung des Wissens der Reflexion als solchen dadurch möglich, daß dieses Wissen sich von seiner weltlichen Gestaltung her — das Gegebensein der Welt ist ja als sein Sichdurchführen offenbar — in strukturiertem Begreifen selbst angibt. Der Begriff, um den es hier geht, ist der Begriff der in sich allgemeingültigen Bestimmung oder der Artbegriff. Der Artbegriff hatte schon in der dogmatischen Metaphysik eine große Rolle gespielt. Durch ihn wurde vom Einzelnen und Besonderen her die Erkenntnis allgemeingültiger Strukturen eröffnet. Das Denken geht im Begreifen durch den Artbegriff vom Gegebenen in seinem Bestimmtsein aus und erfaßt von ihm her das Allgemeine als dasjenige, was in der Form des Bestimmtseins dem Wesen des Denkens selbst entspricht. Auch für Shaftesbury hat das Begreifen unter dem Artbegriff noch diese Funktion. Dadurch daß die philosophische Reflexion im Skeptizismus in das Wissen um das *Cogito* eingetreten ist, hat sich an der Form ihres Begreifens nichts geändert. Dieses Begreifen geht weiterhin von dem Fürsichgelten des Bestimmten in seinem Bestimmtsein aus und entdeckt von diesem Bestimmtsein her und durch es, worin und auf welche Weise es dem Wesen des Denkens entspreche.

Aber dieses Begreifen unter dem Artbegriff bekommt nun eben eine Bedeutung, die es im metaphysischen Denken nicht haben konnte: daß es durch sich und auf die Weise der allgemeingültigen Strukturen, die es vorstellig macht, das Geschehen der unbedingten Bedeutung des Sichverstehens des Denkens auf die Weise der gegebenen Welt selbst angibt, und zwar insofern diese gegebene Welt in ihrem Gegebensein und als ihr Gegebensein das unbedingte Wesen des Denkens selbst strukturiert darstellt. Damit ergibt sich eine ganz neue, eine, wenn wir so sagen dürfen, gegenständliche Logik. Kant hat seine ›Kritik der reinen Vernunft‹ als die Lehre von einer solchen gegenständlichen Logik angesehen. Eine solche gegenständliche Logik kann nur entstehen, wenn es in der theoretischen Reflexion des Philosophen darum geht, daß das unbedingte Wesen des Wissens sich selbst auf die Weise des Gegebenseins der Welt und als dies Gegebensein darstelle und vorstellig mache. Eine solche gegenständliche Bedeutung hatte das Begreifen unter dem Artbegriff in der traditionellen Metaphysik gar nicht haben können. Hier war es vielmehr nur darum gegangen, von dem vorausgesetzten Gegebenen her allgemeine Strukturen zu entdecken, in denen das Denken sich selbst entspricht; das Sein der Dinge blieb dabei aber immer das Vorausgesetzte, an dem, als dem Vorausgesetzten, das selbst nicht von der Art des Denkens war, das Begreifen eben nur ansetzte und von ihm her die allgemeingültigen Strukturen entwickelte. Das Allgemeingültige, das angegeben wurde, war so immer nur ein Allgemeingültiges, das von dem Einzelnen her, das gerade nicht das Allgemeingültige war, sondern als solches für sich bestand, entdeckt wurde. Es war dann eine Sache der weiteren Auslegung, wie man das Allgemeine verstehen sollte, ob beispielsweise das Allgemeine gerade das eigentliche Sein sein sollte; konzipiert war das Allgemeine immer vom Einzelnen her, das als solches dem Denken vorausgesetzt war, in seinem Fürsichgelten hingenommen werden mußte und in seinem Bestimmtsein und Gegebensein das Geschehen des Denkens gerade nicht als solches angab. In der gegenständlichen Logik ist dies anders. Jetzt ist das einzelne Gegebene als solches gerade schon das Sichoffenbaren des unbedingten Geschehens des Denkens selbst, es ist das Geschehen des Denkens als Sichdarstellen: das Gegebensein hat als solches die Bedeutung, das Sichdurchführen des Geschehens des Denkens selbst in seiner unbedingten Bedeutung zu sein. Und damit wird das Begreifen unter dem Artbegriff, das am Gegebenen die Strukturen einsichtig werden läßt, in denen es durch sich und auf die Weise des Bestimmtseins das Wesen des Denkens darstellt, zu einem Begreifen, das das Gegebensein der Dinge als solches zum Begriff werden läßt und darin unmittelbar gegenständliche Logik ist.

Descartes hatte in seiner Philosophie eine solche gegenständliche Logik noch nicht erbringen können. Er konnte die gegebene Welt noch nicht als solche in das Wissen um das *Cogito* hineinbeziehen und sie noch nicht als solche unmittelbar als das Sichdarstellen des unbedingten Geschehens des Wissens offenbar sein lassen. Ihm gilt das Gegebene vielmehr immer noch nur als das für das Denken Vorausgesetzte, selbst wenn das Wesen des Denkens von ihm her ausgewiesen werden muß. Für Shaftesbury dagegen ist die gegebene Welt in ihrem Gegebensein und als ihr Gegebensein als das Sichdurchführen der unbedingten Bedeutung des Denkens selbst offenbar. Im Begreifen unter dem Artbegriff befaßt sich das Denken nicht einfach mehr mit etwas, das für das Denken vorausgesetzt ist und ihm fremd ist, sondern es befaßt sich, indem es sich mit dem Gegebenen befaßt, mit sich selbst. Und die Logik, nämlich das Sichstrukturieren des Denkens, ist nun nicht mehr eine Logik, die nur sozusagen an den Dingen operiert, sondern eine Logik, die die Dinge in ihrer gegenständlichen Bedeutung und Bestimmung selbst als das Sichstrukturieren des Denkens einsichtig werden läßt. Die Logik, die, wie Kant es immer wieder betont, nach dem traditionellen Verständnis nur eine formale Disziplin ist, wird so zu einer gegenständlichen Logik, die durch sich, durch die allgemeingültigen Strukturen, die sie erstellt, das Sein der Dinge selber meint. Das Problem dieser gegenständlichen Logik wird uns als das Problem der theoretischen philosophischen Reflexion, die als solche schon das Sichdurchführen des moralischen Sichverstehens des Menschen ist, durch den Gang unserer Untersuchung weiter begleiten.

Dieses Verfahren der philosophischen Reflexion in einem Begreifen unter dem Artbegriff, das eine gegenständliche Logik meint, äußert sich darin, daß das philosophische Denken sich an das Individuum nicht mehr in dem Sinne halten kann, daß das Individuum ihm ein für sich selbst und durch sich selbst geltendes Bestehen wäre, sondern daß es das Dasein selbst des — lebendigen — Individuums immer schon als das Sichdurchführen des in sich allgemeinen Lebensgeschehens verstehen muß, in dessen Allgemeingültigkeit das Wesen des Denkens sich selbst in der bestimmten Gestaltung entspricht. (Für die leblosen Dinge ist es das Bestehen der Welt als solcher, als dessen Sichgestalten in allgemeiner Ordnung sie verstanden werden müssen.) Das Geschehen des Gegebenseins ist nicht richtig verstanden, wenn ich mich einfach an das Individuum als an dieses gegebene Einzelne halte und nun meine, auf die Weise dieses Einzelnen das eigentlich Seiende zu haben. Vielmehr verhält es sich so — und dies geht durch das Begreifen unter dem Artbegriff, das immer noch bei dem gegebenen Einzelnen ansetzt, hervor —, daß es ein in seinem Bestimmtsein in sich allgemeingültiges Lebensgeschehen ist, als dessen Sichdurchführen die Existenz des Individuums verstanden werden muß. An diesem in seinem Bestimmtsein in sich allgemeinen Lebensgeschehen findet das Sichdurchführen des unbedingten Wesens des Wissens auf die Weise des Gegebenseins der Welt recht eigentlich seine auf die Weise des Bestimmtseins geschehende Entsprechung. So geschieht im Leben des Individuums unbedingte Bedeutung, aber sie geschieht als das Sichgestalten des allgemeinen Lebensgeschehens, durch das die Art oder Gattung als solche bezeichnet ist. Wir müssen in unserem Begreifen vom Individuum ausgehen, aber wir denken es darin schon als das Geschehen der Art als Sichgestalten. Und was wir in solchem Denken wissen, ist das Wissen um das Sichgestalten des unbedingten Wesens des Sichverstehens des Denkens selber, wie es auf die Weise des Gegebenseins der Welt und als dies Gegebensein geschieht.

In solchem Begreifen, in dem das Gegebene als das Sichgestalten des unbedingten Wesens des Denkens selbst einsichtig ist, verstehen wir also die Arten als das eigentlich Wirkliche, das sich in seiner Wirklichkeit in den Individuen gestaltet. In einem solchen Begreifen verstehen wir das Verhältnis des Männlichen zum Weiblichen und das Verhältnis der Eltern zu ihren Kindern. In einem solchen Begreifen verstehen wir auch, daß bestimmte Arten in ihren Individuen um anderer Arten willen dasind und ihnen durch die Existenz ihrer Individuen zur Erhaltung dienen müssen. Wir erkennen das Ganze und das System der Welt, wie wir es als in sich unvollendet auffassen, als ein System in sich allgemeingültiger Strukturen, die durch das Begreifen unter dem Artbegriff erfaßt werden. Die Erfüllung und Bestätigung dieser Strukturen können wir als das auf die Weise des weltlich Gegebenen geschehende Sichdurchführen der unbedingten Bedeutung, als das natürliche Gute ansehen, als das, was auf die Weise seines Seins und als sein Sein dasjenige ist, was schlechthin und unbezüglich gilt.[4] Das natürlich Schlechte dagegen wäre dasjenige, was durch sein Gegebensein und als das Gegeben-

[4] A. a. O. S. 77: We have found, that to deserve the name of *Good* or *Virtuous*, a Creature must have all his Inclinations and Affections, his Dispositions of Mind and Temper, sutable, and agreeing with the Good of his *Kind*, or of that *System* in which he is included, and of which he constitutes a Part.

sein, das es ist, die in sich allgemeingültige Ordnung des Geschehens der unbedingten Bedeutung als weltliches Gegebensein stört und in gewisser Weise aufhebt.[5] Natürlich schlecht ist das Individuum, das durch seine Begierden seiner Art selbst zur Gefahr wird. Natürlich schlecht wäre eine Art, wenn sie eine andere Art gänzlich ausrottet.[6]

All diese Einsicht findet für den Philosophen aber immer nur im Bewußtsein darüber statt, daß er die Welt gerade nicht als ein in sich beschlossenes Ganzes zu denken vermag, daß er das Unbedingte auf die Weise der gegebenen Welt gerade nicht als das sich auf eindeutige Weise bezeugende Unbedingte zu halten vermag. Daß das philosophische Denken sich davon befreit hat, das Unbedingte wieder auf die Weise dogmatischer Setzung anzugeben, das ist gerade nur dadurch erlangt worden, daß das Gegebensein der Welt als solches in die skeptische Haltung des Denkens zurückgenommen ist. Gerade darin, daß offenbar ist, die Welt könne durch sich das Unbedingte nicht auf eindeutige Weise angeben, ist das Gegebensein der Welt für die philosophische Reflexion dazu tüchtig, durch sich auf unverstellte Weise das unbedingte Geschehen des Wissens und Sichverstehens darzustellen. Deswegen können wir, auch wenn wir die Welt nicht als ein Ganzes und als ein sich vollendetes System denken können, doch in gewisser Weise wissen, daß auf die Weise des Daseins der Individuen, der Arten und der begrenzten Systeme, die wir zu fassen vermögen, das Unbedingte geschieht, daß das natürlich Gute und das natürlich Schlechte statthat und in dem begrenzten System, in dem es erfahren wird, als solches gilt. Das Gute und das Schlechte in den besonderen und begrenzten Systemen ist doch der Ausdruck und die Durchführung des Unbedingten, selbst wenn wir auch zugleich gestehen müssen, daß wir das weltliche Geschehen des Unbedingten nicht auf eindeutige Weise in den Begriff bringen können.[7]

[5] A. a. O. S. 9: Whatsoever, then, *is* so as that it cou'd not really have *been* better, or any way *better order'd*, is perfectly *good.* Whatsoever in the Order of the World can be call'd Ill, must imply a possibility in the nature of the thing to have been better contriv'd or order'd. For if it cou'd not; it is perfect, and as it shou'd be.

[6] A. a. O. S. 21: But were there in the World any intire Species of Animals destructive to every other, it might be justly call'd an *ill* Species; as being ill in the *Animal-System.* And if in any Species of Animals (as in *Men*, for example) one Man is of a nature pernicious to the rest, he is in this respect justly stil'd *an ill Man.*

[7] Vgl. Anm. 3.

2. Das moralische Urteil und das moralische Gefühl

Die theoretische Reflexion bleibt so, obgleich in ihr auch ein gewisses Genügen liegt, immer auch durch die Unzulänglichkeit ihrer Einsicht bezeichnet. Wir können durch die theoretische Reflexion das Geschehen des Unbedingten nicht auf eindeutige Weise bezeugen. Aber durch die skeptische Haltung der Reflexion ist es erreicht, daß das Gegebensein der Welt und des Menschen in ihr als das Sichdarstellen und das Sichdurchführen des Geschehens der unbedingten Bedeutung des Wissens und Sichverstehens des Denkens offenbar ist. Diese Einsicht, die in der skeptischen Haltung der philosophischen Reflexion aufgegangen ist, wird in der raisonnierenden Ausführung der Reflexion nicht schon dadurch ausgeschöpft, daß wir das unbedingte Geschehen vom Gegebenen her und auf die Weise des Gegebenen zu fassen, festzuhalten und anzugeben suchen, daß wir m. a. W. das *Cogito* durch den Weltbegriff zu bestimmen und zu bezeugen suchen, sondern es muß auch noch das umgekehrte Verfahren des philosophischen Raisonnements geben, in dem das Gegebensein der Welt und das Dasein der Menschen in ihr in seinem Fürsichgelten aus dem unbedingten Geschehen des Sichverstehens des Denkens heraus verstanden und in seiner Bedeutung einsichtig gemacht wird. Die theoretische Reflexion geht von dem Fürsichgelten des Gegebenen in seinem Bestimmtsein aus und sucht das Unbedingte durch dieses Bestimmtsein des Gegebenen selbst faßlich zu machen. Das moralphilosophische Raisonnieren geht davon aus, daß auf die Weise des weltlichen Gegebenseins und damit auch des Daseins der Menschen in der Welt das Sichdarstellen des unbedingten Geschehens des Sichverstehens des denkenden Wesens statthat, daß die Wahrheit und Wirklichkeit des weltlichen Gegebenseins darin liegt, daß es dies Sichdarstellen des unbedingten Wesens des Sichverstehens ist. Das Raisonnement nimmt dann das Gegebene nicht mehr in dem Sinne auf, daß es durch sich und auf die Weise des Fürsichgeltens seines Bestimmtseins die unbedingte Bedeutung angeben und faßlich machen solle, sondern es nimmt das Gegebene in dem Fürsichgelten seines Bestimmtseins als dasjenige, was durch sich und an sich selbst das erscheinende Sichgestalten des Unbedingten ist. Das moralphilosophische Raisonnement geschieht wesentlich als ein Beobachten und als ein Beschreiben, in dem das Fürsichgelten des Gegebenen in seinem Bestimmtsein als das Sichgestalten der unbedingten Bedeutung des Sichverstehens vorstellig gemacht und ausgefaltet wird.

Die Methode der moralphilosophischen Reflexion muß bei Shaftesbury eine Methode des Beobachtens und des Beschreibens sein, weil das

Begreifen ja an dem Fürsichgelten des Gegebenen festhält. Die skeptische Haltung der philosophischen Reflexion hat wohl hervorgehen lassen, daß wir durch dieses Begreifen das Wissen um das Unbedingte nicht auf angemessene Weise bezeugen können, aber sie hat die Methode des Begreifens nicht verändert. Descartes hat noch versucht, mit diesem Begreifen wieder dogmatische Aussagen über das Unbedingte zu machen. Shaftesbury macht solche dogmatischen Aussagen über das Unbedingte nicht mehr. Aber indem ihm das Gegebene als das Sichausführen und Sichdarstellen des Geschehens des Unbedingten offenbar ist und er die Welt als das Sichgestalten des Unbedingten weiß, da muß er das Gegebene im Begreifen gleichwohl in seinem Fürsichgelten in seinem Bestimmtsein aufnehmen und es in diesem Fürsichgelten als die gegenständliche Gestaltung des Unbedingten erscheinen lassen.

Wenn es nun aber im moralphilosophischen Raisonnement darum geht, daß das Gegebene in seinem Fürsichgelten als das erscheinende Sichgestalten des unbedingten Geschehens des Sichverstehens verstanden und beschrieben werde, dann geht es damit in diesem Raisonnement recht eigentlich um das Verstehen der Welt durch den Menschen und in engerem Rahmen um das Verstehen des Menschen durch den Menschen. Es geht um das Verstehen der Welt überhaupt, weil die Welt in ihrem Gegebensein und als das Gegebensein, das sie ist, als das Sichgestalten des unbedingten Wesens des Wissens erfahren werden soll; es geht aber vor allem um das Verständnis des Menschen, weil der Mensch das in der Welt gegebene Wesen ist, dessen Dasein in seinem Fürsichsein selbst schon das Geschehen des Sichverstehens des Denkens selber ist. Hier nimmt der Philosoph das Gegebene nicht nur als das Sichgestalten des unbedingten Wesens des Sichverstehens auf, sondern hier geschieht dies Gegebene selbst als Sichverstehen, und hier findet so das Absolute auf weltliche Weise sein in sich beschlossenes Übereinkommen mit sich selbst. Die Betrachtung des Moralphilosophen geht so wesentlich auf den Menschen als das denkende Weltwesen. Seine Beobachtung und Beschreibung ist vor allem Beobachtung und Beschreibung des Menschen als des denkenden Wesens in der Welt. Der Moralphilosoph befaßt sich nicht in erster Linie mit sich selbst, sondern er wendet sich betrachtend der Welt zu, und in dieser Betrachtung der Welt ist der Mensch ihm wiederum der wichtigste und vorzüglichste Gegenstand.

Der Mensch ist das denkende Weltwesen. Als Lebewesen steht er in einer unmittelbaren Erfahrung seines Daseins, wie es durch Triebe und Begierden bewegt und verwirklicht wird. Aber nicht dieses unmittelbare Lebensgeschehen verdient die eigentliche Aufmerksamkeit des Moralphilosophen. Ihn interessiert der Mensch in erster Linie, sofern es auf die Weise seines Daseins zum Ausdruck kommt, daß er das denkende, das verstehende Wesen ist. Nicht darin schon ist der Mensch als Mensch gut — und nicht darin also interessiert er in erster Linie den Moralphilosophen —, daß er gute Anlagen hat, solche Anlagen vor allem, die, entsprechend dem, was schon im theoretischen Teil der Philosophie abgehandelt wurde, auf die Beförderung des Wohls der Gattung gehen, sondern dadurch erst, daß er solche guten — oder auch schlechten — Anlagen verstehen und beurteilen kann, bekommt sein Gutsein eigentlich menschliche Bedeutung. Nicht dann schon nennen wir einen Menschen eigentlich tugendhaft und gut, wenn er durch die Natur mit vielen liebenswürdigen und vorteilhaften Anlagen ausgestattet ist und diese Anlagen auch in seinem Lebenswandel verwirklicht, diese Prädikate kommen ihm im genauen Verstande erst und nur dann zu, wenn er auch imstande ist, das Gute und das Böse moralisch zu beurteilen. Shaftesbury legt Tugend und Gutsein des Menschen in die intellektuelle Leistung, durch die der Mensch darüber erhoben ist, das Leben, sein eigenes wie das der anderen, nur ablaufen zu lassen und ablaufen zu sehen, durch die er vielmehr das menschliche Leben als ein solches weiß und versteht, das in seinem besonderen Bestimmtsein und durch das Fürsichgelten dieses Bestimmtseins gerade das Sichgestalten der unbedingten Bedeutung ist, die das Geschehen des Wissens und Sichverstehens meint. An dem Menschen, der so das Leben der Menschen verstehen kann und der darin für ihn der wahrhaft gute und tugendhafte Mensch ist, findet Shaftesbury das *Cogito* in der weltlichen Erfüllung seiner selbst. In der Existenz eines solchen Menschen, die die moralisch urteilende Existenz ist, findet sich — auf die Weise solchen moralischen Urteilens — das unbedingte Geschehen des Wissens selbst als weltliches Gestaltetsein.

Güte und Tugend liegen darin, daß man die Welt und vor allem die Menschen moralisch beurteilen kann. Daß man das Weltgeschehen, daß man vor allem das Lebensgeschehen der Menschen als das Sichgestalten einer in sich unbedingten Bedeutung verstehen kann. Das Leben, wie es unmittelbar ablaufen mag, ist noch nicht die Tugend und das moralisch Gute. Der Mensch, der die Handlungen vollzieht, die wir als gut beurteilen und aufgrund deren wir ihn selber gut nennen, braucht sich selbst in seinem Lebensgeschehen, in dem er unmittelbar steht, keineswegs als gut und tugendhaft zu erfahren und zu beurteilen, denn mit dem bloßen Lebensvollzug braucht das moralische Urteil noch nicht mitgegeben zu sein. Erst dann, wenn jemand dazu imstande ist, auch sein eigenes Leben und Handeln moralisch zu beurteilen — was schwieriger ist, als dies in der Beobachtung der anderen zu tun —, erst dann wird man von ihm sagen können, daß er sein eigenes Leben für sich selbst unter den Begriffen der Tugend und der Güte zu leben vermag. Der Beobachter aber kann ihn sehr wohl schon als tugendhaft und gut beurteilen, auch wenn er sich für sich selbst noch gar nicht unter diesen Prädikaten zu verstehen vermag, denn der verstehende Blick des Beobachters kann am Leben und Handeln des anderen erkennen, daß sich durch es die unbedingte geistige Bedeutung gestalte, wenn der Handelnde selbst noch ganz in der Besonderheit seines Lebensvollzuges befangen ist.

Der tugendhafte und gute Mensch, der das Leben und Handeln der Menschen moralisch beurteilen kann, braucht nicht selbst Philosoph zu sein. Es genügt, wenn er das Lebensgeschehen, das er beobachtet, als das Sichgestalten der unbedingten geistigen Bedeutung zu verstehen vermag, wenn er die Lebensvorgänge in ihrem Fürsichgelten unmittelbar als das Sichausführen der unbedingten Bedeutung zu erschließen vermag. Es ist nicht erforderlich, daß er auch noch darüber nachsinne, was es mit dem Fürsichgelten des Gegebenen in seiner Besonderung und in seinem Bestimmtsein eigentlich auf sich habe. Die philosophische Reflexion verfolgt das Gegebene in seinem Fürsichgelten daraufhin, ob und wie es durch sich das Unbedingte als solches bezeugen könne. Unabhängig von solchem philosophischen Bemühen, das dann auch immer als theoretische Reflexion beginnen muß, kann das gegebene Bestimmte und kann insbesondere das menschliche Dasein doch als das Sichgestalten unbedingter Bedeutung verstanden sein. Später, bei Kant, wird der Skrupel aufkommen, daß das moralische Urteil erst dann ganz rein sein könne, wenn auch die philosophische Reflexion ihm zugrunde gelegt ist, weil dann erst wahrhaft verstanden werden könne, daß das Gegebene in dem Fürsichgelten seines Bestimmtseins und als es tatsächlich die unbedingte geistige Bedeutung darstellt. Deswegen hat es Kant als eine Pflicht angesehen, die Kritik der reinen Vernunft zu haben. Erst wenn man die Gedanken der Kritik der reinen Vernunft gedacht und sich angeeignet hat, ist man wahrhaft dazu befähigt, moralisch zu urteilen und selbst moralisch zu handeln.

Der Mensch ist also für Shaftesbury dadurch, daß er moralisch urteilen kann und dies auch tatsächlich tut, gut und tugendhaft. Dieses moralische Urteilen geschieht aber nicht durch ein theoretisches Raisonnieren. Im theoretischen Raisonnement geht es immer um das Bestimmtsein des Gegebenen; es geht nicht darum, dies Gegebene, wie es in einem theoretischen Wissen aufgefaßt und vielleicht auch schon raisonnierend erörtert worden ist, als das Sichgestalten der unbedingten Bedeutung zu verstehen. Eben dieses Verständnis bringt das moralische

Urteil bei, das sich dabei als moralisches Urteil gar nicht mehr mit der theoretischen Erkenntnis der Strukturen des ihm vorliegenden Gegebenen befaßt. Diese Erkenntnis ist vorausgesetzt, und das so Erkannte wird nun auf eine ganz neue Weise beurteilt. Der Beobachter ist solches moralische Beurteilen nicht auf die Weise diskursiven Begreifens; er ist dieses Beurteilen des Lebens und Handelns der andern als das unbedingte Geschehen des Sichverstehens selbst, das der Mensch als denkendes Wesen ist. Sein Dasein findet, indem er das Leben und Handeln der anderen beobachtet und dadurch, daß er so beobachtet, als das Sichverstehen statt, das das Menschsein als solches ausmacht. Dieses Geschehen des Menschseins als Sichverstehen geht ihm an dem Leben und Handeln der andern in der Gestaltung auf, in der es sich selber ausführt und durchführt. Und in diesem Geschehen des Menschseins als Sichverstehen, das sich selbst als solches durch das Leben und Handeln der Menschen, die da beobachtet werden, erfaßt, hat der moralisch Urteilende seine eigene Existenz. Daß dem Menschen sein Dasein so, wenn er moralisch urteilt, das Geschehen des Menschseins als Sichverstehen ist, das ist ganz in die Situation gebunden, in der er die andern in ihrem Leben und Tun erlebt. Es geschieht selbst auch auf die Weise besonderen Gegebenseins, aber eben nicht als ein Vorhandensein gegebener Dinge und Situationen, sondern als die faßliche Versinnlichung des Fürsichseins der unbedingten geistigen Bedeutung selbst. In solcher Weise hat das Geschehen des menschlichen Daseins als Sichverstehen, das im moralischen Urteil statthat, sein Sichvollziehen und seine Wirklichkeit als moralisches Gefühl.

Das moralische Urteil geschieht durch das moralische Gefühl. Das moralische Gefühl ist, wenn wir so sagen wollen, als solches ein Vernunftgefühl. Es ist das Sichverstehen des Menschen als denkendes Wesen, das sich, bei der Beobachtung des Lebens und Tuns der Menschen, als solches in der konkreten Situation verwirklicht. Das moralische Gefühl ist also ein Gefühl, auf dessen Weise sich das in sich unbedingte Geschehen des Denkens oder die Vernunft selbst sinnenfällig, erlebnisartig zur Darstellung bringt, und insofern ist dieses Gefühl von allem direkten gefühlsmäßigen Sicherleben des Menschen unterschieden. Die Gefühle, die uns direkt bewegen, können solche mit selbstischer Tendenz sein, es können aber auch Gefühle sein, die uns bewegen, das Wohl der Menschen zu suchen und zu fördern. Diese Gefühle von der menschenfreundlichen Art sind die Gefühle, die uns zu natürlich guten Menschen machen. Aber diese Gefühle sind es noch nicht, die uns den moralischen Wert geben und uns im moralischen Sinne zu guten und tugendhaften Menschen machen könnten. In diesen Gefühlen erleben wir unser Dasein auf die Weise des Gegebenseins, und in solchem Gegebensein kann es uns sehr wohl um das allgemeine Wohl gehen, aber das Sichverstehen des Menschen in seinem Menschsein ist hier nicht der Anfang und Ausgang, sondern dies Sichverstehen geschieht nur unter der Gestalt des Bestimmtseins. Im moralischen Sichverstehen des Menschen dagegen, wie es sich durch das moralische Gefühl äußert, worin wir Menschen moralisch beurteilen, ist es das Fürsichsein dieses unbezüglichen Geschehens des Sichverstehens, aus dem wir den Ausgang unseres Unserlebens nehmen und als dessen Sichgestalten wir die Situation, die wir — sie beurteilend — mitleben, erfahren. In diesem Sinne also ist das moralische Gefühl ein Vernunftgefühl: das Sichverstehen des Menschen als denkendes Wesen verwirklicht sich in diesem Gefühl, indem es die erlebte Situation als sein Sichgestalten weiß.[8]

Dieses moralische Gefühl entwickelt sich in der Beobachtung des

[8] A. a. O. S. 28: But to proceed from what is esteem'd mere *Goodness*, and lies within the reach and capacity of all *sensible Creatures*, to that which is call'd Virtue or Merit, and is allow'd to *Man* only.

In a Creature capable of forming general Notions of Things, not only the outward Beings which offer themselves to the Sense, are the Objects of the Affection; but the very *Actions* themselves, and the *Affections* of Pity, Kindness, Gratitude, and their Contrarys, being brought into the Mind by Reflection, become Objects. So that, by means of this reflected Sense, there arises another kind of Affection towards those very Affections themselves, which have been already felt, and are now become the Subject of a new Liking or Dislike.

The Case is the same in the *mental* or *moral* Subjects, as in the ordinary *Bodys*, or common Subjects of *Sense*.

A. a. O. S. 29: The Mind, which is Spectator or Auditor of *other Minds*, cannot be without its *Eye* and *Ear*; so as to discern Proportion, distinguish Sound, and scan each Sentiment or Thought which comes before it.

A. a. O. S. 29–31: Now as in the *sensible* kind of Objects, the Species or Images of Bodys, Colours, and Sounds, are perpetually moving before our Eyes, and acting on our Senses, even when we sleep; so in the *moral* and *intellectual* kind, the Forms and Images of Things are no less active and incumbent on the Mind, at all Seasons, and even when the real Objects themselves are absent.

In these vagrant Characters or Pictures of *Manners*, which the Mind of necessity figures to it-self, and carries still about with it, the Heart cannot possibly remain neutral; but constantly takes part one way or other. However false or corrupt it be within it-self, it finds the Difference, as to Beauty, and Comeliness, between one *Heart* and another, one *Turn of Affection*, one *Behaviour*, one *Sentiment* and another; and accordingly, in all disinterested Cases, must approve in some measure of what is natural and honest, and disapprove what is dishonest and corrupt.

Lebens und Tuns der andern; die souveräne Kontemplation, die seinen Charakter ausmacht, erstreckt sich aber auch auf unser eigenes Erleben und unser Verhalten, das uns zunächst impulshaft in Beschlag nimmt. Als denkende Wesen müssen wir uns auch in unserem eigenen Leben und Tun dem durch unser moralisches Gefühl geschehenden moralischen Urteil stellen und uns selbst nach den Begriffen der Güte und der Tugend messen.[9]

Durch das moralische Gefühl als Vernunftgefühl geschieht das moralische Urteil. In diesem Urteil verwirklicht sich das Sichverstehen des Menschen als denkendes Wesen als solches, indem es aus einer bestimmten Situation heraus, die wir beobachten, diese Situation selbst als sein Sichgestalten erfährt und weiß. Im moralischen Urteil geschieht das Unbedingte so auf eine ganz andere Weise, als dies in der theoretischen Reflexion stattfindet. In der theoretischen Reflexion meint der Philosoph das Geschehen des Unbedingten von der Wahrnehmung her, er meint es durch das Denken der reinen Struktur, und er sucht es schließlich — in einer gegenständlichen Logik — durch das Begreifen unter dem Artbegriff in weltlicher Gestaltung anzugeben. In all diesen Formen bleibt das Begreifen hinter dem eigentlich Gemeinten zurück. Beim morali-

Thus the several Motions, Inclinations, Passions, Dispositions, and consequent Carriage and Behaviour of Creatures in the various Parts of Life, being in several Views or Perspectives represented to the Mind, which readily discerns the Good and Ill towards the Species or Publick; there arises a new Trial or Exercise of the Heart: which must either rightly and soundly affect what is just and right, and disaffect what is contrary; or, corruptly affect what is ill, and disaffect what is worthy and good.

And in this Case alone it is we call any Creature *Worthy* or *Virtuous*, when it can have the Notion of a publick Interest, and can attain the Speculation or Science of what is morally good or ill, admirable or blameable, right or wrong.

[9] A. a. O. S. 118: It will be acknowledg'd that a Creature, such as Man, who from several degrees of Reflection has risen to that Capacity which we call Reason and Understanding; must in the very use of this his reasoning Faculty, be forc'd to receive Reflections back into his Mind of what passes in it-self, as well as in the Affections, or Will; in short, of whatsoever relates to his Character, Conduct, or Behaviour amidst his Fellow-Creatures, and in Society.

A. a. O. S. 119: In whatever manner we consider of this, we shall find still, that every reasoning or reflecting Creature is, by his Nature, forc'd to endure the *Review* of his own Mind, and Actions; and to have Representations of himself, and his inward Affairs, constantly passing before him, obvious to him, and revolving in his Mind. Now as nothing can be more grievous than this is, to one who has thrown off *natural Affection*; so nothing can be more delightful to one who has preserv'd it with sincerity.

schen Urteil, wie es durch das moralische Gefühl geschieht, ist das Gegebensein als solches als das Sichgestalten der unbedingten Bedeutung des Sichwissens des Menschen offenbar. Im moralischen Gefühl findet das Unbedingte für sich selbst so statt, daß das weltliche Gegebensein, d.h. vor allem das Leben und Tun der Menschen, als solches als sein Sichvollziehen offenbar ist. An die Stelle der alten Metaphysik, die das Unbedingte selbst als ein Gegebenes finden wollte und in diesem Sinne den gegebenen Gott, die gegebene unsterbliche Seele usw. behauptete, tritt so im nachkartesischen Denken recht eigentlich das moralische Urteil, wie es auf die Weise moralischen Gefühls geschieht, in dem und durch das das Geschehen des Unbedingten seiner selbst auf die Weise seines weltlichen Sichgestaltens, als das Gegebensein der Welt als solches inne ist und sich sich selbst bezeugt. Die Einsicht in das Unbedingte geschieht nicht mehr durch ein dogmatisches Begreifen, das von dem Fürsichgelten der Dinge in ihrem Bestimmtsein seinen Ausgang nimmt, sondern sie geschieht als das weltliche Sichgestalten des Geschehens des Unbedingten selbst. Die Welt ist nicht mehr das vorausgesetzte Seiende, von dem her man das Unbedingte als ebenfalls gegeben entdeckt, sondern das Geschehen des Unbedingten, das als Sichwissen statthat, bezeugt sich — sich gestaltend — auf die Weise des Gegebenseins der Welt als sich selbst. Dieses Geschehen ist das moralische Urteil, das als Gefühl, nicht als vom Bestimmten ausgehendes Begreifen, es selbst ist. Auf die Weise des moralischen Gefühls geschieht das Wissen um das durch sich schlechthin Geltende, um das Gute und um die Tugend. Diese Begriffe treten an die Stelle der dogmatisch-metaphysischen Begriffe vom Seienden und vom Sein.

Von diesem moralischen Gefühl kann der Philosoph mit Recht sagen — und dies ist ein großes Anliegen aller Denker, die wir hier betrachten, gewesen —, daß sich durch es das gemeine sittliche Bewußtsein ausspreche. Das moralische Gefühl ist nicht das Produkt eines philosophischen Raisonnements, das man auch nur durch dieses Raisonnement erlangen könne, sondern dieses moralische Urteil und moralische Gefühl — oder was ihm entspricht — wird vom Philosophen als etwas angesehen, was immer schon zur menschlichen Natur gehört, in ihr immer schon wirksam ist und für alle Menschen stattfindet und da ist, wenn auch wohl so, daß eine gewisse Entwicklung und Förderung dieses Urteilenkönnens sowohl im Dasein des Einzelnen wie im Gang der menschlichen Geschichte überhaupt möglich und wirklich zu sein scheint. So erreicht die philosophische Reflexion nur in ausdrücklicher Weise ein Sichverstehen des Menschen, das das menschliche Dasein immer schon charakterisiert. Die dogmatische Metaphysik gibt dem

Sichverstehen des Menschen eine Auslegung, die diesem Sichverstehen gar nicht entspricht und die auch nicht bewirken konnte, daß die wahre Natur dieses Sichverstehens etwa verändert worden wäre. Hier bestand vielmehr die philosophische Doktrin neben dem wahren Sichverstehen des Menschen, ohne dies wahre Sichverstehen eigentlich tangieren zu können. Die skeptische Haltung der philosophischen Reflexion findet zu diesem wahren Wesen des Sichverstehens des Menschen Zugang und läßt es auch in der philosophischen Reflexion für sich selbst sprechen. Sie leistet dies deswegen, weil das Sichverstehen des Menschen, an dem alle Menschen teilhaben, als solches — obzwar gemeinhin ohne das philosophische Raisonnement — durch die skeptische Haltung bezeichnet ist, nach der das Fürsichgelten der Dinge der Welt in ihrem Bestimmtsein keineswegs durch sich das Wesen des Unbedingten angeben und durch sich Anspruch auf das Unbedingte erheben kann, sondern vielmehr nur das Sichgestalten — in Unzulänglichkeit — des Unbedingten ist, das in uns liegt. Insofern weiß sich diese Philosophie also als das Eingehen der philosophischen Reflexion in den gemeinen Menschenverstand, und sie weiß ihr Wissen gerade darin, daß es nicht ein Wissen ist, das etwas über das Unbedingte behauptet, als das gemeine und allgemeingültige Wissen.[10]

Das moralische Urteil, wie es durch das moralische Gefühl geschieht, kann sich nach der Lehre Shaftesburys nur dann vollziehen, wenn unser Wissen und Erkennen dabei von einer bestimmten gegebenen Situation seinen Ausgang nimmt. An dieses Gegebene bleiben wir als an etwas Vorausgesetztes gebunden, wenngleich diese gegebene Situation dann auch als das Sichgestalten des unbedingten Geschehens des Sichverstehens einsichtig wird. Mit diesem Faktum des Gegebenseins liegt aber im moralischen Urteil immer noch eine Instanz, die der unbedingten Bedeutung des moralischen Urteils nicht entspricht. Das Gegebensein der Situation, die wir beobachten, stellt sich in gewisser Weise auch bloß als Fürsichgelten in seinem Bestimmtsein dar. Und insofern die gegebene Situation auch diese Natur eines bloßen Fürsichgeltens an sich hat, bleibt sie in gewisser Weise dem moralischen Urteil auch fremd und fällt in dieser Rücksicht auch aus ihm heraus. Es bleibt im Gegebensein der Welt immer auch ein Moment, nach dem dies Gegebensein sich dem moralischen Urteil nicht öffnet und von ihm unberührt für sich da-

[10] A. a. O. S. 44: Sense of Right and Wrong therefore being as natural to us as *natural Affection* itself, and being a first Principle in our Constitution and Make; there is no speculative Opinion, Persuasion or Belief, which is capable *immediately* or *directly* to exclude or destroy it.

steht. Die Schwierigkeit, die für das Begreifen des Unbedingten im theoretischen Bereich besteht, tritt so in gewisser Weise doch auch wieder in das moralische Urteil ein. Die Welt zeigt sich von sich her doch immer auch als eine solche, die vom moralischen Urteil gar nicht betroffen ist. In seinem Stattfinden ist das weltliche Geschehen, sofern es sich in seinem Fürsichgelten gibt, eben als solches da, aber eine moralische Meinung läßt sich an ihm nicht entdecken. Die Welt, und damit auch das Leben und Tun der Menschen, entzieht sich der moralischen Beurteilung auch; sie ist eben da, aber daß sie in ihrem Dasein ganz durch die moralische Bedeutung bestimmt wäre, das gibt sie durch sich nicht an. Im Fürsichgelten ihres Gegebenseins begibt sich die Welt der moralischen Beurteilung auch, ohne daß darüber weiter eine positive Angabe möglich wäre.

Um diese Situation wissen wir im moralischen Urteil. Und sofern wir darum wissen, ist das Sichverstehen des Menschen als denkendes Wesen, das im moralischen Urteil geschieht, doch auch über den bloßen Vollzug dieses moralischen Urteils hinaus. Wir sind im moralischen Urteil zugleich die Erkenntnis der Situation, in der das moralische Urteil geschieht; wir erkennen, daß das Gegebensein der Welt in gewisser Weise auch aus der Bedeutung, die es im moralischen Urteil hat, herausfällt. Mit dieser Erkenntnis geschieht im moralischen Urteil auch mehr als der bloße tatsächliche Vollzug dieses Urteils als Urteil über die bestimmte beobachtete Situation. In diesem Mehr an Wissen, das im moralischen Urteil auch noch liegt, liegt in gewisser Weise der Anspruch, daß die Bedeutung des tatsächlichen Vollzugs des Urteils dahin erweitert werden müsse, daß das Gegebensein, das da beurteilt wird, doch als solches ganz im Urteile aufgehe, an sich selbst gar nichts anderes mehr sei als eben moralisches Bedeuten. Es ist erkannt, daß das Bestehen der Welt vor dem moralischen Urteil in gewisser Weise auch Sinnlosigkeit bleibt: Sinnlosigkeit in dieser negativen Bedeutung, daß da etwas bleibt, was durch die moralische Bedeutung nicht betroffen wird. Und es liegt im moralischen Urteil auch das Wissen, daß auch diese Sinnlosigkeit noch in die moralische Bedeutung zurückgenommen werden müsse und das Bestehen der Welt ganz darin aufgehen müsse, es selbst als Geschehen der moralischen Bedeutung zu sein.

Moralisch urteilen und verstehen, die Welt in moralischer Bedeutung nehmen, beinhaltet als mehr als im bloßen Vollzug der einzelnen moralischen Urteile liegt, die das Gegebensein der Situation, die sie beurteilen, auch einfach hinnehmen und auf sich beruhen lassen können. Diese einzelnen moralischen Urteile sind möglich, auch wenn man es dabei bewenden läßt, daß das Gegebensein der Welt auch aus der moralischen Bedeutung herausfällt und die moralische Bedeutung so in einer Welt statthaben kann, die in ihrem Gegebensein den moralischen Sinn auch verleugnet, in gewisser Weise moralisch sinnlos da ist. Das moralische Urteil ist auch in dieser Haltung des Denkens möglich, aber es hat dann an der moralischen Sinnlosigkeit der Welt immer eine Gegeninstanz, die sich gegen den unbedingten Anspruch, der mit ihm verknüpft ist und wonach es die gegebene Situation in ihrer Bedeutung und in ihrem Statthaben durch sich ganz bestimmen will, richten muß. Das moralische Urteil findet in dieser Haltung des Denkens in einer Situation statt, wo wir in gewisser Weise nicht an es glauben können, indem wir uns doch dessen bewußt sind, daß wir an es glauben müssen. Wenn das Denken so im Wissen um den umfassenden Anspruch des Unbedingten steht, ohne ihm doch in bezug auf das Gegebensein der Welt voll entsprechen zu können, dann stehen wir als moralisches Bewußtsein in der Haltung des Atheismus. Wir können es nicht vermeiden, als moralisches Bewußtsein auch schon das Wissen um den schlechthin umfassenden Anspruch des Unbedingten zu haben. Wenn wir das Gegebensein der Welt nicht in diesen umfassenden Anspruch zurücknehmen können, wenn uns die Welt in ihrem Gegebensein und als dies Gegebensein in gewisser Weise auch dem moralischen Sinn entnommen ist, moralisch sinnlos bleibt, dann bleibt uns dieser totale Anspruch des Moralischen, wonach es durch sich alles, was statthat, begründet und bestimmt, unerfüllt, wir können das Gegebensein der Welt nicht als das Sicherfüllen einer unbedingten moralischen Weisheit verstehen, und unser Denken bleibt in diesem Sinne atheistisch. Das moralische Beurteilen der gegebenen Situation wird dadurch nicht tangiert; es ist weiterhin möglich und kann in aller Korrektheit durchgeführt werden; aber alle moralische Bedeutung, die so für bestimmte Situationen erkannt wird, geschieht als die Durchführung eines Gegebenseins der Welt, das als solches auch moralisch sinnlos bleibt.[11]

In dieser Haltung des Atheismus ist das denkende Bewußtsein als moralisches Bewußtsein sich selbst nicht gemäß, obgleich es in der kon-

[11] A. a. O. S. 46: But to speak of the Opinions relating to a D e i t y; and what effect they may have in this place. As to *Atheism*, it does not seem that it can directly have any effect at all towards the setting up a false Species of Right or Wrong.

A. a. O. S. 69: Now as to A t h e i s m: tho it be plainly deficient and without remedy, in the case of *ill Judgment on the Happiness of Virtue*; yet it is not, indeed, of necessity the Cause of any such *ill Judgment*. For without an absolute Assent to any Hypothesis of *Theism*, the Advantages of Virtue may possibly be seen and own'd, and a high Opinion of it establish'd in the Mind.

kreten Durchführung seiner moralischen Urteile durch sie nicht eigentlich gehindert ist. Dieses Bewußtsein kann es kaum vermeiden, sich selbst in einen dogmatischen Skeptizismus hinein zu entwickeln, in dem ihm alle moralische Bedeutung, die es in der Welt antrifft, letztlich doch nur das Epiphänomen einer unaufhebbaren Sinnlosigkeit zu sein scheint, die da ist, ohne daß man weiter über sie befinden könnte.[12] Aber daß diese Haltung des denkenden moralischen Bewußtseins, die dann auch die moralische Bedeutung selbst betreffen muß, einfach nur als Haltung des Atheismus genommen, falsch ist, daß sie aufgehoben werden müßte und durch die wahre Haltung des denkenden Bewußtseins ersetzt werden müßte, das läßt sich auch in der philosophischen Reflexion nicht aufweisen, denn es bleibt dieses Faktum stehen, daß sich das Gegebensein der Welt nur in seinem Fürsichgelten bezeugt, daß es sich selbst nur in seinem besonderen Bestimmtsein darbietet und die moralische Bedeutung als solche durch sich gerade nicht angibt. Der moralische Atheismus — vom dogmatisch-metaphysischen Theismus oder Atheismus ist nicht mehr die Rede — muß daher immer eine Instanz bleiben, die in gewisser Weise im denkenden moralischen Bewußtsein auch liegt und die nicht einfach weggeleugnet werden kann. Aber nach diesem Moment des Atheismus, das unaufhebbar in ihm liegt, ist das denkende moralische Bewußtsein doch nicht Übereinkommen mit sich selbst. Dieser Mangel in bezug auf sein Übereinkommen

[12] A. a. O. S. 70–71: But this is certain, that it can be no great strengthning to the moral Affection, no great support to the pure Love of Goodness and Virtue, to suppose there is neither *Goodness* nor *Beauty* in the Whole it-self; nor any Example, or Precedent of good Affection in any superiour Being. Such a Belief must tend rather to the weaning the Affections from any thing amiable or self-worthy, and to the suppressing the very Habit and familiar Custom of admiring natural Beautys, or whatever in the Order of things is according to just Design, Harmony, and Proportion. For how little dispos'd must a Person be, to love or admire any things as *orderly* in the Universe, who thinks the Universe it-self a Pattern of *Disorder?* How unapt to reverence or respect any particular subordinate Beauty of *a Part*; when even the Whole it-self is thought to want Perfection, and to be only a vast and infinite Deformity?

Nothing indeed can be more melancholy, than the Thought of living in a distracted Universe, from whence many Ills may be suspected, and where there is nothing good or lovely which presents it-self, nothing which can satisfy in Contemplation, or raise any Passion besides that of Contempt, Hatred, or Dislike. Such an Opinion as this may by degrees imbitter the Temper, and not only make the Love of Virtue to be less felt, but help to impair and ruin the very Principle of Virtue, *viz. natural* and *kind Affection.*

mit sich selbst ist für das moralische Bewußtsein nicht aufzuheben; das Gegebensein der Welt bezeugt sich von sich her immer nur in seinem Fürsichgelten und geht als solches gerade nicht selbst als moralische Bedeutung hervor.

3. Der Glaube, die Glückseligkeit und das Interesse

Gleichzeitig aber findet doch das Verstehen des Gegebenseins der Welt in dem unbedingten Geschehen des Sichverstehens, das das moralische Bewußtsein ist, statt. In diesem unbedingten Geschehen des Wissens ist das Gegebensein der Welt als das Sichgestalten der unbedingten Weisheit, d. h. als in sich selbst und schlechthin moralisches Geschehen und damit als das Gute schlechthin, als das, was sich an sich selbst und durch sich selbst als das Geschehen der in sich unbedingten Bedeutung bezeugt, verstanden. Die Naturordnung, die in gewisser Weise nur sich selbst bezeugt und die moralische Bedeutung durch sich gerade nicht ausweist, ist in diesem unbedingten Geschehen des moralischen Bewußtseins als Sichverstehen auch in die moralische Ordnung zurückgenommen und als das Sichausführen und Sichgestalten der moralischen Ordnung verstanden. Man kann sagen, daß das moralische Bewußtsein, indem es die Naturordnung so an sich selbst als moralische Ordnung, in der die unbedingte Weisheit sich selbst gestaltet, versteht, im theistischen Glauben und aus diesem Glauben geschieht. In diesem Glauben meint sich das unbedingte Geschehen des moralischen Sichverstehens, sofern es das Gegebensein der Welt doch in sich enthält und dies Gegebensein als das Geschehen seines Sichgestaltens weiß. Wir wissen uns in diesem Glauben, sofern wir die Naturordnung doch immer auch schon als moralische Ordnung verstehen, obwohl sie sich von sich selbst her nicht als moralische Ordnung ausweist. Dieser Glaube hat nichts mit einem theoretischen Wissen zu tun, in dem es ja immer nur um das Gegebene und seine Strukturen gehen kann. In ihm geht es um das Offenbarsein der Welt in ihrem Gegebensein als das Sichdurchführen des unbedingten Geschehens des Sichverstehens. Daß in solchem Glauben für uns doch immer noch ein Bedürftigsein liegt, das liegt nicht daran, daß wir ihn etwa die Gewißheit weltlicher Erkenntnis entbehren sehen, sondern daran, daß wir als denkende Weltwesen immer auch in die Gewißheit solcher bloß weltlichen Erkenntnis, die das Geschehen des Unbedingten durch sich und von sich her gerade nicht bezeugt, gebunden sind und nur in dieser Situation das Geschehen des unbedingten Wesens des Sichverstehens sein können. Der Glaube leidet nicht am Mangel an Wissen, sondern daran, daß wir nur die Wissenden sein können und als denkende Weltwesen in die Region dessen, was wir weltliches Wissen und Erkennen nennen, hineingebunden bleiben. Von diesem Wissen, das Kant ein Wissen in bloßer Erscheinung nennen wird, unvermeidlich begleitet, nur unter ihm statthaben könnend, ist uns unser Innestehen im unbedingten Geschehen des Sichverstehens immer schon in die Unzulänglichkeit gebunden, und an dieser Unzulänglichkeit, die uns daraus kommt, daß wir weltlich erkennen, leiden wir in dem moralischen Verstehen, das wir sind: als solche Leidende nennen wir uns die Glaubenden. Der theistische Glaube sowohl als auch der Atheismus sind so mit unserm moralischen Bewußtsein unlöslich verknüpft. Wir können nicht sagen, dass wir uns im Glauben erhalten können, ohne auch etwas vom atheistischen Bewußtsein in uns zu erfahren, denn dieses atheistische Moment besagt ja gerade nichts anderes als dies, daß wir immer schon darum wissen, die Welt weise durch sich, durch ihr Gegebensein als solches die moralische Ordnung als solche gerade nicht aus, sie lasse die höchste Weisheit durch ihr Fürsichgelten in ihrem Bestimmtsein gerade nicht sehen. Gleichzeitig aber verstehen wir das Gegebensein der Welt doch immer auch schon im Glauben als das Sichdurchführen der höchsten moralischen Weisheit, und kein menschliches Bewußtsein, wie sehr es dem atheistischen Moment in ihm nachhänge, kann sich diesem Glauben ganz entziehen.

Der moralische Glaube ist nicht das moralische Urteil und das moralische Gefühl selbst. Das durch das moralische Gefühl geschehende moralische Urteil bezieht sich immer nur auf eine bestimmte weltliche Situation und versteht diese Situation als die Offenbarung der unbedingten moralischen Bedeutung. Das moralische Urteil geht vom Bestimmten aus und entdeckt dieses Bestimmte als ein Geschehen von unbedingter Bedeutung. Der Glaube dagegen, in dem dieses moralische Urteilen selbst geschieht, nimmt das Gegebensein der Welt und alles weltliche Geschehen schon als das Sichgestalten und Sichdurchführen der unbedingten moralischen Bedeutung; ihm ist offenbar, daß das Geschehen von Bestimmten an sich selbst schon das Geschehen der unbedingten moralischen Bedeutung ist, daß das Fürsichgelten des weltlichen Gegebenseins an sich selbst und als solches schon das Sichverwirklichen und Sichgestalten dieser unbedingten moralischen Bedeutung meint. Das weltliche Gegebensein in seinem Bestimmtsein und seinem Fürsichgelten ist gar kein letzter Begriff, sondern es ist das Sichdurchführen des in sich unbedingten moralischen Geschehens, das in dieser Haltung der philosophischen Reflexion, in der sie für sich selbst den Vernunftglauben, der in allem menschlichen Bewußtsein schon liegt, ausdrücklich hervorholt, den Begriff ausmacht, aus dem alles andere Begreifen fließt. Der Vernunftglaube hat jenes Wissen, das wir im theoretischen Bereich von der Wahrnehmung her und durch die Begriffe des Ganzen und des Systems vergeblich suchen: er hat es nicht auf theoretische Weise, sondern eben als Glaube, als das Sichvollziehen des unbedingten Geschehens des Wissens auf die Weise des Verstehens der Welt. Das moralische Urteil, wie es sich durch das moralische Gefühl vollzieht, erhebt einen viel geringeren Anspruch als der Vernunftglaube, da es das Gegebene, auf das es sich bezieht, doch einfach in seinem Fürsichgelten auf sich beruhen läßt. Deswegen wird das moralische Urteil an sich weder durch den Atheismus noch durch den Theismus tangiert. Aber die geistige Haltung, aus der heraus das moralische Urteilen geschieht, enthält für alles menschliche Bewußtsein (und das philosophische Denken holt dies auf dieser Stufe der Reflexion ausdrücklich hervor) sowohl den dogmatischen Skeptizismus des Atheismus als auch den theistischen Glauben, in dem sich das moralische Bewußtsein in seinem weltlichen Sichgestalten als Übereinkommen mit sich selbst meint.[13]

Das Verständnis der Welt im Glauben drückt sich darin aus, daß wir das ganze Weltgeschehen als ein Geschehen begreifen, das in einem höchsten moralischen Wissen und Beurteilen geschieht.[14] Unser eigenes moralisches Handeln und das der anderen Menschen erscheint uns erst, indem wir die Welt so auf das höchste moralische Wissen beziehen, als in sich voll gerechtfertigt und als das schlechthin Erfreuliche und Gute. Unser moralisches Bewußtsein ist damit gegen den Defaitismus gefeit, der als Versuchung immer schon in ihm liegt. Indem wir das Weltgeschehen so als das Sichdurchführen einer höchsten moralischen Weisheit verstehen, verstehen wir die moralische Bedeutung unseres Lebens

[13] A. a. O. S. 12: So that 'tis hard to pronounce certainly of any Man, that *he is an Atheist*; because unless his whole Thoughts are at all Seasons, and on all Occasions, steddily bent against all Supposition or Imagination of *Design in Things*, he is no *perfect* Atheist. In the same manner, if a Man's Thoughts are not at all times steddy and resolute against all Imagination of *Chance*, *Fortune*, or *ill Design* in Things, he is no *perfect* Theist. But if anyone believes more of Chance and Confusion than of Design; he is to be esteem'd more *an* Atheist than *a Theist*, from that which most predominates, or has the Ascendant.

[14] A. a. O. S. 57: For where the Theistical Belief is intire and perfect, there must be a steddy Opinion of the Superintendency of a Supreme Being, a Witness and Spectator of human Life, and conscious of whatsoever is felt or acted in the Universe: So that in the perfectest Recess, or deepest Solitude, there must be *One* still presum'd remaining with us; whose Presence singly must be of more moment than that of the most August Assembly on Earth.

zugleich als das Geschehen des natürlichen Glücks, denn das unbedingte und unbezügliche Gelten der moralischen Bedeutung geschieht uns nun ja so, daß es als solches gerade das unbedingte und unbezügliche Gelten unseres weltlichen Daseins und unseres Unserlebens meint. Daß aber unser weltliches Leben so an sich selbst ein absolutes Durchsichselbergelten sei, das bedeutet eben, daß es als Glückseligkeit gelebt und erlebt wird. Der Gedanke der Glückseligkeit liegt auch im moralischen Glauben, und es ist also mit diesem Glauben der Gedanke einer Angemessenheit schlechthin des weltlichen Bestehens und Sicherlebens der Menschen zu ihrem moralischen Sichverhalten verbunden; der Glaube enthält auch den Gedanken der höchsten Belohnung (wenn wir das Sicherleben als Glücklichsein einmal so ansehen wollen) wie den der Bestrafung des Bösen in sich. Dieses Denken des Glücks und des Leidens, und d. h. in gewisser Weise die Gedanken davon, daß uns Belohnung oder Strafe zuteil werde, können vom Vernunftglauben nicht getrennt werden, sie machen seine Bedeutung mit aus. Aber dies sind Gedanken, die eben Momente des Glaubens sind und auf die Weise des Glaubens und in der Natur des Glaubens statthaben. Im Glauben liegt es, und nur als Glaube wird es erfahren, daß die moralische Bedeutung als solche auch als das Gegebensein der Welt geschieht, d. h. daß sie auch als das Dasein und Sicherleben des Menschen in seinem sinnlichen Stattfinden und also gerade als solches sinnliche Erleben selbst geschieht. Der Glaube weiß, daß das moralische Sichverstehen als solches auch das Sicherleben im Glücklichsein ist. Deswegen ist es ganz unmöglich, daß man etwa in dem Streben nach Belohnung für moralisch gutes Handeln die Glückseligkeit meinen könnte, die im Wissen des Glaubens liegt. Wer nach göttlicher Belohnung für moralisch gutes Handeln strebt, der pervertiert das Wissen des Glaubens wieder in einem Sichverstehen, das die Tugend und das Gute, wie sie sich durch das moralische Urteil und das moralische Gefühl und das durch sie bestimmte Handeln kundgeben, dem Fürsichgelten des sinnlichen Sichfühlens und Sicherlebens unterordnet. Belohnung und Strafe, wie sie der Glaube meint, sind nicht Gegenstände des sinnlichen Begehrens, sondern sie geschehen als Momente des Wissens, das der Glaube ist. Sie sind Momente des Wissens darum, daß die Welt im Wissen einer höchsten moralischen Weisheit und durch ein solches Wissen existiert. Dieses Wissen des Glaubens enthält in seiner Unbezüglichkeit die Gedanken der Belohnung und Strafe mit. Sie geschehen als dieses Wissen. Wir können ihre Bedeutung gar nicht in weltlichem Begehren anstreben, aber, wenn wir im Wissen des Glaubens stehen, dann vollziehen wir diese Gedanken als ihm inhärierende Momente, die also selbst die

Natur dieses Wissens haben, ebenso mit, wie wir das Bewußtsein mitvollziehen, daß all unser Urteilen und all unser Tun im Angesichte und im Urteil der höchsten moralischen Weisheit geschieht. Dieses Wissen verlangt auf unbedingte Weise, daß wir moralisch urteilen und handeln, daneben gibt es keine Bedeutung, die unser Leben haben könnte; aber diese Bedeutung meint durch sich selbst auch die Glückseligkeit. In solchem Sinne ist für Shaftesbury der Vernunftglaube die Vollendung des moralischen Bewußtseins, das als moralisches Urteil und Gefühl wie auch als moralisches Handeln für sich besteht, das aber das in sich beschlossene Verständnis seiner selbst nur im Vernunftglauben ist.[15]

Der Vernunftglaube weiß um die Übereinstimmung des moralischen Sichverstehens des Menschen und der Glückseligkeit. Er hat aber dieses Wissen immer nur gegen die Gleichgültigkeit, die das Gegebensein der Welt im Fürsichgelten seines Bestimmtseins gegen den Glauben ist. Das höchste Gut, wenn wir mit Kant so sprechen dürfen, findet nicht eigentlich jetzt statt, obwohl wir auch jetzt schon unser weltliches Dasein auf die Glückseligkeit hin erleben können, das höchste Gut ist vielmehr der Gegenstand eines Wissens, das, indem seine Meinung durch die gegebene Welt nicht eindeutig bezeugt werden kann, doch das denkt, was sein müsse, obwohl es jetzt in eindeutiger Weise nicht sein kann. In diesem Sinne ist es der Gegenstand einer gewissen Hoffnung,

[15] A. a. O. S. 67: Whoever therefore, by any strong Persuasion of settled Judgment, thinks in the main, *That Virtue causes Happiness, and Vice Misery*, carrys with him that Security and Assistance to Virtue which is requir'd. Or tho he has no such Thought, nor can believe Virtue his real Interest, either with respect to his own Nature and Constitution, or the Circumstances of human Life; yet if he believes any Supreme Powers concern'd in the *present* Affairs of Mankind, and *immediately* interposing in behalf of the Honest and Virtuous, against the Impious and Unjust; this will serve to preserve in him, however, that just Esteem of Virtue, which might otherwise considerably diminish. Or shou'd he still believe little of the *immediate* Interposition of Providence in the Affairs of *this present Life*; yet if he believes a God dispensing Rewards and Punishments to Vice and Virtue in *a future*; he carrys with him still the same Advantage and Security; whilst his Belief is steddy, and no-wise wavering or doubtful.

A. a. O. S. 76: Hence we may determine justly the Relation which Virtue has to Piety; the *first* being not compleat but in the *latter:* Since where the latter is wanting, there can neither be the same Benignity, Firmness, or Constancy; the same good Composure of the Affections, or Uniformity of Mind.

And thus the Perfection and Height of Virtue must be owing to *the Belief of a* God.

wie sie als solche auf die Zukunft geht. Nur in der Hoffnung können wir den Glauben leben.

Damit scheint aber unser gegenwärtiges Dasein doch immer auch noch aus dem moralischen Sichverstehen herauszufallen. Im moralischen Urteil und im moralischen Gefühl sind wir tugendhaft und gut, und wir können auch unser Handeln durch dieses Urteilen und Fühlen messen und nach ihm ausrichten; aber es ist nicht so selbstverständlich, einzusehen, was dieses Urteilen und Ausrichten für unser tatsächliches Leben und Erleben eigentlich solle, denn dieses Leben und Erleben ist etwas, was nun einmal als solches da ist, was so abläuft, wie es eben abläuft, was sich durch sich selbst, nach dem, was es ist, bezeugt und in solchem Fürsichgelten sein Beruhen in sich selbst hat. Es gibt gar keinen Übergang von dem moralischen Urteilen, Fühlen und Bestimmen zu diesem Statthaben des Lebensgeschehens als solchen. Die guten Neigungen, die auf die Beförderung des Wohls der Art gehen, werden ebenso wie die bösen Neigungen als solche gelebt, ihre Verwirklichung findet statt, der Mensch fühlt sich selbst in solcher Verwirklichung seines Lebens; aber all dies unmittelbare Lebensgeschehen hat nichts mit moralischer Beurteilung und moralischem Gefühl zu tun. Hier bleibt für den reflektierenden Philosophen so etwas wie ein letztes Hindernis. Wir können das bloße Fürsichgelten des Gegebenseins unseres Daseins nicht einfach in die moralische Beurteilung auflösen, es bleibt immer als solches und für sich selbst und durch sich selbst geltend da. Die philosophische Reflexion kann, indem sie sich im Vernunftglauben vollzieht, sagen, daß es uns in der Hoffnung um das höchste Gut geht und daß wir das höchste Gut als die eigentliche Bedeutung unseres Lebens meinen müssen, aber sie bewirkt damit nicht, daß unser Lebensgeschehen nicht immer auch nur sein Fürsichgelten und sein bloßes Beruhen in sich selbst sei. Über dieses bloße Fürsichgelten und Beruhen in sich des Lebensgeschehens kommen wir weder im naiven Vernunftglauben noch durch die höchste Anstrengung der Reflexion hinweg.

Hier endet also das, wenn wir so sagen wollen, moralische Begreifen, das ja kein theoretisches Begreifen ist. Hier bleibt dem Philosophen jetzt nur noch die Beobachtung übrig, die sich an das Fürsichgelten des Lebensgeschehens hält und es in solchem Fürsichgelten von sich her aufnimmt, ohne es darin selbst schon wieder als das Geschehen moralischen Verstehens haben zu wollen. Und in der Kontemplation kann der Philosoph dann den Charakter dieses Lebensgeschehens auf das moralische Urteilen und Fühlen beziehen und eine Entsprechung zwischen dem Charakter des Lebensgeschehens und diesem Urteilen und Fühlen feststellen, die selbst nicht mehr durch das moralische Begreifen begriffen werden kann, sondern als ein Wissen der Kontemplation, das diese selbst nur feststellen kann, hingenommen werden muß. Das moralische Urteilen und Fühlen einerseits und das Lebensgeschehen und Lebensgefühl andererseits sind hier aufeinander bezogen, indem im kontemplativen Wissen nur diese beiden da sind und es kein drittes Vermittelndes gibt, aber dieses Wissen doch, ohne dies weiter rechtfertigen zu können, sagt, daß beide einander entsprechen.

Auf die Weise eines solchen kontemplativen Wissens, das seine Einsicht in der Form der Feststellung hat und sich nicht weiter über sich ausweisen kann, sind wir für Shaftesbury dessen inne, daß es in unserem Erleben ein Glücklichsein geben kann, das in seinem unbezüglichen und unbedingten Gelten der unbedingten Bedeutung entspricht, die wir im moralischen Urteilen und Fühlen erleben. Dieses Glücklichsein streben wir als des Glückes bedürftige Wesen an und suchen in ihm das in sich beschlossene unbedingte Gelten unseres Daseins. Dieses Glücklichsein, von dem der Philosoph im kontemplativen Wissen ausdrücklich erkennt, daß es dem moralischen Urteilen und Fühlen entspricht, erlangen wir dadurch, dass wir uns von den — im eigentlichsten Sinne des Wortes — „natürlichen" Gefühlen, die uns dazu antreiben, überall das Wohl der Menschen zu suchen und zu befördern, bewegen lassen, und nächst diesem dadurch, daß wir auch den Antrieben, die auf unser eigenes Wohl gehen, in maßvoller Weise folgen. Das ist das Glücklichsein, um das es uns in unserm Unsselbsterleben dann, wenn wir uns recht verstehen, geht; es zu erlangen, ist unser eigentliches Interesse, das Gut, auf das wir als bedürftige Wesen lebensmäßig ausgehen. Indem nun aber unsere natürliche Anlage und unser natürliches Interesse in seinem Ausgehen auf das Glück, das wir in diesem Leben erlangen können, dem entspricht, was wir auch im moralischen Urteilen und Fühlen meinen — wie der Philosoph ausdrücklich einsieht —, da schließt sich unser Dasein, wie wir es als vernünftige Weltwesen sind, mit sich selbst zusammen, und wir können sagen, das moralisch Gute, das wir auf die Weise des moralischen Urteils und des moralischen Gefühls meinen, ist ein und dasselbe mit dem Gut des Lebens, das wir im Glücklichsein erfahren und auf das uns unser Interesse und das Gefühl des Bedürftigseins leitet. Was wir im moralischen Urteil meinen, ist ebendasselbe, was lebensmäßig unser Interesse meint. Das Sicherfahren des Menschen als urteilendes Wesen — welches Urteilen ja zuoberst moralisches Urteilen ist — ist in seiner auf das Unbedingte gehenden Bedeutung ein und dasselbe mit seinem Sicherfahren in dem durch Interesse und Bedürfnis bewegten Leben. Vernunft und Leben meinen ein und dasselbe; das Interesse meint ebendas, was auch das Urteil meint. Die moralische Weltordnung ist nicht nur der Gegenstand unseres positiven Urteils, sondern zugleich auch der Gegenstand unseres Interesses. Das moralische Handeln ist nicht nur Sache unserer Einsicht, sondern seine Inhalte sind eben die, die wir unter dem Namen des Glücks auch lebensmäßig wollen und als Gegenstände unseres eigentlichen Interesses verfolgen und suchen. Wir meinen das Gute, das wir im moralischen Urteil erkennen, lebensmäßig unter dem Namen des Glücks als unser Interesse. So können wir sagen, daß das moralische Gute selbst unser Interesse ist, daß wir uns lebensmäßig bewegt fühlen, das Gute zu verwirklichen, daß wir, weil wir leben und darin und damit, daß wir leben, auf das Gute hinzustreben bewegt und in der in sich beschlossenen Bedeutung eines in sich unbedingten Geschehens verpflichtet sind.[16]

Der Vernunftglaube weist uns in der Hoffnung auf das höchste Gut hin, in dem das moralische Bewußtsein und Handeln und die Glückseligkeit aus einer höchsten, alles überschauenden moralischen Weisheit heraus für die Menschheit übereinkommen sollen. In diesem Glauben sind im unbedingten Geschehen des Wissens und Sichverstehens die moralische Bedeutung und das Lebens- oder Naturgeschehen zur Einheit zusammengenommen. Es ist diese Einheit, die wir im Glauben und in der Hoffnung wissen, die die in sich beschlossene Bedeutung des menschlichen Daseins ausmacht. Unser Leben vollzieht sich aus dieser Bedeutung und ist ihre Durchführung. Aber wir können ihr in diesem Dasein nicht voll entsprechen; wir sind ihr Geschehen auf die Weise der Unangemessenheit und Unzulänglichkeit. Die Vernunft und das moralische Urteil auf der einen Seite und das Lebensgeschehen auf der anderen Seite können sich nicht direkt ineinander und durcheinander erkennen, sondern bleiben auch in einer Position des bloßen Nebeneinanderseins. Wir urteilen und fühlen auf der einen Seite moralisch; auf der anderen suchen wir lebensmäßig unser Glück. Im kontemplativen Wissen,

[16] A. a. O. S. 77: We have consider'd *what* Virtue, *is*, and to whom the Character belongs. It remains to inquire, *What Obligation* there is *to* Virtue; or *what Reason* to embrace it.

A. a. O. S. 172: Thus have we endeavour'd to prove what was propos'd in the beginning. And since in the common and known Sense of *Vice* and *Illness*, no-one can be vitious or ill, execpt either,

1. by the Deficiency or Weakness of *natural Affections*; or, 2. by the Violence of the *selfish*; or, 3. by such as are plainly *unnatural:*

It must follow, that if each of these are pernicious and destructive to the Creature, insomuch that his compleatest State of Misery is made from hence; to be wicked or vitious, is to be miserable and unhappy.

S. hierzu das ganze Buch II.

das auch in unserer Natur liegt und das der Philosoph ausdrücklich aktualisiert, wissen wir, daß unser moralisches Urteil und unser Interesse übereinkommen, eines und dasselbe meinen, daß wir schon in diesem Leben das Gute und das Glück verbinden; aber im tatsächlichen Begreifen unser selbst können wir sie nicht zusammenbringen. Wir wissen uns — unserer Anlage und unserer Bestimmung nach — schon jetzt in der Ordnung des höchsten Gutes, aber wir können uns dies Wissen nicht eigentlich für uns selbst bestätigen, denn das Gute und das Glück stehen uns auch jedes für sich nebeneinander da, und wir können sie im tatsächlichen Begreifen unser selbst nicht eigentlich vereinen, da jedes nur sich selbst bezeugt. Wohl können wir im kontemplativen Wissen sagen, wenn wir unser Glück auf rechte Weise suchen, dann meinen wir darin gerade auch das moralisch Gute. Aber im tatsächlichen Lebensvollzug, so wie wir uns direkt in ihm begreifen, suchen wir, wenn wir das Glück suchen, nur das Glück, und wenn wir moralisch urteilen und fühlen, dann urteilen wir nur. Im direkten Sichbegreifen des Menschen fehlt dem moralischen Urteil die Bestätigung durch das Leben, und dem Leben fehlt die Bestätigung durch die Moralität. Sowohl das moralische Urteilen und Fühlen als auch das unmittelbare Lebensgeschehen erreichen so nicht in vollkommener Weise, was sie selbst eigentlich meinen und bedeuten. Sie bleiben in ihrem Fürsichgelten einseitig, sie sind nicht reich genug, das andere mit in sich zu befassen.

Das macht die Schwierigkeit und das Ungenügen aus, die in dieser Moralphilosophie liegen. Das Wissen des Vernunftglaubens kann für das tatsächliche Leben wohl im kontemplativen Sichverstehen des Menschen — unter den Einschränkungen, die für dieses Leben gelten — bestätigt werden, aber diese Bestätigung kann durch das tatsächliche Sichbegreifen des Menschen in seinem Leben nicht nachgewiesen werden. Moralität und Lebensgeschehen bleiben einander auch fremd. Und so bleibt für das tatsächliche Sichbegreifen des Menschen immer der Skrupel, ob er damit, daß er in seinem Leben das Glück sucht — das recht verstandene Glück —, tatsächlich auch das moralisch Gute tue. Es bleibt letztlich nur, das kontemplative Wissen, in dem wir uns in unserm tatsächlichen Dasein verstehen, selbst wieder in den Vernunftglauben hineinzunehmen und es im Vernunftglauben für gerechtfertigt zu halten.[17]

[17] A. a. O. S. 175f.: Thus the Wisdom of what rules, and is First and Chief *in Nature*, has made it to be according to the *private Interest* and *Good* of everyone, to work towards the *general Good*; which if a Creature ceases to promote, he is actually so far wanting to himself, and ceases to promote his own Happi-

4. Die Bindung der philosophischen Reflexion an das Gegebene

Daß wir so nicht dazu gelangen können, das tatsächliche Lebensgeschehen in seinem Gegebensein direkt auf das moralische Urteil zu beziehen, und daß wir das moralische Urteil nicht in das Lebensgeschehen hinein erweitern können, das hängt aber mit der eigentümlichen Position der philosophischen Reflexion zusammen, die in diesem Denken statthat. Das Gegebensein der Welt ist in das unbedingte Geschehen des Sichwissens hineingenommen und als sein Sichgestalten verstanden. Aber daß das Gegebensein der Welt so als das Sichverwirklichen des unbedingten Geschehens des Wissens als Sichgestalten verstanden ist, das findet doch nur statt, indem das Gegebensein der Welt zugleich als sein bloßes Fürsichgelten in seinem Bestimmtsein festgehalten ist. Das Gegebensein der Welt bezeugt durch sich und von sich her das unbedingte Geschehen des Wissens gerade nicht, sondern es bezeugt nur sich selbst in seinem besonderen Gestaltetsein und Bestimmtsein. Das Denken bleibt, was das Fürsichgelten des Gegebenseins der Welt angeht, in gewisser Weise immer noch auf dem Standpunkt des Descartes stehen, der dies Fürsichgelten auf seine Bedeutung hin befragte, diese Bedeutung nicht finden konnte — womit er in den Skeptizismus eintrat, der ihm dann ein ganz neues Wissen eröffnete — und es schließlich — innerhalb der neuen Position, die sein Denken bezogen hatte — beim Faktum dieses Fürsichgeltens bewenden ließ. Bei Shaftesbury ist dies Fürsichgelten des Gegebenseins der Welt von vornherein ganz in das Geschehen der unbedingten Bedeutung des Wissens hineingenommen, aber auch bei ihm gilt, daß man es bei diesem Fürsichgelten des Gegebenseins, sofern es sich selbst als solches darstellt und ausweist, bewenden lassen müsse. Die skeptische Haltung des Denkens führt nicht eigentlich zu einem neuen Begreifen des Gegebenen, sondern das Be-

ness and Welfare. He is, on this account, directly his own Enemy: Nor can he any otherwise be good or useful to himself, than as he continues good to Society, and to that *Whole* of which he is himself *a Part.* So that Virtue, which of all Excellencys and Beautys is the chief, and most amiable; *that* which is the Prop and Ornament of human Affairs; which upholds Communitys, maintains Union, Friendship, and Correspondence amongst Men; *that* by which Countrys, as well as private Familys, flourish and are happy; and for want of which, every-thing comely, conspicuous, great and worthy, must perish, and go to ruin; *that single Quality,* thus beneficial to all Society, and to Mankind *in general,* is found equally a Happiness and Good to each Creature *in particular*; and is *that* by which alone Man can be happy, and without which he must be miserable.

And, thus, Virtue is *the Good,* and Vice *the Ill* of every-one.

greifen muß das Gegebene immer noch als etwas ihm Vorausgesetztes, das es nur nachträglich zu analysieren und zu beschreiben habe, vorstellen. Weil es sich so verhält, kann das moralische Urteil unmöglich durch das Gegebene eine direkte Bestätigung erhalten, obwohl das Gegebene immer schon in einem Wissen gewußt ist, in dem es den Charakter solcher Bestätigung hat. Während aber Descartes, obwohl er in der skeptischen Haltung des Denkens verbleibt, dazu übergeht, das Fürsichgelten des Gegebenen in seinem Bestimmtsein aus dem unbedingten Geschehen des *Cogito* zu rechtfertigen und so wieder bei der für sich bestehenden materiellen Welt anlangt, bleibt für Shaftesbury das ausdrückliche Wissen um das Unausgewiesensein in sich des Fürsichgeltens des Gegebenen immer erhalten. Eben weil das Gegebensein als das Sichgestalten des unbedingten Geschehens des Wissens offenbar ist, ist einsichtig, daß das Fürsichgelten des Gegebenen von sich her die Bedeutung von Gegebensein gerade nicht angeben kann. Die unbedingte Bedeutung, die im Gegebensein der Welt liegt, kann dann gerade nicht verstanden werden, wenn sie von dem Fürsichgelten dieses Gegebenen her begriffen werden soll. So ist das Denken Shaftesburys in bezug auf unser Wissen um die Welt immer sich selbst offenbarer Skeptizismus, und seine moralphilosophische Reflexion hat allein als das Sichdurchführen des in solchem Skeptizismus statthabenden philosophischen Wissens ihre Möglichkeit und Wirklichkeit.[18]

[18] A. a. O. S. 173: For let us carry *Scepticism* ever so far; let us doubt, if we can, of every thing about us; we cannot doubt of what passes *within ourselves.* Our Passions and Affections are known to us. *They* are certain, whatever the *Objects* may be, on which they are employ'd. Nor is it of any concern to our Argument, how these exteriour Objects stand; whether they are Realitys, or mere Illusions; whether we wake or dream. For *ill Dreams* will be equally disturbing: And a good *Dream* (if Life be nothing else) will be easily and happily pass'd. In this Dream of Life, therefore, our Demonstrations have the same force; our *Ballance* and *Oeconomy* hold good, and our Obligation to V i r t u e is in every respect the same.

II. HUME

1. Das Wissen des Ganzen und der Vernunftglaube in der skeptischen Resignation

Wir gehen nun von Shaftesbury weiter zur Betrachtung der Moralphilosophie David Humes und beziehen uns dabei auf den[19]›Enquiry concerning the Principles of Morals‹, der im Jahre 1751 zum ersten Mal veröffentlicht worden ist. L. A. Selby-Bigge sagt in der Einleitung zu seiner Ausgabe dieser Schrift Humes: „Hume has recorded his own opinion that the Enquiry concerning the Principles of Morals was, of all his writings 'historical, philosophical, or literary, incomparably the best'." [20] Auch für Hume aber verhält es sich so, daß die Moralphilosophie der Vorbereitung durch die theoretische Philosophie bedurft hat. Der ›Enquiry into the Human Understanding‹ ist im Jahre 1748 erschienen. Und im ›Treatise of Human Nature‹, dem Frühwerk Humes, geht die Behandlung der theoretischen Philosophie der Moralphilosophie vorauf. Wir wollen uns daher hier auch für Hume zunächst kurz auf seine theoretische Philosophie beziehen, um von da aus die Moralphilosophie besser verstehen zu können.

Die Position Shaftesburys ist dadurch bezeichnet, daß das Gegebensein der Welt und das Dasein des Menschen in ihr in sozusagen naiver Weise als das Sichdarstellen und Sichgestalten der unbedingten Bedeutung des Geschehens des *Cogito* aufgenommen ist, indem dabei zugleich akzeptiert ist, daß dies Gegebensein sich doch immer nur in seinem Fürsichgelten und als dies Fürsichgelten bezeuge und so der unbedingten Bedeutung, die es als solches meint, doch auch gerade nicht angemessen sein könne. So liegt für das Wissen um die unbedingte Bedeutung des Gegebenseins in diesem bloßen Fürsichgelten des Gegebenen in seinem Bestimmtsein immer auch eine Gegeninstanz, die macht, daß jene Bedeutung sich auch immer schon entzogen hat und auf die Weise der weltlichen Gestaltung nicht eindeutig aufgewiesen werden kann. Es

[19] Hume, David: Enquiry concerning The Principles of Morals Reprinted from the Posthumous Edition of 1777 and Edited with Introduction, Comparative Table of Contents, and Analytical Index by L. A. Selby-Bigge, MA (Clarendon Press, Oxford 1975).

[20] A. a. O. S. XXII.

ist diese Doppelsinnigkeit des Gegebenen, bei der die philosophische Reflexion nicht verweilen konnte, sondern versuchen mußte, das Gegebene so zu verstehen, daß es in seiner Bedeutung Übereinstimmung sei.

Das Gegebene gibt das Unbedingte auf die Weise des Ungenügens zu ihm an. Dieses Ungenügen, das das Gegebene in bezug auf das Unbedingte, das es durch sich angibt, bleibt, stellt sich durch die Doppelung dar, unter der es das Unbedingte meint: das Unbedingte wird einerseits durch die Wahrnehmung angegeben, und es ist andererseits in den reinen Strukturen gedacht. In der Wahrnehmung stellt sich das bloße Fürsichgelten des Gegebenen durch sich und als solches dar; in den reinen Strukturen ist der Gedanke ein unbedingtes Geschehen, das sich meint, ohne sich über sich selbst ausweisen zu können. Nur das Eingehen der philosophischen Reflexion in den Skeptizismus führt dazu, daß sowohl die Wahrnehmung als auch das Denken der reinen Strukturen unmittelbar auch als das Sichdurchführen und Sichmeinen der unbedingten Bedeutung des Geschehens des *Cogito* verstanden sind. Descartes hat sich damit begnügt, um dieses Sichdarstellen der unbedingten Bedeutung durch das Wahrnehmen und durch das Denken der reinen Strukturen zu wissen; Shaftesbury hat versucht, das Wissen um das Unbedingte, wie es auf die Weise des Gegebenen statthat, dadurch zu seinem Geschehen als Übereinstimmung zu bringen, daß er die Wahrnehmung und das Denken auf das Begreifen des Ganzen hin vereinigte, aber dieses Ganze mußte ihm, wenn wir so sagen wollen, ein Ideal der philosophischen Reflexion bleiben, das in seiner Bedeutung durch die Weisen, in denen es sich durchführen muß, nicht dargestellt werden kann. So meint bei ihm die philosophische Reflexion wohl die Vereinigung der Wahrnehmung und des Denkens, aber sie kann sie nicht eigentlich zur Ausführung bringen.

Hume geht es in seiner theoretischen Philosophie darum, die Übereinkunft der Wahrnehmung und des Denkens der reinen Strukturen dadurch zu erreichen, daß er diese beiden Weisen des Erkennens nicht nur aufeinander bezieht, wie Shaftesbury dies unter dem Begriffe des Ganzen getan hatte, sondern daß er das bloße Fürsichgelten des Gegebenen, wie es in der Wahrnehmung statthat, daraufhin in sich selbst verfolgen will, daß es durch sich die unbedingte Bedeutung des reinen Denkens angebe und ausweise. Es genügt nicht, das Gegebene — wie es sich im Wahrnehmen und im Denken darstellt — als solches stehen zu lassen und die unzulänglichen Weisen, unter denen es durch sich das Unbedingte angibt, in ihrer Unzulänglichkeit nur zu kombinieren, sondern die philosophische Reflexion muß darauf ausgehen, daß die Wahrnehmung durch sich selbst und an sich selbst die unbedingte Bedeutung auch in der Weise angibt, die das in sich beschlossene Wissen des reinen Denkens meint, und daß das Denken sich selbst unmittelbar auf die Weise des Fürsichgeltens des Gegebenen, das die Wahrnehmung meint, angebe. Das Geschehen des Wahrnehmens soll sich an sich selbst auch als ein Wissen darstellen, das den Charakter apriorischer Demonstration hat, und das Denken reiner Struktur soll als solches auf die Weise des Fürsichgeltens des wahrgenommenen Gegebenen erscheinen.

Es geht der philosophischen Reflexion also zuerst darum, zu finden, daß das wahrgenommene Gegebene in sich und als solches den Charakter der Demonstration, der reinen Struktur, des in sich beschlossenen Gesetzes habe. Das bloße Fürsichgelten des Gegebenen, das macht, daß es sich von sich her gerade nicht als das Geschehen der unbedingten Bedeutung angibt, sondern eben immer nur es selbst als sein bloßes Bestimmtsein ist, wird in der philosophischen Reflexion in sich selbst daraufhin verfolgt, daß es das Geschehen in sich unbedingten Denkens sei. Es soll sich selbst und als solches auch als reine, in sich apriorische Struktur angeben. In dieser Art der philosophischen Reflexion geht das Sichdarstellen des Gegebenen ausdrücklich als das Geschehen von Zeitlichsein hervor. Ohne das Sichdurchführen der philosophischen Reflexion wissen wir schon um das Unausgewiesensein in sich des Gegebenen in seinem Fürsichgelten, wir wissen um ein radikales Ungesichertsein unseres in der Welt gegebenen Daseins, das sich in seinem Sein nicht über sich selbst auszuweisen vermag. Wir beziehen dieses Ungesichertsein unseres Daseins auch auf eine faktisch verstandene Zukunft, von der wir nicht wissen, wann und wie sie uns den Untergang bringen wird. Die philosophische Reflexion aber meint auf die Weise dieses in sich ungesicherten Gegebenseins und als es das in sich beschlossene Gesetz: das in sich ungesicherte Gegebensein soll selbst das unbedingte Gelten eines in sich beschlossenen Gesetzes sein. Das bloße Fürsichgelten des Gegebenen soll in sich selbst und an sich selbst den Charakter einer in sich apriorischen Demonstration haben; indem es immer nur sich selbst angibt, soll es als das in sich beschlossene unbedingte Geschehen des Gesetzes hervorgehen und diese Bedeutung als solche durch sich als solches meinen.

Indem aber die philosophische Reflexion so auf die Weise des Fürsichgeltens des Gegebenen das Gesetz, die reine Struktur meint, da kann sich dieses Fürsichgelten in der Meinung solcher Bedeutung doch immer nur als es selbst angeben. Dieses Bewußtsein des reflektierenden Philosophen darüber, daß auf die Weise des bloßen Fürsichgeltens des Gegebenen und als es das in sich beschlosssene unbedingte Gelten eines reinen Gesetzes geschehen müsse, das doch nur so statthat, daß sich immer nur das bloße Fürsichgelten gibt, bedeutet das ausdrückliche und unmittelbare Wissen um die bloße Zeitlichkeit des Gegebenen und insbesondere des in der Welt gegebenen menschlichen Daseins. Wir meinen das Gegebene als die in sich beschlossene und vollendete Bedeutung eines Gesetzes, aber wir finden immer nur sein bloßes Sichbezeugen in seinem Fürsichgelten. Die Diskrepanz, die wir so im reflektierenden philosophischen Bewußtsein erleben, daß das Gegebene als solches das Geschehen der in sich vollendeten unbedingten Bedeutung meine und doch immer nur bloßes Fürsichgelten und Sichbezeugen als Bestimmtsein ist, sie bedeutet an sich selbst, das Gegebene als das Geschehen von Zeitlichsein erfahren. Die in sich vollendete unbedingte Bedeutung ist durch das Gegebene selbst gemeint; aber gerade indem es als es selbst dieses Meinen des in sich beschlossenen gedachten Unbedingten ist, ist das Gegebene es selbst doch auch nur als sein bloßes Fürsichgelten. So ist es in der philosophischen Reflexion, die zu keinem Resultate in sich selbst kommen kann, auf die unbedingte Bedeutung hin verfolgt, die es schon ist und die es, indem es sich selbst angibt, doch nicht als solche ist. Wir meinen das Gegebensein, und wir meinen damit unser eigenes gegebenes Dasein in der Welt als Zeitlichsein, und dies geschieht, indem sich das Gegebensein der Welt und des Menschen durch sich als das in sich beschlossene Gesetz, als den Gedanken einer reinen Struktur so angibt, daß es das Meinen des Gesetzes und der reinen Struktur doch immer nur durch das bloße Fürsichgelten sein kann, das sich selbst neu und neu bestätigen muß, weil es die unbedingte Bedeutung, die nur durch es angegeben werden kann und die es angeben muß, immer auch schon verleugnet.

Das Wissen des reflektierenden Philosophen um die Zeitlichkeit des Gegebenseins ist also an sich selbst das Wissen darum, daß das Gegebensein an sich selbst und als solches das Geschehen des Unbedingten und des Beschlossenseins in sich meine, daß es diese Bedeutung aber nur sein könne, indem es sich in seinem Fürsichgelten immer neu als diese Bedeutung setzt, ohne ihr darin je gemäß sein zu können. In diesem Sinne ist das Gegebene, indem es als das Geschehen des Zeitlichseins erfahren ist, als das erfahren, was seiner Bedeutung nach das Kausalgesetz meint, nämlich das Geschehen des Gegebenen als Beschlossensein in sich, gerade indem und dadurch, daß es als sein bloßes Fürsichgelten in seinem Bestimmtsein zu dieser Bedeutung, die dieses sein Fürsichgelten doch ist, nicht zulangt. Das Gegebene wird also als das Geschehen des Kausalgesetzes so gewußt, daß es die in sich beschlossene Bedeutung gerade darin meint und sich selbst als diese Bedeutung gerade darin angibt, daß es sie nicht erfüllt und erreicht und sich selbst doch ständig neu als diese Bedeutung meint. Eben dies ist das Erfahren des Gegebenen als das begriffene Geschehen von Zeitlichkeit.

Durch dieses Begreifen des Gegebenen als Zeitlichkeit, als Geschehen der Bedeutung des Kausalgesetzes, die als Bedeutung auch Unerfülltsein meinen muß, ist eine Position der philosophischen Reflexion erreicht, in der das unbedingte Geschehen des *Cogito* sich für sich selbst in seiner unbezüglichen Bedeutung aus dem Fürsichgelten des Gegebenen heraus, durch es und als es meint und verwirklicht, und sich selbst durch dies Fürsichgelten des Gegebenen angibt, auch wenn es sich dann so verhält, daß das Fürsichgelten des Gegebenen sich gerade nicht als das eindeutige Bezeugen des Unbedingten darstellen kann. Die Lehre Descartes' vom Satze vom Grunde, nach dem alles Gegebene auf den in sich selbst beschlossenen Begriff gebracht werden müsse, hat das Fürsichgelten des Gegebenen doch auch auf sich beruhen lassen und nur danach verlangt, von diesem Fürsichgelten her das Unbedingte als solches anzugeben und es selbst auf die Weise des Fürsichgeltens des Gegebenen vorzustellen. Das Kausalgesetz dagegen, von dem Hume handelt, meint, daß das Fürsichgelten des Gegebenen als solches das in sich beschlossene unbedingte Gelten des Gesetzes bedeuten solle und dergestalt das Unbedingte als der Gedanke, der Sichbezeugen ist, geschehen solle. Es wird nicht nach einem Grunde für das Gegebene gesucht, der selbst wieder nach Art eines Gegebenen konzipiert wäre, sondern es geht darum, daß das gegenwärtige Geschehen es selbst als das Sichgestalten und das Sichbezeugen des Unbedingten sei. Der Begriff vom Grunde und der Satz vom Grunde gehören in die Metaphysik, die in ihrem Begreifen von dem dem Begriffe Vorausgesetzten ausgeht; Humes Lehre vom Kausalgesetz gehört in das transzendentale Begreifen, das aus dem Eingegangensein des Denkens in den Skeptizismus entsprungen ist und dem sich das unbedingte Geschehen des Wissens auf die Weise des Gegebenseins der Welt selbst erscheinend gestaltet.

Die theoretische philosophische Reflexion, die das Fürsichgelten des Gegebenen von ihm selbst her in das unbedingte Geschehen des Wissens hineinbeziehen will, geht auf das Kausalgesetz aus, in dem das Wahrnehmen des Gegebenen und das Denken der apriorischen Struktur zur Einheit eines Wissens verbunden sein sollen. Die Reflexion vermag die Aufgabe, um die es ihr geht, nicht eigentlich durchzuführen, es bleibt bei der Doppelung von Wahrnehmen und Denken, die beide, ein jedes auf seine Weise, das Unbedingte meinen und durch sich angeben, aber es immer nur in der Unzulänglichkeit angeben können. Die Reflexion, die anfänglich schon Skeptizismus ist, tritt so in einen Zustand ein, den wir als den Zustand der skeptischen Resignation bezeichnen können.

Die theoretische Reflexion ist an ein Ende gekommen und bekennt sich dazu, an ihr Ende gekommen zu sein. Auf die Weise dieser skeptischen Resignation vollzieht sich aber das in sich unbedingte und unbezügliche Geschehen des Wissens, und es vollzieht sich nun so, daß dabei die Unzulänglichkeit jeglichen Raisonnements, das vom Fürsichgelten des Gegebenen ausgeht, dieses Geschehen des Wissens durch sich auszulegen, erkannt ist und sich so das ursprüngliche Anliegen der Reflexion rein durch sich selbst und ohne alle raisonnierende Auslegung darstellen kann. So ist die skeptische Resignation in gewisser Weise selbst auch die Überwindung der Ausweglosigkeit, in die das Raisonnement das in sich skeptische philosophische Denken geführt hatte. Dieses Wissen ist selbst auch in gewisser Weise die Auflösung der skeptischen Zweifel. Es ist diese Auflösung aber nur so, daß sie eben nicht durch das Raisonnement erfolgen kann, sondern das Raisonnement sich solcher Auflösung der skeptischen Zweifel weiterhin widersetzt, diese Auflösung von sich her gerade bestreiten und leugnen muß. Die Auflösung der skeptischen Zweifel geschieht selbst nur im Skeptizismus, sie ist selbst in sich skeptische Auflösung dieser Zweifel, die nur als Erkenntnis darüber stattfindet, daß sie sich durch das Raisonnement, dessen das menschliche Denken für sein Begreifen bedarf, gerade nicht vollziehen kann, sondern vielmehr nur als Bewußtsein darüber und im Bewußtsein davon stattfindet, daß sie durch das Raisonnement gerade bestritten werden muß.

Diese skeptische Auflösung der Zweifel, die gegen das Raisonnement vollzogen werden muß, findet in einem weltlichen Sichgestalten des unbedingten Geschehens des Wissens statt, in dem das Gegebene, das ja in seinem Fürsichgelten belassen ist, den Charakter des Wissens auf die Weise des Gefühls annimmt, das als Vollzug des unbedingten Geschehens des Wissens von jener Doppelung des Erfahrens des Unbedingten, in die das theoretische Raisonnement in seinem Ausgang gebunden ist, nicht mehr betroffen ist. Indem das Gegebene sich selbst auf die Weise des Gefühls als das Sichgestalten des unbedingten Geschehens des Wissens offenbart, da ist darin die Unterscheidung der Wahrnehmung und des Denkens reiner Struktur, an die sich das Raisonnement in seinem Ausgang halten muß, auch aufgehoben, und es findet eine Erfahrung des Geschehens des Wissens als weltliches Sichgestalten statt, in der das unbedingte Geschehen des Wissens auf die Weise seines Sichbezeugens für sich selbst statthat und das Gegebene in seinem Fürsichgelten so das Sichoffenbaren einer in sich einigen Bedeutung ist. Was sich im Raisonnement als das Außereinander in der Zeit darstellt, ist als Gefühl der Vollzug eines in sich einigen Geschehens, das Sichgestalten eines als solches schon vollendeten Ganzen. Dieses Gefühl läßt sich dann wieder durch das Raisonnement auslegen, das ihm seiner Struktur nach doch gar nicht angemessen ist. Und so kann man sagen, daß in einer skeptischen Auflösung des Zweifels das Kausalgesetz, das das Raisonnement sucht, doch noch in gewisser Weise fundiert und gerechtfertigt werde, obwohl aus einem Grunde, der dem Raisonnement nicht entspricht und von dessen Wesen das Raisonnement — indem es ihm um das Kausalgesetz geht — nur eine schon in sich verfehlte und diesen Grund verstellende Auslegung gibt. Wir können das Geschehen des wahrgenommen Gegebenen in der Zeit so betrachten, als ob es an ihm selbst auch das Geschehen einer reinen, in sich apriorischen Struktur, eines reinen Gesetzes sei, indem wir doch darum wissen, daß dies alles nur Auslegung ist, durch die wir ein Geschehen meinen, das durch solche Auslegung gerade nicht adäquat gefaßt und seiner Wahrheit nach bezeichnet wird.

So ergibt sich in der theoretischen Philosophie Humes doch ein deutlicher Fortschritt gegenüber den theoretischen Reflexionen Shaftesburys, der sich dann auch auf die Moralphilosophie auswirken muß. Shaftesbury war, indem er das Unbedingte der Wahrnehmung und das Unbedingte der reinen Struktur nur aus ihrem Nebeneinander heraus aufeinander bezog, auf den Begriff des Ganzen ausgegangen und hatte diesen Begriff nicht erreichen können. Hume findet in der skeptischen Resignation das Ganze auf die Weise des Gefühls, weil er, indem er die reine Struktur selbst auf die Weise der Wahrnehmung zu fassen suchte, bis in die Ausweglosigkeit des Denkens vorgedrungen ist, in ihr die Befreiung des Denkens von aller voreiligen Auslegung seiner selbst gefunden hat und in diesem Zustand der Leere des raisonnierenden Denkens in das reine Sichvollziehen des unbedingten Geschehens des Wissens auf die Weise seines weltlichen Sichgestaltens einkehren kann. Derart wird in der theoretischen Philosophie selbst der Begriff des Ganzen doch — auf die Weise des Gefühls — erlangt. Bei Shaftesbury mußte sich die Moralphilosophie im Hinblick auf eine theoretische Reflexion konstituieren, die ihr nicht eigentlich entsprechen konnte. Sie mußte in gewisser Weise ohne theoretische Fundierung geschehen und mußte sich, um sich über sich selbst klarwerden zu können, selbst noch wieder theoretische Ergänzungen geben, die ihr doch ihrer Struktur nach auch wieder nicht eigentlich entsprechen konnten. So muß die moralische Gewißheit auf den Glauben bezogen werden, der nicht ohne theoretisches Raisonnement konzipiert werden kann, das dem moralischen Wissen doch nicht eigentlich entspricht und das auch immer der theoretischen Skepsis unterworfen bleiben muß. Eine ähnliche Situation werden wir — im Fortgange der Entwicklung — bei Kant wiederfinden.

Demgegenüber stellt sich die Doktrin Humes, wenn wir so sagen dürfen, als ein Glücksfall dar. Hier ist der Begriff des Ganzen, obwohl auf eine Weise, die von der Skepsis auch betroffen bleibt, doch in der theoretischen Reflexion schon erlangt, und die Moralphilosophie kann sich auf eine theoretische Doktrin beziehen, die ihr in gewisser Weise entspricht. Die moralische Gewißheit und das moralische Urteil können sich hier auf das Gegebensein der Welt und auf das gegebene Dasein des Menschen in ihr so beziehen, daß diese Welt unmittelbar das diesem moralischen Urteilen und Verstehen angemessene Material sein kann und es für die Moralphilosophie keiner theoretischen Ergänzungen, die ihrer Lehre dann doch nicht voll entsprechen könnten, mehr bedarf, da sie am Gegebensein der Welt und am Gegebensein des Menschen das moralische Bewußtsein als Sichbezeugen hat.

Die Moralphilosophie Humes braucht sich daher nicht auf einen moralischen Glauben, der dann doch wieder in gewisser Weise theoretisch konzipiert werden müßte, zu beziehen. Die moralphilosophische Reflexion genügt sich hier in ihrer unbedingten Bedeutung selbst. Mit den ›Dialogen über die natürliche Religion‹ hat Hume gezeigt, daß die theoretische Philosophie, wie sie in der skeptischen Resignation hervorgeht, in ihrem Wissen um das Sichgestalten des unbedingten Geschehens des Wissens selbst schon in gewisser Weise den Vernunftglauben enthält, der dann schon wieder dogmatisch gesucht werden müßte, wenn die Moralphilosophie seiner als Ergänzung bedürfte. Der Vernunftglaube, wie Hume ihn darstellt, kann freilich kein Vernunftglaube sein, der durch das Raisonnement erreicht wird, aber er macht die Haltung des philosophisch reflektierenden Bewußtseins als solche aus; dieses Bewußtsein vollzieht sich selbst als der Vernunftglaube. Der Glaube stellt sich selbst darin vor, daß das philosophierende Bewußtsein Gespräch mit sich selbst ist. Das philosophierende Bewußtsein ist skeptische Resignation. Als solche Resignation ist es durch die Thesen des Raisonnements, an das es doch gebunden bleibt, nicht befangen, sondern nimmt sie als Erscheinungsweisen und Weisen der Durchführung des Ganzen, dessen Wissen es fühlend ist, das sich in diesen raisonnierenden Stellungnahmen seine Gestaltung so gibt, daß eine jede in der Tat das Sichgestalten des Unbedingten meint und doch auch alle dies Sichgestalten nur in Unzulänglichkeit meinen können; zugleich aber ist auch noch dies ursprüngliche philosophische Wissen da, das sie alle umfaßt und das, indem es sich in ihnen Ausdruck gibt und darin um ihre Unzulänglichkeit weiß, eben das fühlende Geschehen des Vernunftglaubens ist, wie er sich für sich selbst in Unzulänglichkeit bestätigt.

Im neunten dieser Gespräche, die die Seele des Philosophen in sich selbst führt, vertritt der eine der fingierten Gesprächspartner, Demea, die Auffassung, daß die wahrgenommene gegebene Welt von sich selbst aus den Gedanken der reinen Struktur und des in sich beschlossenen Gesetzes verlange, damit die unbedingte Bedeutung, die dies Gegebensein an sich selbst hat, ausdrücklich als solche erfaßt und begriffen sei. Diese Einheit des reinen Gedankens und des Bestehens, die sich dann darin ausdrückt, daß man das Dasein der Welt als Geschehen des Grundes auf die Weise des Begründeten versteht, kann die philosophische Reflexion vollziehen, weil sie im Durchgang durch die skeptische Resignation zum Wissen des Ganzen gelangt ist, in dem die Doppelung der Wahrnehmung des Gegebenen und des Denkens der reinen Struktur oder des Gesetzes in gewisser Weise zur Einheit zusammengeht, aus der heraus sich das Raisonnement dann vollziehen kann, auch wenn es sich dieser Doppelung wieder bedienen muß. — So drückt sich in dieser Position des Demea das Wissen, das in der skeptischen Resignation erlangt ist, durchaus in einer es bewahrenden Weise aus, auch wenn es sich dabei so verhalten muß, daß das Raisonnement in seiner Struktur dem Anliegen, um das es in ihm geht, gerade nicht entspricht.

Gegen die Position des Demea stellt sich Cleanthes, der dieser Art zu raisonnieren absagt, eben weil das Raisonnement seinen Ausgang immer in einer Einstellung nehmen muß, die dem unbedingten Gelten, das sowohl in der Wahrnehmung als auch in dem Denken der reinen Struktur liegt, gerade nicht entspricht, da sie sich vielmehr an das bloße Fürsichgelten des Gegebenen in seinem Bestimmtsein bindet. In diesem Sinne hält Cleanthes es fest, daß der reflektierende Philosoph das wahrgenommene Gegebene nur als Gegebensein nehmen darf und daß er das Denken in reinen Strukturen und in Demonstrationen nur als reines Denken nehmen darf, denn nur so bleibt er dem gerecht, was beide Erkenntnisweisen an unbedingter Geltung in sich tragen. Cleanthes verzichtet darauf, im Raisonnement auf die Einheit der beiden Erkenntnisweisen auszugehen, worin doch immer auch ein Verfehlen der unbedingten Bedeutung stattfinden muß, und läßt die Ganzheit des Wissens, das in der skeptischen Resignation geschieht, sich vielmehr darin austragen, daß in den in sich unzulänglichen Weisen, unter denen wir erkennen, doch immer dieses in sich beschlossene Ganze geschieht. In einem fühlenden Wissen erschließt sich ihm die Bedeutung des Wahrgenommenen und auch die Bedeutung der gedachten reinen Strukturen als Darstellung und Sichgestalten des in sich beschlossenen Ganzen. In seiner Anwendung dagegen auf das Wahrgenommene richtet sich das apriorische Strukturen denkende Denken selbst zugrunde; es erhält sich dann weder in seiner eigenen unbedingten Bedeutung, noch kann es ihm gar gelingen, durch sich und in sich die unbedingte Bedeutung, die im Gegebenen liegt, zu halten. Es verliert vielmehr das unmittelbar Gegebene, denn in seinem auf Demonstration ausgehenden Verfahren kann es das Gegebene nicht treffen; zugleich aber verstellt es die unbedingte Bedeutung, die es in sich selbst, z. B. als Denken der geometrischen Strukturen, hat. Und so wie das Denken sich selbst durch seine Anwendung auf das wahrgenommene Gegebene pervertiert, so wird auch dies Gegebene in seiner Bedeutung pervertiert werden, wenn es unter den Einfluß dieses Denkens kommt. Wenn wir das Gegebene in einer Kette der Ursachen auf das schlechthin Unbedingte hin verfolgen, so werden wir es schon nicht mehr als Gegebenes verstehen, sondern wir werden es in eine Struktur gebracht haben, in der es das Unbedingte, das es durch sich meint, nur noch auf eine verstellte Weise, in der dies Unbedingte sich selbst nicht mehr entspricht, erfahren lassen kann und in der das reflektierende Bewußtsein keine Befriedigung finden kann.

Das aber macht nun eben die Souveränität des Vernunftglaubens, den Hume uns hier vorstellig macht, aus, daß dieser Glaube sowohl die Position des Demea als auch die Position des Cleanthes (als auch die allgemein skeptische Position des Philo, die noch hinzukommt) anerkennt, daß er das Wissen um das Ganze, das er ist, als sich in ihnen gestaltend erfährt und doch keiner dieser Positionen gestattet, ihn selbst als das Glaubensgeschehen, das er ist, durch sich festzulegen, da diese Positionen vielmehr alle doch auch dadurch bezeichnet bleiben müssen, daß sie das weltliche Sichgestalten des Unbedingten und Ganzen — auf verschiedene Weise — immer nur im Ausgang von dem bloßen Fürsichgelten des Gegebenen in seinem Bestimmtsein angeben und durchführen können, und so immer auch schon von der Bedeutung, die sie meinen, abgefallen sein müssen. Aber dennoch kann sich die Bedeutung, die im Vernunftglauben geschieht, nur durch das Verfahren des Raisonnierens in diesen Positionen Gestalt geben. Und das Geschehen des Vernunftglaubens als Haltung des reflektierenden Denkens liegt darin, daß die Seele des Philosophen sich selbst als das Gespräch weiß, in dem all diese Positionen vorgetragen und ausgetragen werden, keine aber das Statthaben und Sichereignen des Gesprächs selbst durch sich angeben und ausmessen kann, das vielmehr der Geist ist, aus dem heraus sie möglich sind und der sich in ihnen, obzwar immer nur in der Weise der Unzulänglichkeit zu sich selbst, Gestalt und Faßlichkeit gibt.[21]

[21] S., Dialogues Concerning Natural Religion, Part IX.

2. *Das moralische Urteil*

Zu dem Wissen um die prästabilierte Harmonie zwischen unserem Erkenntnisvermögen und der verborgenen Kraft, die die Natur bewegt, das uns am Ende der theoretischen Philosophie durch das Gefühl zuteil wird,[22] und zu der Heiterkeit des Vernunftglaubens, wie er gerade aus der skeptischen Resignation entspringt, tritt in der Moralphilosophie das tatsächliche Begreifen der gegebenen Welt und des gegebenen Daseins des Menschen in ihr als das Sichgestalten und Sichverwirklichen der unbedingten und unbezüglichen Bedeutung des Wissens und Sichverstehens hinzu. Eben weil die philosophische Reflexion in die skeptische Resignation eingetreten ist, in der alle Selbstauslegung durch das dogmatische Begreifen, wie es von dem Fürsichgelten des Gegebenen ausgeht, von ihr abgefallen ist, kann die gegebene Welt mit dem Dasein des Menschen in ihr nun unmittelbar und ohne die Verstellung durch ein metaphysisches Begreifen als das Sichgestalten der unbedingten Bedeutung verstanden werden. Die philosophische Reflexion wendet sich in der Moralphilosophie der gegebenen Welt und dem gegebenen Dasein des Menschen unmittelbar zu und versteht sie in ihrem Sichdarbieten als das Sichdurchführen der unbedingten Bedeutung, ohne daß dabei der Versuch gemacht würde, diese Bedeutung selbst durch das Fürsichgelten des Gegebenen und aus ihm heraus zu bestimmen und zu fixieren. Alle Bestimmung und alle Fixierung wird vielmehr gerade nur als das Sichangeben des Gegebenen in seinem Gegebensein genommen, wie es als solches durch sich die unbedingte Bedeutung darstellt.

Ebenso wie für Shaftesbury ist für Hume das moralische Urteil ein Urteil der Reflexion. Es ist ein Urteil der Reflexion, die das menschliche Denken als solches ist; das moralische Urteil ist das Urteil der gemeinen Menschenvernunft, ein Urteil, an dem alle Menschen als denkende Wesen gleichermaßen teilhaben. Die philosophische Reflexion gelangt nur darin über die gemeine Menschenvernunft hinaus, daß sich in ihr das moralische Urteil in seiner eigenen Bedeutung ausdrücklich begreift, während ihm sonst diese seine Bedeutung in den konkreten Vollzug gebunden bleibt.[23] Daß die philosophische Reflexion hier die

[22] Enquiry Concerning Human Understanding, Sect. V.

[23] The Principles of Morals, S. 173–174: But though this question, concerning the general principles of morals, be curious and important, it is needless for us, at present, to employ farther care in our researches concerning it. For if we can be so happy, in the course of this enquiry, as to discover the true origin of morals, it will then easily appear how far either sentiment or reason en-

Bedeutung des moralischen Urteils dergestalt ausdrücklich begreifen und hervorholen kann, das geschieht dadurch, daß die philosophische Reflexion in die skeptische Resignation eingetreten ist. Zu dieser skeptischen Resignation ist die philosophische Reflexion gelangt, indem sie sich ganz an das Fürsichgelten des Gegebenen hingegeben hat, um es an sich selbst als das Geschehen des Sichbezeugens des Unbedingten hervorgehen zu lassen. Die theoretische Philosophie Humes geschieht als die völlige Hingabe der philosophischen Reflexion an das Wahrgenommene und an das Denken der reinen Strukturen. In seinem Versuche, die unbedingte Bedeutung auf die Weise des Wahrgenommenen und der reinen Strukturen eindeutig als solche zu erlangen, scheitert das philosophische Denken und tritt in die skeptische Resignation ein. Aus dieser skeptischen Resignation heraus, in ihr und als sie wird nun das, wenn wir so sagen wollen, transzendentale Verstehen des Gegebenen, der Welt und des Menschen, möglich. Das transzendentale Verstehen kann nur auf die Weise dieser skeptischen Resignation statthaben, es kann nur in dem schauenden Verstehen dieser skeptischen Resignation geschehen, es kann nicht auf die Weise des sich im Gegebenen durchführenden Raisonnements geschehen, denn das Raisonnement vollzieht sich ja gerade in der radikalen Bindung an das Fürsichgelten

ters into all determinations of this nature. In order to attain this purpose, we shall endeavour to follow a very simple method: we shall analyse that complication of mental qualities, which form what, in common life, we call Personal Merit: we shall consider every attribute of the mind, which renders a man an object either of esteem and affection, or of hatred and contempt; every habit or sentiment or faculty, which, if ascribed to any person, implies either praise or blame, and may enter into any panegyric or satire of his character and manners. The quick sensibility, which, on this head, is so universal among mankind, gives a philosopher sufficient assurance, that he can never be considerably mistaken in framing the catalogue, or incur any danger of misplacing the objects of his contemplation: he needs only enter into his own breast for a moment, and consider whether or not he should desire to have this or that quality ascribed to him, and whether such or such an imputation would proceed from a friend or an enemy. The very nature of language guides us almost infallibly in forming a judgement of this nature; and as every tongue possesses one set of words which are taken in a good sense, and another in the opposite, the least acquaintance with the idiom suffices, without any reasoning, to direct us in collecting and arranging the estimable or blameable qualities of men. The only object of reasoning is to discover the circumstances on both sides, which are common to these qualities; to observe that particular in which the estimable qualities agree on the one hand, and the blameable on the other; and thence to reach the foundation of ethics, and find those universal principles, from which all censure or approbation is ultimately derived.

des Gegebenen, die durch die philosophische Reflexion nicht hat aufgehoben werden können.[24]

Das moralische Urteil, wie es hier bei Hume verstanden ist, kann sich also — für die Lehre, nicht für das tatsächliche Sichverstehen des Philosophen — gar nicht durch das raisonnierende Bedenken der konkreten Situation ausführen, da uns in einem solchen Bedenken, das ganz an das Fürsichgelten des Gegebenen gebunden sein müßte, die moralische Bedeutung gleichsam unter den Händen verschwindet, sie uns über der Beschäftigung mit dem Gegebenen entgleitet und wir ihrer nicht mehr habhaft werden können. Die moralische Bedeutung und das moralische Urteil geschehen als solche nur in dem denkenden Schauen, das sich die Welt und das Dasein des Menschen in ihrer unbedingten Bedeutung und als das Sichgestalten der unbedingten Bedeutung offenbar sein läßt. Hier liegt denn also doch ein Unterschied gegenüber dem gemeinen sittlichen Bewußtsein. Die philosophische Reflexion erklärt mit Recht, daß sie nur das moralische Urteilen ausdrücklich bewußt mache, das die Menschenvernunft oder der Mensch als sich selbst verstehendes denkendes Wesen ganz allgemein vollzieht; aber der gemeine Menschenverstand, der diese Bedeutung nicht ausdrücklich in einer Doktrin hervorholt, sondern sie *in concreto* vollzieht, hält diese Bedeutung auch im konkreten Erfahren, Bedenken und Ausführen der Lebenssituationen fest, und das Raisonnement schließt ihr Gegenwärtigsein nicht aus, sondern vollzieht sich vielmehr in dieser Bedeutung. Der Mensch

[24] A. a. O. S. 278: I am sensible, that nothing can be more unphilosophical than to be positive or dogmatical on any subject; and that, even if *excessive* scepticism could be maintained, it would not be more destructive to all just reasoning and inquiry. I am convinced that, where men are the most sure and arrogant, they are commonly the most mistaken, and have there given reins to passion, without that proper deliberation and suspense, which can alone secure them from the grossest absurdities. Yet, I must confess, that this enumeration puts the matter in so strong a light, that I cannot, *at present* be more assured on any truth, which I learn from reasoning and argument, than that personal merit consists entirely in the usefulness or agreeableness of qualities to the person himself possessed of them, or to others, who have any intercourse with him. But when I reflect that, though the bulk and figure of the earth have been measured and delineated, though the motions of the tides have been accounted for, the order and economy of the heavenly bodies subjected to their proper lawes, and Infinite itself reduced to calculation; yet men still dispute concerning the foundation of their moral duties. When I reflect on this, I say, I fall back into diffidence and scepticism, and suspect that an hypothesis, so obvious, had it been a true one, would, long ere now, have been received by the unanimous suffrage and consent of mankind.

ist, indem er handelt und in konkretem Denken seine Handlungen bestimmt, zugleich auch in das moralische Urteil gestellt, und die besondere Situation nimmt ihn keineswegs so in Beschlag, daß er die moralische Bedeutung darüber verlieren müßte, sie nicht mehr entdecken könnte, nicht mehr eigentlich zu wissen vermöchte, was sie überhaupt sei. Die philosophische Doktrin — schwerlich der Philosoph in seinem Leben selbst — macht diese Unterscheidung. Ihr geht die moralische Bedeutung, von der sie mit Recht sagen kann, daß sie sie genauso verstehe wie die gemeine Menschenvernunft, direkt nur im denkenden Schauen auf, in dem ihr das Gegebene unmittelbar als das Sichgestalten der unbedingten Bedeutung hervorgeht. Sie bezieht diese Bedeutung nicht direkt auf den konkreten Lebensvollzug, auf das konkrete Handeln selbst der Menschen, das sie nur als den Vollzug eines Sichverwirklichens des Menschen verstehen kann, in dem der Mensch durch das Fürsichgelten des Gegebenen befangen ist. Für die Doktrin Humes verstehen wir uns daher in unserem eigenen Handeln nicht direkt unter dem moralischen Urteil, sondern das moralische Urteil ist zunächst eine Sache des kontemplativen Verstehens der Welt und des Daseins der Menschen in ihr.

Für das moralische Urteil, wie es in einem schauenden Verstehen möglich wird, ist die theoretische Kenntnis der Situation vorausgesetzt. Es ist klar, daß es jetzt nicht mehr auf die Unterscheidung zwischen der Wahrnehmung der Tatsachen und dem Denken der Verhältnisse und Strukturen ankommt, sondern daß für das moralische Urteil diese beiden Momente der Erkenntnis des Gegebenen zusammen die Erkenntnis der Situation in ihrer Wirklichkeit ausmachen. Auf diese durch Wahrnehmung und Denken erbrachte Erkenntnis der konkreten Situation in ihrer Wirklichkeit muß sich das moralische Urteil beziehen und kann nur in bezug auf sie zustande kommen. Diesen gesamten theoretischen Bereich, der die Basis für das moralische Urteil bildet, bezeichnet Hume nun als den Bereich der Vernunfterkenntnis, die als solche ebensowohl auf die Feststellung des Tatsächlichen als auf die Erkenntnis der Verhältnisse und Strukturen, in denen sich die wirkliche Situation gestaltet, geht.[25] Diese Vernunfterkenntnis muß, wenn das moralische Urteil als ein korrektes Urteil zustande kommen können soll, bis zur vollständigen Einsicht in die Situation vorgedrungen sein. Die theore-

[25] A. a. O. S. 287: Reason judges either of *matter of fact* or of *relations*. Enquire then, *first*, where is that matter of fact which we here call *crime*; point it out; determine the time of its existence; describe its essence or nature; explain the sense or faculty to which it discovers itself.

tische Erkenntnis richtet sich, sofern sie die Basis für das moralische Urteil geben soll, auf das gegebene Dasein und Handeln der Menschen als denkender und sich und ihre Mitmenschen verstehender Wesen in der Welt. Insofern richtet sich die theoretische Erkenntnis, wenn es um moralische Urteile geht, vor allem auf die Zwecke und Absichten der Menschen, auf die Mittel, die sie zur Durchführung solcher Absichten und Zwecke brauchen, auf das für sie Nützliche also, und dergleichen. Es ist aber auch das unmittelbare Dasein und Lebensgeschehen des Menschen selbst, das Milieu, in dem er lebt, usw., das der Gegenstand solcher theoretischen Erkenntnis, die Basis für moralische Urteile ist, sein kann. All diese theoretische Erkenntnis der Mittel und Zwecke, des Nützlichen und der Umstände usw. ist aber noch keineswegs das moralische Urteil selbst. Hier findet ein theoretisches Feststellen, Registrieren und Kombinieren statt, das Gegebenes und Vorhandenes deutlich macht und in seiner Struktur verstehen läßt, das aber mit all dieser Einsicht noch keinen für sich selber geltenden Sinn verbindet. Es findet eben etwas statt, und das, was da stattfindet, hat auch seine Ordnung und seine bestimmte Gestaltung, aber, was dies alles solle, welche Bedeutung dies alles habe, davon verstehen wir durch die theoretische Einsicht nichts. Wir stellen fest, wir analysieren, wir kombinieren, aber in einem Material, von dem wir nicht angeben können, was es eigentlich meine und besage. Wir stellen wohl die Zwecke der Menschen fest, und wir sehen, was für die Realisierung dieser Zwecke nützlich ist, wir erkennen auch, ob die Menschen dies Nützliche richtig und in sicherer Weise ergreifen: aber dies alles ist uns in der bloß erst theoretischen Betrachtung ein Schauspiel, ein Panoptikum, von dem wir nicht wissen, was wir von ihm halten sollen.

Aus dieser theoretischen Erkenntnis heraus wird nun das moralische Urteil — und das ausdrückliche Verständnis des moralischen Urteils in der philosophischen Doktrin — möglich, in dem und durch das das gegebene Dasein des Menschen in der Welt mit all seinen Zwecken, Mitteln usw. als das Sichgestalten und Sichverwirklichen in sich unbedingter Bedeutung verstanden ist.[26] Daß diese unbedingte Bedeutung her-

[26] A. a. O. S. 289–290: II. When a man, at any time, deliberates concerning his own conduct (as, whether he had better, in a particular emergence, assist a brother or a benefactor), he must consider these separate relations, with all the circumstances and situations of the persons, in order to determine the superior duty and obligation; and in order to determine the proportion of lines in any triangle, it is necessary to examine the nature of that figure, and the relations which its several parts bear to each other. But notwithstanding this appearing sim-

vorgeht, das geschieht nicht nur durch einen Akt der theoretischen Erkenntnis, die mit der Feststellung des Gegebenen in seinem Gegebensein vielmehr immer nur die Basis für das transzendentale Verstehen geben kann. Im moralischen Urteil ist dies Gegebene in seinem Gegebensein als das sich in seiner unbedingten und unbezüglichen Bedeutung selbst gestaltende Wissen und Sichverstehen verstanden. Das Gegebene ist nicht einfach mehr das Vorliegende, das von der Vernunft in einem seinem Wesen nach passiven Verhalten aufgenommen und registriert wird, sondern es ist selbst das Geschehen der unbedingten Bedeutung des Wissens, sein Geschehen auf die Weise seines weltlichen Sichgestaltens. Daß das Gegebene so selbst den Charakter des Wissens bekommt und als das Geschehen des Wissens als Sichgestalten offenbar ist, das wird in einem Fürsichsein des Geschehens des Wissens erlebt, das es selbst als Gefühl ist. Die Vernunfterkenntnis ist passiv. Sie richtet sich auf etwas Vorhandenes, das sie aufnimmt. Und selbst jenes Gefühl der Gewohnheit, von dem die theoretische Philosophie handelt und das in sich das Unbedingte, das in der Wahrnehmung liegt, und das Unbedingte, das im Denken der reinen Strukturen liegt, in gewisser Weise zusammennimmt, ist doch das Sichausführen eines Wissens, das von dem vorausgesetzten Gegebenen seinen Ausgang nimmt. Das Gefühl aber,

ilarity in the two cases, there is, at bottom, an extreme difference between them. A speculative reasoner concerning triangles or circles considers the several known and given relations of the parts of these figures, and thence infers some unknown relation, which is dependent on the former. But in moral deliberations we must be acquainted beforehand with all the objects, and all their relations to each other; and from a comparison of the whole, fix our choice or approbation. No new fact to be ascertained; no new relation to be discovered. All the circumstances of the case are supposed to be laid before us, ere we can fix any sentence of blame or approbation. If any material circumstance be yet unknown or doubtful, we must first employ our inquiry or intellectual faculties to assure us of it; and must suspend for a time all moral decision or sentiment. While we are ignorant whether a man were aggressor or not, how can we determine whether the person who killed him be criminal or innocent? But after every circumstance, every relation is known, the understanding has no further room to operate, nor any object on which it could employ itself. The approbation or blame which then ensues, cannot be the work of the judgement, but of the heart; and is not a speculative proposition or affirmation, but an active feeling or sentiment. In the disquisitions of the understanding, from known circumstances and relations, we infer some new and unknown. In moral decisions, all the circumstances and relations must be previously known; and the mind, from the contemplation of the whole, feels some new impression of affection or disgust, esteem or contempt, approbation or blame.

durch das das moralische Urteil geschieht, meint das Fürsichsein eines Wissens, durch das das Gegebene überhaupt erst in seiner wahren Bedeutung und in seinem wahren Sein erstellt wird, daß es nämlich selbst das Geschehen der unbedingten Bedeutung des Wissens, ihr Geschehen als Sichgestalten sei. Das moralische Urteil und das Gefühl, durch das und als das das moralische Urteil geschieht, verleihen dem Gegebenen überhaupt erst seine wahre Bedeutung und sein wahres Sein.

Das Gegebene, um das es geht, sind die Menschen in ihrem Sein, ihrem Tun und Verhalten. Die Vernunft nimmt das Dasein der Menschen, ihr Tun und Verhalten auf; sie registriert es, analysiert es, kombiniert die einzelnen Momente; aber all diese sekundäre Tätigkeit der Vernunft ist nur die Ausführung ihrer ursprünglich passiven Einstellung zu einem Gegebenen, das sie hinnimmt, über das sie nichts vermag, das ihr in dem, was es an sich selbst bedeuten mag, fremd bleibt, weil sie keinen Zugang zu ihm hat, durch den sie sich dieses Sein zu eigen machen könnte oder über es verfügen könnte. Aber das Wissen des moralischen Urteils, das als Wissen durch das Gefühl, als Wissen, das Gefühl ist, geschieht, läßt dieses Sein in seiner unbedingten Bedeutung durch sich hervorgehen; es gibt dem gegebenen Dasein der Menschen, ihrem Tun und Verhalten sein Sein, es bringt dieses Sein herbei und macht es offenbar. Insofern ist das moralische Urteil und das Gefühl, durch das und als das es geschieht, das reine Hervorbringen, die reine und unbezügliche Tätigkeit. Durch diese reine Tätigkeit, die im moralischen Urteil und Gefühl statthat, bekommt das Dasein der Menschen, bekommt ihr Tun und Verhalten überhaupt erst die Bedeutung, die es seiner Wahrheit nach hat.[27]

Das moralische Urteil geschieht durch das moralische Gefühl. Dieses moralische Gefühl erlebt aber nach der Lehre Humes nicht derjenige — wenigstens nicht unmittelbar —, dessen Sein und Handeln in diese moralische Beurteilung eingeht, sondern das moralische Gefühl und die moralische Beurteilung, die die wahre Bedeutung des Seins und Handelns der Menschen eröffnen, gehören allein dem Beobachter. In unserem Sein und Handeln sind wir — nach der Doktrin Humes — wenig-

[27] A. a. O. S. 294: Thus the distinct boundaries and offices of *reason* and of *taste* are easily ascertained. The former conveys the knowledge of truth and falsehood: the latter gives the sentiment of beauty and deformity, vice and virtue. The one discovers objects as they really stand in nature, without addition or diminution: the other has a productive faculty, and gilding or staining all natural objects with the colours, borrowed from internal sentiment, raises in a manner a new creation.

stens anfänglich und direkt durch das Fürsichgelten der bestimmten Lebenssituation, in der wir stehen, befangen, und wir können uns im Leben und Handeln nicht eigentlich zu der Kontemplation erheben, die uns allein das Geschehen unseres Lebens und Handelns als das Sichgestalten unbedingter Bedeutung zu eröffnen vermag. Nur dem, der schauend bei der Betrachtung des Lebens und Handelns der Menschen verweilt, eröffnet sich im moralischen Urteil und Gefühl dieses Geschehens des menschlichen Daseins und Handelns als Sichgestalten des unbedingten Wesens des Wissens, nur er verfügt über die Wahrheit unseres Seins und Handelns, die uns selbst entgleitet. Das moralische Urteil und Gefühl, das der denkende Betrachter nicht nur hat, sondern als denkendes Wesen selbst ist und darin existiert, dieses Urteil und Gefühl, das die wahre Bedeutung unseres Seins und Handelns erst erstellt, ist dann nicht etwa bloß die Auffassungsweise und Meinung des Betrachters, der gegenüber die Weise, wie wir uns selbst erfahren, doch recht eigentlich die Wahrheit unseres Lebens und Handelns ausmachte, sondern dieses Urteil und Gefühl ist in der Tat das Aufgehen und Hervorbringen unseres eigentlichen Seins, zu dem wir uns, so scheint es Hume zu meinen, schließlich auch selbst — indirekt und nachträglich, wenn wir unser eigenes Sein und Handeln in die Kontemplation zu rücken vermögen — erheben können. Dieses moralische Urteil und Gefühl, das der Schauende hat und ist, ist, wenn wir so sagen wollen, gerade das schlechthin objektive Urteil über uns selbst, das Urteil, das unser Sein als solches erfaßt, während wir selbst uns im unmittelbaren Beurteilen unseres Lebens und Handelns der Wahrheit unseres Seins nach entgleiten und so bloß subjektives Urteil über unser eigenes Sein sind. Unser Dasein in der Welt, wie wir es selbst unmittelbar begreifen, oder — in anderer Weise — unser Dasein in der Welt, wie es durch die bloße Vernunft des Betrachters aufgefaßt würde, ist noch gar nicht unser Sein, wie es seiner Wahrheit nach ist. Die wahre Bedeutung unseres Daseins geht in diesem Wissen noch nicht hervor. Nur das moralische Gefühl, das an sich selbst das wahrhaft objektive Urteil ist, läßt diese eigentliche Seinsbedeutung unseres Lebens und Handelns hervorgehen. In diesem Sinne schafft das moralische Gefühl und Urteil als das eigentlich objektive Urteil überhaupt erst das weltliche Erstehen unseres wahren Seins, das ohne solches Urteil für Menschen nirgend da ist. Und in diesem Sinne geschieht durch dieses aktive Urteil und Gefühl eine neue Schöpfung.

Im Betrachter muß das Gefühl zur Beobachtung der Situation durch die Vernunft hinzutreten, damit das Leben und Handeln der Menschen einem Verstehen entrissen wird, das den Sinn dieses Daseins nicht zu entdecken vermag, das sich fragen muß, ob dies in der Welt gegebene menschliche Dasein mit all den Zwecken und Mitteln usw., worin es sich Gestalt gibt, nicht ein bloß gleichgültiges Geschehen sei, von dem man nicht zu fassen vermag, was eigentlich es solle und wolle und ob es überhaupt etwas solle und wolle. Das moralische Gefühl erhebt uns über diese Situation. Es läßt uns das menschliche Leben und Handeln in seinem Gegebensein als etwas hervorgehen, das das Geschehen in sich unbedingter und unbezüglicher Bedeutung ist, die sich selbst in weltlichem Sichgestalten für sich selbst bezeugt. Das Gefühl, in dem solches Wissen als Wissen für sich selbst statthat, ist ein Gefühl, das an sich selbst den Charakter eines Urteils trägt, das die unbedingte Bejahung und Billigung meint und durch sich vollzieht. Diese Billigung und Bejahung, wie sie auf die Weise eines Gefühls, das selbst den Charakter des Urteils hat, geschieht, ist selbst die neue Schöpfung, in der die wahre Bedeutung des menschlichen Lebens und Handelns aufgeht. Als das Fürsichselbstsein des Wissens, das in der Kontemplation geschieht, hat dieses Gefühl so den Charakter des Mitfühlens mit einer objektiven Bedeutung des menschlichen Seins, die als Sichgestalten der unbedingten Bedeutung des Wissens selbst von der Art eines Gefühls, eines unmittelbaren Gefühlsgeschehens ist. Das Gefühl, das den Betrachter erfüllt, indem er sich dem Dasein der Menschen in der Welt zuwendet, ist ein Gefühl, das Mitfühlen mit dem Glück der Menschheit ist.

Das Leben und Handeln der Menschen, wie es für den Beobachter da ist, wird im moralischen Gefühl als das Sichgestalten in Besonderheit der unbedingten Bedeutung, die menschliches Dasein als solches ist, verstanden. Dieses Geschehen des weltlichen menschlichen Daseins als unbedingte Bedeutung, die als solche ein Geschehen des Wissens und Sichverstehens ist, hat an sich den Charakter der Bejahung und Billigung schlechthin: es ist das Geschehen, das an sich selbst Glücklichsein ist, es ist das Glück, das als Wissen seiner selbst geschieht. Dieses Glück, das es selbst als Wissen ist, geht im moralischen Urteil und Gefühl als das wahre Sein der Menschen auf, zu dem sie sich doch in ihrem subjektiven Sichverstehen meist nicht erheben, sondern sich vielmehr in dem, was sie als das Verständnis ihrer selbst erfahren, dies Geschehen des Menschseins als Glück entgleiten lassen. Dem Beobachter dagegen wird an der besonderen Situation menschlichen Daseins, die er beobachtet, die wahre Bedeutung des menschlichen Daseins, daß es das Geschehen des Glücks sei, offenbar. Er versteht diese Menschen, die er betrachtet, in ihrem Sein richtig, er weiß, daß sich durch ihr besonderes Dasein das Geschehen von Glück, das die wahre Bedeutung des menschlichen Seins ausmacht, weltlich gestaltet. So entdeckt er, was das Leben und Handeln der Menschen, die er beobachtet, eigentlich meint, während sie selbst ihr Dasein in dieser Situation ganz anders einschätzen mögen. Und so können im Blick des Beobachters alle die Zwecke und Mittel, die die Menschen sich vorsetzen und anwenden, eine unbedingte Bedeutung bekommen, Ausdruck des Glücks sein, das das menschliche Dasein an sich selbst bedeutet, wogegen die Menschen selbst, die da beobachtet werden, von Skrupel und Zweifel über ihre Lebensführung erfüllt sein mögen.[28]

Das moralische Gefühl läßt dieses Glück, das selbst ein Wissen von der Art des Gefühls ist, durch sich überhaupt erst hervorgehen, es konstituiert die wahre Bedeutung des Menschseins überhaupt erst: es tut dies aber auf die Weise eines Mitfühlens; es ist, indem es das Glück, das selbst von der Art des Gefühls ist, hervorgehen läßt, es selbst als die Kontemplation dieses Glücks. Nur dadurch, daß das moralische Gefühl an sich selbst diesen Charakter der Kontemplation hat, kann es überhaupt den Charakter des menschlichen Daseins als unbedingte Bejahung und damit als das Geschehen des Glücks hervorgehen lassen. Das Wissen der Kontemplation, das es selbst als Mitfühlen ist, läßt im Ausgang von der Registrierung der Tatsachen, die die Vernunft gelei-

[28] A. a. O. S. 289: All this is metaphysics, you cry. That is enough; there needs nothing more to give a strong presumption of falsehood. Yes, reply I, here are metaphysics surely; but they are all on your side, who advance an abstruse hypothesis, which can never be made intelligible, nor quadrate with any particular instance or illustration. The hypothesis which we embrace is plain. It maintains that morality is determined by sentiment. It defines virtue to be *whatever mental action or quality gives to a spectator the pleasing sentiment of approbation*; and vice the contrary. We then proceed to examine a plain matter of fact, to wit, what actions have this influence. We consider all the circumstances in which these actions agree, and thence endeavour to extract some general observations with regard to these sentiments. If you call this metaphysics, and find anything abstruse here, you need only conclude that your turn of mind is not suited to the moral sciences.

A. a.O. S. 286: But though reason, when fully assisted and improved, be sufficient to instruct us in the pernicious or useful tendency of qualities and actions; it is not alone sufficient to produce any moral blame or approbation. Utility is only a tendency to a certain end; and were the end totally indifferent to us, we should feel the same indifference towards the means. It is requisite a *sentiment* should here display itself, in order to give a preference to the useful above the pernicious tendencies. This sentiment can be no other than a feeling for the happiness of mankind, and a resentment of their misery; since these are the different ends which virtue and vice have a tendency to promote. Here therefore *reason* instructs us in the several tendencies of actions, and *humanity* makes a distinction in favour of those which are useful and beneficial.

stet hat, das als in sich beschlossene Bedeutung geschehende Ganze hervorgehen. Die passive Vernunft vermag den Begriff des Ganzen gerade nicht zu denken, sondern ihr liegt etwas vor, das sie registriert und analysiert, das sie aber als solches nicht durch einen Begriff anzugeben vermag. Sie befaßt sich mit der Gliederung der Situation, die ihr vorliegt, die Situation selbst aber ist für sie als ein ihr Vorgegebenes da, von dem sie einen wahren Begriff und ein wahres Verstehen nicht erreichen kann. Dieses Erheben in den Begriff und in das Verstehen leistet das moralische Gefühl und Urteil, indem es die gegebene Situation als das Geschehen des in sich beschlossenen Ganzen weiß. Das Wissen des Gegebenen als Geschehen des Ganzen in seinem Sichgestalten aber kann kein theoretisches Wissen sein, sondern es ist eben ein Wissen und ein Urteil, das auf die Weise des Gefühls geschieht, das es selbst als Gefühl ist, nämlich als das Mitfühlen, in dem und als das das kontemplative Wissen für sich selbst geschieht.

Dieses Hervorgehen des Begriffs und der Bedeutung des Ganzen, das durch das Mitfühlen mit dem Glück der Menschheit geschieht, bezieht sich auf die theoretische Vernunft, sofern diese Vernunft sowohl die Tatsachen auffassende, d. h. durch Wahrnehmung geschehende, als auch die Verhältnisse und Strukturen denkende, d. h. durch den Verstand begreifende, Vernunft ist. Es ist gerade das Ganze des theoretischen Erkenntnisvermögens, wie es sich in der Doppelung in das Wahrnehmen der Tatsachen und das Denken der Verhältnisse darstellt, das uns zum moralischen Urteil als dem Urteil der Kontemplation, das für das menschliche Sein den Begriff des Ganzen erstellt, leitet. Weder dadurch, daß wir den Menschen einfach als diesen Einzelnen in seinem Gegebensein festhalten wollen, ihn uns sinnlich gegeben sein lassen, noch dadurch allein, daß wir abstrakt Ordnungen denken, in denen das menschliche Dasein verlaufen müsse, kommen wir zum moralischen Urteil und Gefühl: es muß das Ganze des Erkenntnisvermögens sein, das hier beansprucht wird, damit wir zu dem Begriff vom Ganzen gelangen können, durch den die Bedeutung des menschlichen Daseins als solche gemeint ist. Es ist allein die in sich komplizierte Situation, in der Wahrnehmung und Strukturen in sich verflochten zusammengehen, die uns die Kontemplation möglich macht, die dann ihrerseits im Gefühl ein Wissen dessen hervorgehen läßt, was Ganzheit ist und meint und bedeutet.[29] Es muß die komplizierte Situation sein, an der das Ganze des theoretischen Erkennens seine Anwendung findet, nicht

[29] A. a. O. S. 287–288: It resides in the mind of the person who is ungrateful. He must, therefore, feel it, and be conscious of it. But nothing is there, except

etwa das Wahrnehmen, das sinnliche Auffassen einzelner Personen allein, und nicht etwa das Denken der Rechtsordnung oder dergleichen allein. Das Aufgehen von Ganzheit, von unbedingter Bedeutung, das aus diesem Auffassen einer in sich komplizierten Situation geschieht und das auf die Weise des Gefühls, das Mitfühlen mit dem Glück der Menschheit ist, erlebt wird, ist so von vornherein nicht etwa von den einzelnen Menschen her, die da beobachtet sind, oder auch von den Ordnungen her, unter die sie ihr Leben gestellt haben, zu verstehen, sondern dieses Aufgehen von Ganzheit, von in sich beschlossener unbedingter Bedeutung bezieht sich aus der besonderen Situation heraus von vornherein auf das Sichverwirklichen schlechthin des menschlichen Daseins in der Welt.

Wir sind als die einzelnen Individuen da, die in ihrer Existenz leiblich gegenwärtig sind und sinnlich gefaßt werden können. Wir sind auch die Wesen, die in übergreifenden gesellschaftlichen Ordnungen stehen, die durch das faktische Gegebensein der Individuen nicht verstanden werden können. Wenn ein moralisches Urteil zustande kommen soll, so muß der Betrachter beides in seiner beobachtenden Vernunft zusammennehmen, er muß sich auf die sowohl durch Wahrnehmung als auch durch Denken erfaßte komplizierte Situation beziehen, um dann im moralischen Urteil und Gefühl verstehen zu können, was Menschsein als ein Geschehen, das in seinem Wesen das in sich selbst Beschlossene und Ganze ist, eigentlich bedeute: welches Verstehen von Menschsein und Ganzheit eben darin geschieht, daß das Wissen um das Gück hervorgeht, um das, was Glücklichsein an sich selbst meint und bedeutet und ist. Dieses Verstehen der Bedeutung von Menschsein und Ganzheit

the passion of ill-will or absolute indifference. You cannot say that these, of themselves, always, and in all circumstances, are crimes. No, they are only crimes when directed towards persons who have before expressed and displayed good-will towards us. Consequently, we may infer, that the crime of ingratitude is not any particular individual *fact*; but arises from a complication of circumstances, which, being presented to the spectator, excites the *sentiment* of blame, by the particular structure and fabric of his mind.

A. a. O. S. 292: Again; attend to Cicero, while he paints the crimes of a Verres or a Catiline. You must acknowledge that the moral turpitude results, in the same manner, from the contemplation of the whole, when presented to a being whose organs have such a particular structure and formation. The orator may paint rage, insolence, barbarity on the one side; meekness, suffering, sorrow, innocence on the other. But if you feel no indignation or compassion arise in you from this complication of circumstances, you would in vain ask him, in what consists the crime or villainy, which he so vehemently exclaims against?

geschieht aus der komplizierten Situation, die die theoretische Vernunft aufgefaßt hat, heraus. Diese Situation ist in solchem Verstehen als das besondere weltliche Sichgestalten dessen, was Menschsein bedeutet, als das Sichgestalten von Glücklichsein erfahren. Das Wissen um das Geschehen des Menschseins als das in sich Ganze und als das Glück übergreift daher schon in der unmittelbaren Erfahrung des moralischen Gefühls die Einzelnen und die Ordnungen, in die sie sich in ihrem Leben gestellt haben, wie auch die besonderen Situationen, in die sie jeweils gestellt sind. Das moralische Urteil und Gefühl meint nicht einfach das Dasein dieses Einzelnen, und es meint auch nicht diese oder jene schöne Ordnung, unter der das Dasein der Einzelnen verläuft, sondern es meint, von den unter sich disparaten Momenten der Erscheinung menschlichen Daseins her — die, weil sie Momente des theoretischen Erkennens sind, durch sich die wahre Bedeutung des Menschsein gar nicht angeben können, es aber doch dem Umfang seines Erscheinens nach darstellen — es meint von diesen Momenten her die intelligible, die umfassende, die in sich beschlossene Bedeutung des Menschseins, die sich als diese umfassende und in sich beschlossene Bedeutung an den disparaten Momenten, die wir für unser theoretisches Wissen nicht aufheben können, ihren Ausdruck und ihre Darstellung gibt. Das Glück, das das Menschsein meint, stellt sich in seiner in sich beschlossenen unbezüglichen Bedeutung auf die Weise der komplizierten Situation, die wir theoretisch erfaßt haben, selbst dar. Alles, was in dieser theoretischen Erkenntnis vorkommt, die einzelnen Individuen ebenso wie die gesellschaftlichen Ordnungen usw., nimmt an diesem Geschehen des Glücks als Sichgestalten teil, nicht so, daß es dieses Geschehen von Glück durch sein besonderes Fürsichgelten angäbe, sondern so, daß es mit zu dem Sichgestalten dieser in sich einigen und in sich beschlossenen Bedeutung gehört, die auch ein in sich einiger Vollzug ist, der überall in seiner besonderen Gestaltung sich selbst als das Geschehen von Ganzheit meint.

Es findet also durch das moralische Gefühl und das moralische Urteil ein, wenn wir so sagen wollen, intelligibles Verständnis der Welt und des Menschen statt. Diese intelligible Bedeutung ist durch die Erkenntnisse und Begriffe, in denen die theoretische Vernunft verfährt, nicht direkt zu belegen und auszumachen; die theoretische Erkenntnis gelangt vielmehr gar nicht bis zur wahren Bedeutung des Menschseins. Durch unsere theortische Erkenntnis erkennen wir die Menschen als in der Welt lebende Individuen, die dann zusammen auch Gesellschaften bilden; durch die theoretische Erkenntnis erkennen wir auch die Ordnungen, unter die die Menschen in ihrem Leben gestellt sind und die sie sich selbst theoretisch geben: aber all diese theoretische Erkenntnis, die durch die passive Vernunft geschieht und in der uns das Sein des Menschen noch fremd bleibt, führt uns — in allen ihren Momenten genommen — erst auf das moralische Urteil hin, das das fühlende Wissen und Begreifen von Ganzheit erstehen läßt und nun die beobachtete Situation als das erscheinende Sichgestalten der in sich beschlossenen Bedeutung von Menschsein überhaupt nehmen kann. Der Beobachter, der in sich das Gefühl der Sympathie mit dem Glück der Menschheit erfährt, meint nicht etwa, daß die Einzelnen, die er da sieht, oder ihre gesellschaftliche Ordnung, die er begreift, an sich selbst und in ihrer Besonderheit das Glück und das Glücklichsein bedeuten und sind, er legt das Glück und das Glücklichsein nicht etwa auf diese besonderen Individuen und auf die besonderen Verhältnisse, in denen sie leben, fest, sondern er weiß von ihnen her, daß Menschsein als solches Glück und Glücklichsein bedeutet; und in diesem Wissen weiß er dann auch die einzelnen Individuen, die er sieht, und die Verhältnisse, in denen sie leben, als das Sichausgestalten dieses Glücklichseins, als das das Sein der Menschen geschieht, in einer besonderen weltlichen Situation, in der es sich auf die Weise des Fürsichgeltens des Gegebenen in seiner vorgängigen Bedeutung darstellt. Das moralische Urteil und Gefühl eröffnet die besonderen Situationen des menschlichen Daseins in der Welt als das Sichdurchführen der unbedingten Bedeutung, die das Menschsein als solches meint, unter der Gestalt weltlichen Gegebenseins, und es tut dies, indem es diese unbedingte Bedeutung selbst aus der theoretischen Erkenntnis dieses Gegebenseins in der Komplikation seiner Momente gewinnt. Ein Ziel unseres Selbstverständnisses wäre es dann, daß wir uns selbst in gewisser Weise in solcher Kontemplation begegnen können und dann vielleicht von unserm eigenen Leben und Handeln sagen können, daß sich das Geschehen des Menschseins als Glücklichsein durch es, sich im Gegebenen erscheinend und sich in ihm gestaltend, verwirkliche und darstelle.

3. Die theoretische Bestätigung des moralischen Urteils

Das moralische Urteil ist nun aber, obwohl es auf das Verständnis der Bedeutung des Menschseins als solchen geht, immer an die theoretische Situation gebunden, aus der heraus der Beobachter das moralische Gefühl und seine Einsicht gewinnt. Die theoretische Erkenntnis, wie sie durch das passive Vernunftvermögen gewonnen wird, ist eine Erkenntnis, die ein einzelnes Individuum über eine bestimmte Situation gewinnt. An dieser Erkenntnis setzen das moralische Urteil und das moralische Gefühl an und entdecken das durch diesen einzelnen Menschen erkannte bestimmte Gegebene der besonderen Situation als das weltliche Sichgestalten der unbedingten Bedeutung des Wissens und des Sichverstehens, als das Sichdurchführen des Unbedingten als Glücklichsein. Die Bedeutung, die im moralischen Urteil und moralischen Gefühl eingesehen ist, ist eine in sich unbedingte und unbezügliche Bedeutung, die sich auf die Weise der — in sich komplizierten — Situation, die beobachtet wird, selbst in besonderem Sichgestalten durchführt. Die passive theoretische Erkenntnis hat immer nur dies Besondere, auch die allgemeingültige Struktur kann sie immer nur aus dem Besonderen heraus entdecken: so kann sie durch sich die Bedeutung des moralischen Urteils und Gefühls nicht direkt angeben. Es bleibt in der moralischen Erkenntnis immer auch ein Widerstreit zwischen dem moralischen Urteil und Gefühl und der theoretischen Erkenntnis, auf die das Wissen des Urteils und Gefühls sich beziehen muß. Die theoretische Erkenntnis kann durch sich dem Anspruch, der im Urteil und Gefühl steckt, nicht entsprechen. Dennoch steht das theoretische Denken unter diesem Anspruch. Wenn das moralische Urteil und Gefühl einmal zustande gekommen ist, dann ist damit die theoretische Erkenntnis in ihrer bloßen Passivität doch auch von sich her und als solche in die reine Aktivität gestellt, und sie muß, obwohl und indem sie bloße Passivität ist, durch sich doch in gewisser Weise das Geschehen des Unbedingten und die neue Schöpfung angeben. Das moralische Urteil ist das eigentlich objektive Urteil; wogegen die passive theoretische Erkenntnis sozusagen nur subjektive Erkenntnis ist, die dann freilich in sich auch objektive Züge tragen mag. Der Objektivität des moralischen Urteils muß nun die theoretische Erkenntnis, obwohl sie zu ihr eigentlich nicht zulangt, doch in gewisser Weise entsprechen. Damit kommen wir wieder zu dem Problem einer gegenständlichen Logik, wie wir es auch schon bei Shaftesbury gefunden haben. Die theoretische Erkenntnis soll nicht nur passiv ein Sein registrieren, das ihr als solches auch fremd ist, sondern sie soll durch sich als Erkenntnis das Seinsgeschehen angeben, als solche, als Erkenntnis auch schon gegenständliche Bedeutung haben.

Diese gegenständliche Bedeutung der theoretischen Erkenntnis läßt sich in dieser Situation der philosophischen Reflexion freilich nicht direkt ausweisen, denn die theoretische Erkenntnis bleibt immer an das bloße Fürsichgelten des Gegebenen in seinem besonderen Bestimmtsein gebunden. Aber die philosophische Reflexion kann doch versuchen, die theoretische Erkenntnis an sich selbst zu erweitern, so daß sie durch sich ein unbedingtes und unbezügliches Gelten ausdrückt. Dies geschieht durch das Erheben des theoretischen Erkennens, wie es von dem Fürsichgelten des Gegebenen in seinem besonderen Bestimmtsein ausgeht, in den Artbegriff. Der Artbegriff, wie er hier gemeint ist, ist, wenn wir so sagen dürfen, der Artbegriff eines transzendentalen Verstehens. In ihm soll das Erkennen als Erkennen gegenständliche Bedeutung gewinnen. Es geht nicht darum, daß vom Fürsichgelten des Gegebenen her allgemeine Strukturen einsichtig würden, das gehört in den Bereich des Sichdurchführens des Erkennens in seiner Passivität, nämlich in das Gebiet, das dem Denken der Strukturen, der *relations of ideas*, zufällt. Hier geht es nicht um allgemeingültige Strukturen, die innerhalb des passiven Erkenntnisgeschehens einsichtig werden, hier geht es vielmehr darum, daß das passive Erkenntnisgeschehen als solches die Aktivität meine, die unbedingt und unbezüglich gilt und in diesem Sinne schlechthin allgemeingültig ist. Dies soll durch das Begreifen im Artbegriff erreicht werden.

In diesem Sinne meint der Artbegriff, dem die philosophische Reflexion die Bedeutung zu erteilen sucht, die die Erkenntnis als solche in sich selbst habe, daß die passive Erkenntnis als solche, d.h. indem sie nichts ist als das Angeben des bloßen Fürsichgeltens des Gegebenen in seinem besonderen Bestimmtsein, doch darin und auf die Weise dieses besonderen Bestimmtseins das unbedingte Geschehen des Wissens und damit die in sich allgemeingültige Seinsbedeutung so angebe, daß sie aus dem besonderen Bestimmtsein und durch es selbst offenbar ist. Die gegebene Situation in ihrem besonderen Bestimmtsein wird dergestalt als dasjenige genommen, was an sich selbst auch das Ganze ist. Das gegebene Bestimmte, das in der in sich passiven theoretischen Erkenntnis nur in seiner Unzulänglichkeit zum Unbedingten erfahren ist, bekommt in der gegenständlichen Logik, in der die Erkenntnis als Erkenntnis Seinsbedeutung erhält, den Charakter, als solches das in sich beschlossene Ganze und damit das Unbedingte und Unbezügliche und das Sein zu sein.

Daß das Besondere so durch sich selbst die in sich beschlossene Bedeutung und das Ganze meinen soll, das muß, weil dies Besondere darin ja auch die Bedeutung des in sich beschlossenen Geschehens des Wissens haben soll, auf die gedoppelte Weise stattfinden, daß einerseits das besondere Bestimmte durch sich die Bedeutung des Erkenntnisgeschehens als eines in sich ganzen Geschehens angibt und daß andererseits von allem gegebenen menschlichen Dasein in der Welt, welches immer es sei, gesagt wird, daß es an sich selbst allgemein und unbedingt gelte, so daß durch das Gegebensein des Menschen in der Welt, wie es durch passive Erkenntnis erkannt wird, allemal die allgemeine und unbedingte Bedeutung sich selbst gestalte. Indem also die philosophische Reflexion die theoretische Erkenntnis zur gegenständlichen Logik dadurch erweitert, daß sie sie als Erkenntnis im Artbegriff begreift, gibt sie an, daß diese Erkenntnis, wenn sie im moralischen Urteil und Gefühl als Erkenntnis geschieht, erstens an sich selbst auch schon das Ganze alles Erkennens umfaßt, d. h. daß die bestimmte Situation, wie sie hier subjektiv erkannt ist, für alle erkennenden Menschen gleichermaßen die Bedeutung hat, durch sich die unbedingte Seinsbedeutung, die das moralische Urteil und Gefühl meint, darzustellen; zweitens muß es sich auch so verhalten, daß alles menschliche Dasein in der Welt in dem bloßen Fürsichgelten der Besonderheit, die es ist und als sie immer schon die Bedeutung hat, durch sich das in sich unbezügliche und unbedingte Gelten des moralischen Urteils anzugeben und darzustellen: daß das besondere Gegebensein des menschlichen Daseins in seiner Besonderheit und als sie immer den allgemeinen Charakter hat, durch sich die unbedingte Seinsbedeutung anzugeben. Jedes einzelne moralische Urteil, das ein einzelner Mensch fällt, erhebt, auch für die theoretisch erkannte Situation, den Anspruch, daß das Wesen von Wissen und Erkennen selbst sich durch diese besondere Erkenntnis ausdrükke, wir beanspruchen, daß alle Menschen, auch für die theoretisch erkannte Situation, unser moralisches Urteil teilen. Alles menschliche Dasein aber in der Welt, wann immer und wo immer es sich ereignet habe, ereigne oder ereignen werde, ist in der Besonderheit, in der es theoretisch erkannt werden kann, immer auch schon durch das allgemeine Charakteristikum bezeichnet, daß es in seiner Besonderheit und als sie auch schon unbedingte Seinsbedeutung habe und darin Gegenstand des moralischen Urteils sein könne. Jedes einzelne moralische Urteil gilt für jedermann; und jegliches menschliche Dasein ist gleichermaßen Gegenstand möglicher moralischer Beurteilung.[30]

[30] A. a. O. S. 272: The notion of morals implies some sentiment common to all mankind, which recommends the same object to general approbation, and makes every man, or most men, agree in the same opinion or decision concerning it. It also implies some sentiment, so universal and comprehensive as to extend to all mankind, and render the actions and conduct, even of the persons the most remote, an object of applause or censure, according as they agree or disagree with that rule of right which is established. These two requisite circumstances belong alone to the sentiment of humanity here insisted on. The other passions produce in every breast, many strong sentiments of desire and aversion, affection and hatred; but these neither are felt so much in common, nor are so comprehensive, as to be the foundation of any general system and established theory of blame or approbation.

Das theoretische Erkennen wird durch die philosophische Reflexion aus dem moralischen Urteil dergestalt zur gegenständlichen Logik erhoben, daß es als Begreifen im Artbegriff konzipiert wird. Es ist nicht so als Begreifen im Artbegriff verstanden, daß durch es das Besondere etwa unter allgemeine Bestimmungen und Regeln gestellt würde, die durch Abstraktion gewonnen wären, sondern es verhält sich so, daß in diesem Begreifen unter dem Artbegriff, das Besondere als das Besondere, das es an sich selbst ist, unmittelbar allgemeine Bedeutung erhalten soll. Diese allgemeine Bedeutung des Besonderen meint einerseits, daß es das Wesen des Wissens und Erkennens ganz in sich faßt, was sich dadurch ausdrückt, daß diese besondere Situation das gleiche moralische Urteil aller Menschen verlangt. Durch dieses Ausgehen auf das Ganze des Wissens und Erkennens wird das unbedingte Geschehen des Erkennens als solches gemeint, es tritt aus einer passiven Funktion heraus und bekommt seinskonstituierende Bedeutung. Die allgemeine Bedeutung des in seiner Besonderheit gegebenen menschlichen Daseins meint andererseits, daß menschliches Dasein immer schon geeignet ist, in seiner Besonderheit und als die Besonderheit, die es ist, die unbedingte Bedeutung, die das moralische Urteil meint, durch sich darzustellen. Alles menschliche Dasein ist gleichermaßen geeignet, in seiner Besonderheit die unbedingte Bedeutung Gestalt werden zu lassen. So hat die menschliche Erkenntnis als Erkenntnis der besonderen Situation gegebenen menschlichen Daseins auch diese in sich beschlossene Bedeutung, die sie aus ihrer Passivität hinaussetzt und ihr unmittelbar gegenständliche Bedeutung, Seinsbedeutung verleiht. Ausgewiesen aber wird diese Bedeutung im theoretischen Bereich immer nur durch das Ausgehen auf die Gesamtheit aller Fälle: durch das Ausgehen auf das gleiche moralische Urteil aller Menschen in bezug auf eine bestimmte Situation und durch das Ausgehen auf das Geeignetsein alles in der Welt gegebenen besonderen menschlichen Daseins zur unbedingten Bedeutung des moralischen Urteils.

Wir sagen, Hume macht in der philosophischen Reflexion die theoretische Erkenntnis dadurch der unbedingten Bedeutung des moralischen Urteils angemessen und gibt ihr dadurch gegenständliche Bedeutung, daß er sie zu einem Begreifen im Artbegriff erhebt. Im Artbegriff wird das Sichgestalten des Gegebenen in der Mannigfaltigkeit in die Einheit eines Begreifens gestellt. Diese Einheit des Begriffs wird selbst wieder so vom Mannigfaltigen her verstanden, daß sie als für alle einzelne Gestaltung des Gegebenen gültig behauptet wird. Als Begreifen unter dem Artbegriff war auch das metaphysische Denken verfahren, das dabei — ohne schon in das Fürsichsein des *Cogito* eingekehrt zu sein — von dem Fürsichgelten des Gegebenen in seinem Bestimmtsein ausging. In diesem Begreifen unter dem Artbegriff aber war nicht das Erkennen selbst als Sichdurchführen in einer gegenständlichen Logik verstanden, die Gegenstände und das Sein waren vielmehr für das Denken vorausgesetzt. Für Hume dagegen bekommt das Gegebene in seiner Besonderheit seine eigentliche gegenständliche Bedeutung erst dadurch, daß das Erkennen sich selbst als Erkennen unter dem Artbegriff begreift, daß es sich selbst als Erkennen des Besonderen als Geschehen eines in sich Allgemeingültigen darstellt, das man dann selbst wieder dadurch nachweisen kann, daß man auf die Gesamtheit der Fälle ausgeht. Die theoretische Philosophie zeigt ja gerade, daß das Denken von Strukturen, das Denken der *relations of ideas* keine Seinsbedeutung hat. Die Wahrnehmung gibt uns zwar Seinsbedeutung, aber nur so, daß diese Bedeutung uns ständig auch entflieht. Das moralische Urteil allein gibt uns die wahre in sich unbedingte Seinsbedeutung. Diese Bedeutung des moralischen Urteils setzen wir nun — für die philosophische Reflexion — auch in die theoretische Erkenntnis des Besonderen um, indem wir diese Erkenntnis an ihr selbst als Begreifen unter dem Artbegriff verstehen, worin sie als solche das Meinen und Denken des Ganzen und damit das aktivische Denken des Seins ist und sich diese ihre eigene Bedeutung durch das Ausgehen auf die Gesamtheit aller Fälle im Besonderen auslegt. Es findet das Begreifen im Artbegriff statt, aber es ist ein Begreifen in transzendentalem Verstehen, wodurch das erkannte Besondere unmittelbar als Besonderes die unbedingte Seinsbedeutung ist und dies durch das Ausgehen des Denkens auf den gesamten Umfang aller besonderen Fälle nachgewiesen und faßlich gemacht wird.

Bei Shaftesbury, für den das besondere Gegebene noch in seinem Fürsichgelten stehen bleibt, so daß die unbedingte Bedeutung, die das Gegebene meint, doch auf die Weise des Fürsichgeltens des Gegebenen angegeben werden muß, muß die gegenständliche Bedeutung des Begreifens unter dem Artbegriff auch dadurch angegeben werden, daß das Besondere in seiner Besonderheit arthafte Bedeutung schon auf die Weise seines Bestimmtseins hat. Die gegebene Situation muß selbst schon arthafte Bestimmung in sich enthalten. Solche Handlungen werden als moralisch gut beurteilt, durch die wir das Wohl der menschlichen Gattung befördern. Nur wenn die theoretische Erkenntnis dies in dem von ihr erkannten Gegebenen bestätigt findet, kann sie sich unter dem Begriff des Ganzen mit sich selbst in gegenständlicher Bedeutung zusammenschließen. So ist es bei Hume nicht mehr. Bei ihm braucht die gegebene menschliche Situation, das besondere gegebene menschliche Dasein, das wir beurteilen, damit wir es unter dem Artbegriff und in dessen gegenständlicher Bedeutung begreifen, selbst nicht allgemeingültige Bestimmung an sich zu tragen. Es ist nicht nötig, daß es sich bei dem Verhalten und Sein der Menschen, das wir als moralisch gut beurteilen, um ein Verhalten und Sein handelt, das auf das Wohl der Gattung abgezweckt ist.[31] Da für Hume das gegebene menschliche Dasein und Verhalten im moralischen Urteil schon als das weltliche Sichgestalten des unbedingten Geschehens des Wissens und Sichverstehens offenbar ist, hat es unmittelbar als die Besonderheit, in der es sich zeigt, die Bedeutung, durch sich und als es selbst das Begreifen im Artbegriff als das in sich unbezügliche Begreifen anzugeben. Nicht nur solches Handeln und Verhalten, durch das wir direkt oder indirekt das Wohl der Gattung befördern, hat Anspruch auf die gleiche moralische Beurteilung durch alle Menschen und Anspruch auf ein gleiches Anerkanntsein (durch alle) in allen möglichen Situationen über das ganze Menschengeschlecht hinweg, sondern das moralische Urteil kann sich in all seiner Positivität prinzipiell auch da entwickeln, wo es nur um das gegebene besondere Dasein und Tun in seiner Einmaligkeit geht; auch für dieses Einmalige kann die Zustimmung aller moralisch Urteilenden verlangt werden und gerade auch dafür, daß es nur um dieses Einmalige geht; und ebenso wissen wir, daß immer wieder neu menschliches Sein uns begegnen kann, das sich nur in seiner Einmaligkeit darstellt und dem es nur um sich in seiner Einmaligkeit geht, und daß dann doch immer wieder (für alle) das moralische Urteil aufkommen müssen wird, das diese Einmaligkeit billigt und anerkennt.

So ist Hume in seiner Doktrin von aller Bindung an ein Reich für den Einzelnen wie für die Gesellschaft gesetzter Regeln und Normen entbunden. Es genügt, daß das Gegebensein des menschlichen Daseins als solches als das Geschehen der unbedingten Bedeutung des Wissens und Sichverstehens als weltliches Sichgestalten offenbar ist. Das Gegebensein des menschlichen Daseins ist als solches und in seinem Fürsichgelten in seinem Gegebensein das Geschehen der unbedingten Bedeutung. Das ist es, was das moralische Urteil weiß und was die gegenständliche Logik bestätigt. Alle Regeln und Bestimmungen, die man dann für das Gegebene innerhalb seines Bestimmtseins finden will, gelten nur sekundär; in ihnen geschieht nur die besondere, in weltlichen Bestimmungen

[31] A. a. O. S. 313: Should we affirm that the qualities alone, which prompt us to act our part in society, are entitled to that honourable distinction; it must immediately occur that these are indeed the most valuable qualities, and are commonly denominated the *social* virtues; but that this very epithet supposes that there are also virtues of another species.

vorgenommene Ausführung der unbedingten Bedeutung, die das gegebene Dasein des Menschen in der Welt als solches ist. Die Menschen werden ihrem Dasein in der Welt seine Ordnungen und Normen geben; die Rechtsordnung ist für die Gesellschaft oberstes Prinzip. Der Philosoph wird sowohl einzelnes Verhalten und Handeln als auch Ordnungen und Normen vergleichen und so zu übergreifenden Strukturen kommen. Aber all dies gehört nicht zur gegenständlichen Logik, durch die die Seinsbedeutung selbst angegeben wird. Sondern hier handelt es sich, sowohl für die Menschen, die sich gesellschaftliche Ordnungen geben, wie für den Philosophen, der Verhalten und Ordnungen vergleicht und zusammenfaßt, nur um ein abstraktes Denken und Tun, das vom Fürsichgelten des Gegebenen ausgeht,[32] aber sich nicht mehr eigentlich mit der Seinsbedeutung dieses Gegebenen befaßt, worum eben es im moralischen Urteil und in der gegenständlichen Logik, in der dieses Urteil ausgewiesen werden soll, geht. Man kann also auch sagen, daß für Hume die Unterscheidung von Individuum und Gattung für das moralische Urteil nur eine sekundäre Rolle spielt, weil diese Unterscheidung eigentlich nur für den Bereich der passiven Erkenntnis und Selbsterkenntnis des Menschen gilt, wogegen es der aktiven Erkenntnis, wie sie durch das moralische Urteil und Gefühl und durch die gegenständliche Logik statthat, das Geschehen des Gegebenseins des menschlichen Daseins als solches ist, was sie als die unbedingte Bedeutung versteht, wovon dann alle weltliche und gesellschaftliche Ordnung nur die nachträgliche Ausführung sein kann. Sicher ist es so, daß

[32] A. a. O. S. 274: The distinction, therefore, between these species of sentiment being so great and evident, language must soon be moulded upon it, and must invent a peculiar set of terms, in order to express those universal sentiments of censure or approbation, which arise from humanity, or from views of general usefulness and its contrary. Virtue and Vice become then known; morals are recognized; certain general ideas are framed of human conduct and behaviour; such measures are expected from men in such situations. This action is determined to be conformable to our abstract rule; that other, contrary. And by such universal principles are the particular sentiments of self-love frequently controlled and limited.

A. a. O. S. 312: It was in order to avoid altercations, so frivolous and endless, that I endeavoured to state with the utmost caution the object of our present enquiry; and proposed simply to collect, on the one hand, a list of those mental qualities which are the object of love or esteem, and form a part of personal merit; and on the other hand, a catalogue of those qualities which are the object of censure or reproach, and which detract from the character of the person possessed of them; subjoining some reflections concerning the origin of these sentiments of praise or blame.

wir in unserem gesellschaftlichen Dasein unsere einzelne Existenz übersteigen und in unserem Handeln das allgemeine Wohl befördern müssen; ein solches Handeln wird in der moralischen Beurteilung vorzüglich als gut beurteilt werden; aber auch schon im bloßen Geschehen unseres Daseins, wie des Daseins auch aller andern, hat für das moralische Urteil das Gute und das Erfreuliche statt, und das Verhalten, in dem dieses Sein sich auswirkt, kann ebenso als das Sichdarstellen der unbedingten Bedeutung des Menschseins verstanden sein wie das Handeln, das das Wohl anderer Menschen befördert.[33]

Wenn es also für die Lehre Humes zutreffen mag, daß sie von dem gemeinen sittlichen Bewußtsein auch abweicht, wenn sie das moralische Urteil und Gefühl so streng an die Haltung des Beobachters bindet, so verhält es sich doch so, daß sich dem Beobachter in seiner distanzierten Haltung das menschliche Dasein in seinem Gegebensein unmittelbar als das Sichgestalten der unbedingten intelligiblen Bedeutung eröffnet, und darin kommt das Wissen dieses Beobachters doch mit dem gemeinen sittlichen Bewußtsein, wie es sich selbst und wie es die anderen versteht, überein. Die Doktrin kommt mit dem gemeinen sittlichen Bewußtsein so überein, daß sie dabei zugleich von dem Hingegebensein an das jeweilige konkrete Bestimmtsein der Situation entbunden ist und im moralischen Urteil diese jeweilige Situation rein als das weltliche Sich-

[33] A. a. O. S. 314: But on the whole, it seems to me, that though it is always allowed, that there are virtues of many different kinds, yet, when a man is called *virtuous*, or is denominated a man of virtue, we chiefly regard his social qualities, which are, indeed, the most valuable. It is, at the same time, certain, that any remarkable defect in courage, temperance, economy, industry, understanding, dignity of mind, would bereave even a very good-natured, honest man of this honourable appellation. Who did ever say, except by way of irony, that such a one was a man of great virtue, but an egregious blockhead?

A. a. O. S. 315: It is hard to tell, whether you hurt a man's character most by calling him a knave or a coward, and whether a beastly glutton or drunkard be not as odious and contemptible, as a selfish, ungenerous miser.

A. a. O. S. 318 f.: This leads to the *third* reflection, which we proposed to make, to wit, that the ancient moralists, the best models, made no material distinction among the different species of mental endowments and defects, but treated all alike under the appellation of virtues and vices, and made them indiscriminately the object of their moral reasonings. The *prudence* explained in Cicero's *offices*, is that sagacity, which leads to the discovery of truth, and preserves us from error and mistake. *Magnanimity, temperance, decency*, are there also at large discoursed of. And as that eloquent moralist followed the common received division of the four cardinal virtues, our social duties form but one head, in the general distribution of his subject.

gestalten der unbedingten Bedeutung verstehen kann. Da zeigt es sich, daß es im moralischen Urteil wesentlich auf das Geschehen des Daseins der Menschen sowohl als auch ihres Verhaltens und Tuns ankommt. Dieses Geschehen des Seins wie des Handelns ist der Vollzug der unbedingten Bedeutung. Nur nachgeordnet spielt dabei eine Rolle, was der Mensch in seiner weltlichen Situation, wie er sie selbst theoretisch, d. h. in der Bindung in die bloße Passivität, erfaßt, selbst zu machen meint, wozu er sich bestimmt und entscheidet, was er als seine Entschlüsse und als die Folgen dieser seiner willentlichen Entschlüsse ansieht. Sicher vollzieht sich das Geschehen seines Seins und Handelns durch die Weise, wie er die Situation, in der er steht, versteht, wie er sich und die anderen in ihr versteht, und wie er sich willentlich zum Handeln entscheidet: aber all dies ist doch nur das — unter dem Zeichen der Passivität geschehende — Sichausführen der unbedingten Bedeutung, die das Geschehen seines Daseins und Handelns für das moralische Urteil als das weltliche Sichgestalten der unbedingten intelligiblen Bedeutung ist, die durch die Weise, wie wir die Situationen und uns selbst und die anderen von der Passivität her verstehen und uns darin willentlich bestimmen, nur in der Bestimmung durch das Fürsichgelten des Gegebenen angezeigt wird.[34]

Worauf das moralische Urteil eigentlich geht, ist nicht der Wille des Menschen in der Welt, sondern das Seinsgeschehen des Menschseins in der Welt; dieses Seinsgeschehen umfaßt ebenso das Dasein wie das Verhalten und Handeln der Menschen. Dieses Seinsgeschehen betrifft ebenso das Dasein des einzelnen Individuums wie das Dasein der Gesellschaft. Und am Individuum betrifft es ebenso das Dasein und Tätigsein des Individuums in seiner Einzelheit und um seiner Einzelheit willen, wie es auch das Bestimmtsein dieses Daseins und Handelns für die anderen, für die Gesellschaft betrifft. Das moralische Urteil erfaßt am Einzelnen, was ihm selbst nützlich und erfreulich ist, und es erfaßt, was in ihm und an ihm den anderen nützlich und erfreulich ist. Dies alles erfaßt es in einer Weise, die dem beobachteten Menschen selbst so gar nicht bewußt sein mag. Es erfaßt diese Qualitäten auch nicht als solche,

[34] A. a. O. S. 322: Philosophers, or rather divines under that disguise, treating all morals as on a like footing with civil laws, guarded by the sanctions of reward and punishment, were necessarily led to render this circumstance, of *voluntary* or *involuntary*, the foundation of their whole theory. Every one may employ *terms* in what sense he pleases: but this, in the mean time, must be allowed, that *sentiments* are every day experienced of blame and praise, which have objects beyond the dominion of the will or choice, and of which it behoves us, if not as moralists, as speculative philosophers at least, to give some satisfactory theory and explication.

die ausmachen müßten, daß der Einzelne sich selbst im Glück versteht oder sich doch selbst im Glück verstehen müßte, wenn er sich seiner selbst recht bewußt wäre, sondern es erfaßt sie als den Ausdruck dessen, daß das Geschehen von Menschsein als solches das Statthaben von Glück und Glücklichsein ist: und dieses Geschehen von Glück und Glücklichsein, das da durch die besondere Situation und das Dasein und Handeln der Menschen in ihr erfaßt wird, ist nicht ein Glück, das — unter dem Zeichen der Passivität — einfach durch individuelles menschliches Dasein in der Welt angegeben werden könnte, sondern es ist das Glück, das in aller weltlichen Gestalt des menschlichen Daseins nur sein Sichdurchführen in seinem unbedingten und unbezüglichen Gelten ist.[35]

4. Moralität und Selbstliebe. Die Doppelung im moralischen Verstehen

So ist es in der Lehre Humes möglich geworden, aus der skeptischen Resignation heraus, die in der theoretischen Philosophie erreicht ist, das

[35] A. a. O. S. 268–269: It may justly appear surprising that any man in so late an age, should find it requisite to prove, by elaborate reasoning, that Personal Merit consists altogether in the possession of mental qualities, *useful* or *agreeable* to the *person himself* or to *others*. It might be expected that this principle would have occurred even to the first rude, unpractised enquirers concerning morals, and been received from its own evidence, without any argument or disputation. Whatever is valuable in any kind, so naturally classes itself under the division of *useful* or *agreeable*, the *utile* or the *dulce*, that it is not easy to imagine why we should ever seek further, or consider the question as a matter of nice research or inquiry. And as every thing useful or agreeable must possess these qualities with regard either to the *person himself* or to *others*, the complete delineation or description of merit seems to be performed as naturally as a shadow is cast by the sun, or an image is reflected upon water. If the ground, on which the shadow is cast, be not broken and uneven; nor the surface from which the image is reflected, disturbed and confused; a just figure is immediately presented, without any art or attention. And it seems a reasonable presumption, that systems and hypotheses have perverted our natural understanding, when a theory, so simple and obvious, could so long have escaped the most elaborate examination.

But however the case may have fared with philosophy, in common life these principles are still implicitly maintained; nor is any other topic of praise or blame ever recurred to, when we employ any panegyric or satire, any applause or censure of human action and behaviour. If we observe men, in every intercourse of business or pleasure, in every discourse and conversation, we shall find them nowhere, except in the schools, at any loss upon this subject.

Gegebensein des menschlichen Daseins in der Welt unmittelbar und als solches als das Geschehen der unbedingten Bedeutung des Wissens und Sichverstehens als weltliches Sichgestalten zu nehmen. Dies geschieht durch das moralische Urteil und Gefühl. Es bleibt aber die große Schwierigkeit, daß das gegebene Dasein des Menschen in der Welt sich selbst doch immer nur im Fürsichgelten seines Gegebenseins in seinem Bestimmtsein angibt, das als solches das Geschehen der unbedingten Bedeutung gerade nicht darzustellen vermag. Diese Schwierigkeit soll in gewisser Weise durch das Begreifen unter dem Artbegriff, durch die gegenständliche Logik behoben werden; aber die Korrespondenz zwischen dem moralischen Urteil und diesem Begreifen kann in der philosophischen Reflexion nur auf die Weise der Behauptung vorgebracht werden, sie kann nicht eigentlich einsichtig gemacht werden. Es bleibt in der Doktrin selbst ein Hiatus zwischen dem moralischen Gefühl und der Bestimmung seines Gegenstandes durch das Begreifen. Dieser Hiatus könnte nur in einer philosophischen Reflexion überwunden werden, der es gelänge, das Fürsichgelten des Gegebenen unmittelbar und als solches, auf die Weise dieses seines Fürsichgeltens selbst, als das Geschehen des unbedingten und unbezüglichen Geschehens des Wissens als Sichgestalten zu verstehen. Dies ist aber so in der Lehre Humes nicht möglich, weil die skeptische Resignation das Fürsichgelten des Gegebenen als solches doch auch auf sich beruhen läßt. In der Lehre Humes kann es nur ein, wenn wir so sagen wollen, Surrogat für dieses Verstehen des Fürsichgeltens des Gegebenen als das Sichgestalten der unbedingten Bedeutung geben, das innerhalb der Moralphilosophie selbst gefunden werden muß, ohne die theoretische Philosophie eigentlich zu tangieren.

Die moralphilosophische Reflexion ist an sich selbst Kontemplation. Das Wesen dieser Kontemplation drückt sich selbst als solches noch nicht darin aus, daß es im moralischen Urteil und in der gegenständlichen Logik auf die besonderen Situationen des menschlichen Daseins in der Welt bezogen erscheint. Diese Kontemplation ist an sich selbst — und ohne alles theoretische Raisonnement — doch auch noch das Zusammennehmen der intelligiblen Bedeutung und des weltlichen Gegebenseins des menschlichen Daseins in der Einheit und als die Einheit *eines* Wissens. In dieser Einheit des kontemplativen Wissens, das sich selbst nicht durch theoretisches Raisonnement ausdrücken kann, ist der Mensch in seinem weltlichen Gegebensein und als das weltliche Gegebensein, das er für sich selbst und für andere ist, unmittelbar als Vernunftwesen genommen. Das Gegebensein des Menschen ist selbst als solches das Geschehen von Vernunft; und wenn wir auch nicht über das bloße Fürsichgelten dieses Gegebenseins hinausgelangen können, so geschieht hier doch ein solches Fürsichgelten des Gegebenen, das an sich selbst und als solches Vernunft ist. In seinem Lebensgeschehen ist der Mensch doch immer der sich selbst vernünftig Meinende; sein Lebensgeschehen ist als solches durch dieses Vernünftigsein bezeichnet. Die philosophische Kontemplation nimmt dieses Geschehen des menschlichen Daseins als Sichdurchführen von Vernunft mit der moralischen Bedeutung in die Einheit eines Verstehens zusammen, sie denkt diese Vernunft, wie sie sich im Fürsichgelten des menschlichen Daseins in seinem Gegebensein verwirklicht, mit der moralischen Bedeutung als Einheit eines Sichvollziehens. So ergibt sich die spekulative — aber nicht raisonnierende — Einsicht des kontemplativen Wissens,[36] daß die moralische Bedeutung sich im Gegebensein des menschlichen Daseins, sofern es vernünftiges Sichverstehen ist, selbst auf die Weise der Selbstliebe erscheint, in diesem Sichverstehen als Selbstliebe geschieht und sie selbst als Selbstliebe ist. Das Lebensgeschehen des Menschen ist in dem Fürsichgelten seines Gegebenseins und als dies Fürsichgelten das Geschehen der Vernunft, die sie selbst doch auch als die moralische Bedeutung ist. Und so ist dies Bezogensein des Lebensgeschehens auf sich selbst, sein Bezogensein in sich selbst, das es als Gelten für sich selbst und durch sich selbst ist, sofern es eben das vernünftige Sichverstehen des Menschen selbst als solches ist, für die philosophische Reflexion der Vollzug einer in sich einigen Bedeutung. Das Sichverstehen des Menschen, d. h. das Fürsichgelten und Aufsichbezogensein, das als solches Vernunft ist, ist Selbstliebe, und die moralische Bedeutung ist so ihr Sichgestalten in der Selbstliebe und als sie.

Der Mensch lebt sein Dasein in der Selbstliebe. Die Selbstliebe besteht darin, daß das Fürsichgelten des Lebensgeschehens des Menschen in seinem Gegebensein sich selbst als das vernünftige Sichverstehen des Menschen vollzieht. Das Lebensgeschehen ist es selbst als vernünftiges Sichmeinen, und das Bezogensein auf sich, als das es geschieht, bekommt so den Charakter eines Geschehens von Sichverstehen, welches Sichverstehen eben die Selbstliebe ist. In der Selbstliebe geht es dem Menschen in seinem Dasein um die unbedingte Bedeutung, die dies Dasein als Gegebensein hat, es geht ihm um das in sich unbedingte

[36] A. a. O. S. 297–298: But though the question concerning the universal or partial selfishness of man be not so material as is usually imagined to morality and practice, it is certainly of consequence in the speculative science of human nature, and is a proper object of curiosity and enquiry. It may not, therefore, be unsuitable, in this place, to bestow a few reflections upon it.

Glück, das das Gegebensein seines Daseins meint. In ihr führt sich das Glück, das dies Gegebensein meint, für sich selbst sekundär, von der Passivität her, als solches aus, und im kontemplativen Wissen des Philosophen ist dieses sekundäre Sichausführen des Lebensgeschehens in der unbedingten Bedeutung, die es als Gegebensein hat, der moralischen Bedeutung, als die er dieses Lebensgeschehen zugleich weiß, so verbunden, daß die Selbstliebe als das Sichdurchführen der moralischen Bedeutung selbst auf die Weise des Sichverstehens des einzelnen Menschen verstanden ist. In ihrem unmittelbaren Vollzuge nimmt die philosophische Reflexion das Gegebensein des menschlichen Daseins in der Welt nur als Gegenstand des moralischen Urteils, wie wir es in der Beobachtung gewinnen, auf. Insofern aber die philosophische Reflexion auch die alles umfassende Kontemplation ist, nimmt sich in ihr das unbedingte Wesen des Denkens auch selbst aus dem Gegebensein des menschlichen Daseins in der Welt und als dies Gegebensein entgegen, und ihr Verstehen der moralischen Bedeutung ist als solches auch das Verstehen des Sichverstehens der Menschen selbst. Wir gelangen über die bloße Betrachtung des menschlichen Daseins in der Welt hinaus und nehmen den Menschen als das sich selbst verstehende vernünftige Weltwesen in das moralische Urteil als dessen Sichgestalten hinein.

Das Gegebensein des menschlichen Daseins verstehen wir schon in der bloßen Beobachtung als das Sichgestalten des Glückes, das menschliches Dasein bedeutet. Im Fürsichgeschehen des kontemplativen Wissens ist darüber hinaus der Mensch in seinem — durch die Passivität bestimmten — Sichverstehen verstanden und die Selbstliebe als die Weise erkannt, wie sich die unbedingte Bedeutung des menschlichen Daseins für sich selbst auf die Weise des Sichverstehens ausführt. Es ist erkannt, daß das Vernunftgeschehen, das als solches die unbedingte moralische Bedeutung und damit das Glück, das Menschsein ist, meint, sich im gegebenen einzelnen menschlichen Dasein als das Streben nach dem individuellen Glücklichsein vollziehen muß, das sich selbst als die Bestätigung und Billigung des Sicherfahrens des Menschen in seinem Lebensgeschehen vollzieht. Dieses Lebensgeschehen ist in seinem Gegebensein der unbedingte Wert, und die Selbstliebe oder der Egoismus ist die Weise, wie dieser unbedingte Wert sich im vernünftigen Sichverstehen des Menschen, im Geschehen des menschlichen Daseins als Reflexion auf sich selbst selber meint. Im Lebensgeschehen selbst aber vollzieht sich die überindividuelle Bedeutung des Menschseins, wie sie sich im besonderen auch in den Lebensimpulsen, die in jedem einzelnen auf das Wohl der Gattung gehen, äußert. Es ist diese überindividuelle Bedeutung des menschlichen Daseins, die sich auf die Weise der Selbstliebe und des Egoismus, d. h. des Sichselbstverstehens des Menschen als Streben nach seinem Glücklichsein, selbst vollzieht und zur Ausführung bringt. Und das kontemplative Wissen des Philosophen ist die Einsicht über die Selbigkeit der moralischen Bedeutung des menschlichen Daseins und dieses seines Sichverstehens in der Liebe seiner selbst.[37]

Mit diesem kontemplativen Wissen kommt Hume im Verständnis der Verpflichtung des Menschen zum moralischen Handeln über die Lehre Shaftesburys doch ein weites Stück hinaus. Im kontemplativen Wissen ist es einsichtig, daß das Streben des Menschen nach seinem eigenen Glück die Weise ist, wie die moralische Bedeutung des menschlichen Daseins sich selber durchführt. Und es ist auch einsichtig, daß das

[37] A. a. O. S. 301–302: There are bodily wants or appetites acknowledged by every one, which necessarily precede all sensual enjoyment, and carry us directly to seek possession of the object. Thus, hunger and thirst have eating and drinking for their end; and from the gratification of these primary appetites arises a pleasure, which may become the object of another species of desire or inclination that is secondary and interested. In the same manner there are mental passions by which we are impelled immediately to seek particular objects, such as fame or power, or vengeance without any regard to interest; and when these objects are attained a pleasing enjoyment ensues, as the consequence of our indulged affections. Nature must, by the internal frame and constitution of the mind, give an original propensity to fame, ere we can reap any pleasure from that acquisition, or pursue it from motives of self-love, and a desire of happiness. If I have no vanity, I take no delight in praise: if I be void of ambition, power gives me no enjoyment: if I be not angry, the punishment of an adversary is totally indifferent to me. In all these cases there is a passion which points immediately to the object, and constitutes it our good or happiness; as there are other secondary passions which afterwards arise and pursue it as a part of our happiness, when once it is constituted such by our original affections. Were there no appetite of any kind antecedent to self-love, that propensity could scarcely ever exert itself; because we should, in that case, have felt few and slender pains or pleasures, and have little misery or happiness to avoid or to pursue.

Now where is the difficulty in conceiving, that this may likewise be the case with benevolence and friendship, and that, from the original frame of our temper, we may feel a desire of another's happiness or good, which, by means of that affection, becomes our own good, and is afterwards pursued, from the combined motives of benevolence and self-enjoyment? Who sees not that vengeance, from the force alone of passion, may be so eagerly pursued, as to make us knowingly neglect every consideration of ease, interest, or safety; and, like some vindictive animals, infuse our very souls into the wounds we give an enemy; and what a malignant philosphy must it be, that will not allow to humanity and friendship the same privileges which are undisputably granted to the darker passions of enmity and resentment?

höchste individuelle Glück, das wir auf die Weise der Selbstliebe meinen können, dasjenige Glück ist, in dem die unbedingte Bedeutung des Menschseins, das als solches das Glück bedeutet, sich in der Ordnung des gegebenen menschlichen Daseins in der Welt am deutlichsten ausprägt, so daß gerade das Verhalten und Handeln, durch das wir auch das Wohl der anderen fördern, der sich selbst recht verstehenden Selbstliebe das begehrenswerteste Objekt ist. Das Glück, das individuelle Glück, nach dem der Mensch, der sich selbst in seinem Sein liebt, vor allem strebt, ist, so erkennt es der Philosoph, in der Gemeinschaft mit anderen, die zugleich der Gegenstand seiner liebenden Fürsorge sind, glücklich zu sein, und darin liegt das Geschehen der unbedingten moralischen Bedeutung des menschlichen Daseins, das in dieser Weise selbst als das Sichverstehen des Menschen statthat. Daß das kontemplative Wissen so die moralische Bedeutung und die Selbstliebe in der Einheit eines Verstehens zusammennimmt, das ist es, worin Hume über Shaftesbury hinausgegangen ist.

Shaftesbury konnte die Inhalte des moralischen Urteils und die Gegenstände der Selbstliebe, deren Besitz uns glücklich macht, nur nebeneinander hinstellen und durch Vergleich feststellen, daß diese Inhalte übereinkommen. Daß es ihm überhaupt um diese Feststellung ging, das war freilich der Ausdruck des kontemplativen Wissens, aber das kontemplative Wissen konnte die Bedeutung, die es meinte, immer nur auf die Weise des bloßen Dastehens des Gegebenen in seinem Fürsichgelten ausmachen, es konnte dies Fürsichgelten des Gegebenen nicht in sich zurücknehmen und sich in ihm als sein Sichgestalten verstehen. So müssen sowohl die Inhalte, auf die das moralische Urteil sich bezieht, faktisch angegeben werden, als auch das Sichverstehen des Menschen nur nach den Objekten, auf die es geht, bestimmt werden kann. Daß dieses Sichverstehen mit der moralischen Bedeutung übereinkommt, weiß das kontemplative Denken wohl, aber es kann es nur auf die Weise des Feststellens der korrespondierenden Inhalte in ihrem Nebeneinander faßlich machen. Für Hume dagegen ist das Fürsichgelten des Gegebenen, obwohl es theoretisch nicht aufgelöst wird, deswegen, weil das Denken im theoretischen Bereich doch bis zur skeptischen Resignation vorgedrungen ist, in der moralischen Reflexion doch schon im unbedingten Geschehen des Wissens als sein Sichgestalten gewußt. Hier vermag die Kontemplation daher die einzelnen Momente dieses Sichgestaltens als das Sichdurchführen eines in sich einigen Geschehens des weltlichen Sichgestaltens des unbedingten Wesens der Vernunft zu erfassen. Hier brauchen daher die moralischen Güter und die Inhalte der Selbstliebe nicht mehr nebeneinander hingestellt und miteinander verglichen zu werden, sondern hier sind — im kontemplativen Wissen — die moralische Bedeutung und das Sichverstehen des Menschen in der Selbstliebe als das Sichdurchführen des in sich einigen unbedingten Vernunftgeschehens erkannt, und die Inhalte, an denen die moralische Bedeutung sich darstellt und an denen die Selbstliebe die Gegenstände ihres Begehrens findet, werden in ihrem Übereinkommen nur als der Ausdruck der ursprünglichen Einheit des Geschehens genommen, das sich sowohl in der moralischen Bedeutung als auch im Sichverstehen des Menschen in der Selbstliebe gestaltet.[38]

So ist in der Lehre Humes das Fürsichgelten des menschlichen Daseins in seinem Gegebensein in einem kontemplativen Wissen als das weltliche Sichgestalten des unbedingten Geschehens des Wissens und Sichverstehens so offenbar, daß die philosophische Reflexion sich in der Durchführung ihres Begreifens doch ganz an das bloße Fürsichgelten des Gegebenen hält. Es findet hier das, wenn wir so sagen dürfen, transzendentale moralphilosophische Verstehen statt, doch immer nur so, daß es sich in einem Begreifen darstellen muß, das in seinem Verfah-

[38] A. a. O. S. 278–279: Having explained the moral *approbation* attending merit or virtue, there remains nothing but briefly to consider our interested *obligation* to it, and to inquire whether every man, who has any regard to his own happiness and welfare, will not best find his account in the practice of every moral duty. If this can be clearly ascertained from the foregoing theory, we shall have the satisfaction to reflect, that we have advanced principles, which not only, it is hoped, will stand the test of reasoning and inquiry, but may contribute to the amendment of men's lives, and their improvement in morality and social virtue.

A. a. O. S. 281–282: Every affection, he would observe, when gratified by success, gives a satisfaction proportioned to its force and violence; but besides this advantage, common to all, the immediate feeling of benevolence and friendship, humanity and kindness, is sweet, smooth, tender, and agreeable, independent of all fortune and accidents. These virtues are besides attended with a pleasing consciousness or remembrance, and keep us in humour with ourselves as well as others; while we retain the agreeable reflection of having done our part towards mankind and society. And though all men show a jealousy of our success in the pursuits of avarice and ambition; yet are we almost sure of their good-will and good wishes, so long as we persevere in the paths of virtue, and employ ourselves in the execution of generous plans and purposes. What other passion is there where we shall find so many advantages united; an agreeable sentiment, a pleasing consciousness, a good reputation? But of these truths, we may observe, men are, of themselves, pretty much convinced; nor are they deficient in their duty to society, because they would not wish to be generous, friendly, and humane; but because they do not feel themselves such.

ren diesem transzendentalen Verstehen nicht entspricht, sondern sich an das bloße Fürsichgelten des Gegebenen halten muß. Dieses Begreifen hat zwar nicht die Kraft, das transzendentale Verstehen durch sich auf dogmatische Weise auszulegen, d. h. durch sich anzugeben, was dieses Verstehen eigentlich meine und bedeute, aber es gibt doch die Art und Weise an, in der dieses sich durch sich selbst bezeugende Verstehen für uns faßlich wird. Das moralische Urteil und Gefühl bleibt für die Inhalte, denen es die unbedingte Bedeutung verleiht, auf die als passiv verstandene theoretische Vernunft angewiesen, für die die Dinge und Situationen und damit das gegebene Dasein der Menschen in der Welt etwas ihr Vorausgesetztes sind, das sie in seinem Sein nicht eigentlich zu verstehen vermag. Das aktive moralische Gefühl, das Seinsbedeutung hervorbringt, muß sich auf eine passive Vernunft beziehen, die das Sein nicht durch sich zu halten vermag. Die philosophische Reflexion kann daher die theoretisch aufgefaßte Situation von sich her nicht eigentlich als die Ausführung und Durchführung der unbedingten Bedeutung, die ihr das moralische Urteil gibt, verstehen. Sie kann nur feststellen, daß die beobachtete Situation diese Bedeutung hat. Nimmt man diese Situation von ihr selbst her, so wie sie sich dem theoretischen Erkennen gibt, so bleibt es immer unerfindlich, warum sie gerade zu dieser bestimmten moralischen Beurteilung, diesem moralischen Fühlen Anlaß gegeben hat. Der theoretischen Erkenntnis sind ja alle Zwecke und Mittel der Menschen, alles, was sie für nützlich oder was sie für schädlich halten und so erleben, gleichermaßen indifferent, und es muß für die philosophische Reflexion immer ein Wunder bleiben, daß an diesem indifferenten Material nun eine ganz bestimmte, für die einzelnen Fälle sehr verschiedene gefühlsmäßige moralische Beurteilung stattfindet. Man sucht diesem Wunder von der theoretischen Seite aus doch auch beizukommen. Dies geschieht durch die gegenständliche Logik, die uns sagt, daß die durch das moralische Gefühl gefällten Urteile sowohl dem möglichen Erkennen als auch dem möglichen Erkenntnisinhalte nach allumfassend und allgemeingültig sind: alle Menschen — zu allen Orten und Zeiten — müssen so urteilen, und alle vergleichbaren Situationen — in jedem Ort und zu jeder Zeit — müssen so beurteilt werden. Aber das ist auch nur eine Behauptung im theoretischen Bereich, die, selbst wenn sie stimmen würde, nicht aufheben würde, daß der Bezug zwischen dem durch das Gefühl geschehenden moralischen Urteil und der gegebenen Situation, die durch dieses Gefühl beurteilt wird, der philosophischen Reflexion in ihrem Begreifen uneinsichtig bleibt.

Dazu kommt aber, wie Hume selbst es feststellt, daß es in der Tat einen geschichtlichen und gesellschaftlichen Wandel in der moralischen Beurteilung gibt; ein Wandel, den wir im allgemeinen im Sinne des Fortschritts zu einer korrekteren moralischen Beurteilung verstehen.[39] Also verhält es sich offenbar gerade nicht so, daß man durch das Begreifen unter dem Artbegriff, wie es die gegenständliche Logik übt, dazu gelangen könnte, die Bedeutung des moralischen Urteils und Gefühls durch allgemeingültige und allumfassende Bestimmungen sowohl im Hinblick auf das Beurteilen als auch auf das Beurteilte anzugeben und festzulegen. Hume hat dies auf sich beruhen lassen müssen; in der Situation seines Denkens, das sich im Begreifen an das bloße Fürsichgelten des Gegebenen halten muß, kann die philosophische Reflexion hier nicht weiterkommen. Wenn es sich so verhält, dann ist aber auch keine für das raisonnierende Denken ausgewiesene Unterscheidung des Guten und Bösen möglich. Bei allen der Beobachtung gegebenen Situationen muß im Prinzip abgewartet werden, welche Entscheidung das urteilende Gefühl fällen wird, ohne daß die passive theoretische Erkenntnis hierüber irgendwie befinden könnte: denn für sie sind ja alle Inhalte moralisch indifferent. Die gegenständliche Logik gibt uns zwar allgemeine Regeln der Beurteilung an die Hand, aber diese beruhen auf voraufgehenden Entscheidungen des Gefühls, die als solche unbegreiflich waren und sind. Niemals können wir uns also theoretisch dessen vergewissern, was das moralische Urteil eigentlich meine und wolle; es bleibt für uns letztlich theoretisch immer unausgewiesen, warum wir das Verhalten der Menschen in bestimmten Situationen als gut oder als böse beurteilen. Und nie können wir wissen, ob nicht wir selbst oder etwa die Menschen einer späteren Zeit das, was wir heute als gut beurteilen, einmal als böse beurteilen werden. Es ist kein eigentlicher Übergang vom moralischen Urteil und Gefühl zu der theoretisch erkannten Situation, die als solche als in moralischer Rücksicht völlig indifferent ange-

[39] A. a. O. S. 274–275: It seems certain, both from reason and experience, that a rude, untaught savage regulates chiefly his love and hatred by the ideas of private utility and injury, and has but faint conceptions of a general rule or system of behaviour. The man who stands opposite to him in battle, he hates heartily, not only for the present moment, which is almost unavoidable, but for ever after; nor is he satisfied without the most extreme punishment and vengeance. But we, accustomed to society, and to more enlarged reflections, consider that this man is serving his own country and community, that any man, in the same situation, would do the same; that we ourselves, in like circumstances, observe a like conduct; that, in general, human society is best supported on such maxims: and by these suppositions and views, we correct, in some measure, our ruder and narrower passions.

sehen werden muß, möglich. Es läßt sich theoretisch nicht einsichtig machen, was gut oder was böse ist. Der reflektierende Philosoph ist ganz auf seine Kontemplation angewiesen, die ihm dann sagt, daß es eine solche Korrespondenz der unbedingten moralischen Bedeutung und des Sichdarstellens des Gegebenen doch gebe, auch wenn sie im raisonnierenden Denken nicht einsichtig gemacht werden kann.

Das bedeutet aber für die Haltung dieses moralphilosophischen Denkens, wie es in der skeptischen Resignation, in die die theoretische Reflexion geführt hat, hervorgeht, daß es, obwohl es in bezug auf das Geschehen der Kontemplation, als die es sich vollzieht, Gewißsein in sich selbst ist, doch als Raisonnieren Unsicherheit und Zweifel an sich selbst bleiben muß. Als Kontemplation ist dieses Denken intuitive Gewißheit, sobald es aber diese Gewißheit ins begreifende Raisonnieren umsetzt, beschleichen es Zweifel und Ängste. Die skeptische Resignation ist eine Haltung des theoretischen Denkens, in der dieses Denken seiner Unzulänglichkeit inne ist und sich zu ihr bekennt. Die Zweifel und Skrupel der moralphilosophischen Reflexion haben nichts mit dieser skeptischen Resignation gemein. Die moralphilosophische Reflexion, wie wir sie bei Hume finden, ist vielmehr das Sichdurchführen einer ursprünglichen Gewißheit, die dem Denken aus der skeptischen Resignation heraus zuteil wird. Aber sofern diese Gewißheit nun doch wieder in das raisonnierende Begreifen umgesetzt werden muß, tritt sie, ohne daß sie dadurch aufgehoben werden könnte, in jene Unsicherheit und jene Skrupel ein, die für die unbedingte Bedeutung das Begreifen bringen muß, das immer nur das bloße Fürsichgelten des Gegebenen feststellen kann.[40]

Und daraus entspringt dann auch für die Lebenshaltung des Philosophen die Situation, daß er sich immer wieder fragen muß, ob denn sein Dasein, sein Verhalten und Handeln durch sich wirklich das moralisch Gute zur Darstellung bringe. Er bleibt in dieser Frage in einer gewissen Hilflosigkeit, eben weil die gegenständliche Logik, die es doch irgendwie allgemeingültig angeben soll, was denn als moralisch gut zu gelten habe, ihm in gewisser Weise doch auch unverbindlich zu bleiben scheint. In dieser Situation muß er sich im kontemplativen Philosophieren selbst dazu entschließen, aus dem philosophischen Raisonnieren auch herauszutreten und sich dem Geschehen und Statthaben des moralischen Urteils, wie es ihm von den anderen Menschen her begegnet, einfach anzuvertrauen. Es hat keinen Zweck, immer nur über die Bestätigung des moralischen Urteils zu raisonnieren, wenn es von vornherein

[40] Vgl. Anm. 24.

einsichtig ist, daß diese Bestätigung doch nicht eindeutig erreicht werden kann. Aber wir können uns in unserm Dasein in das Geschehen moralischen Urteilens, wie es von den anderen her auf uns zukommt, hineinstellen und so das tatsächliche Geschehen unseres Daseins unmittelbar als Vollzug moralischer Bedeutung erfahren. Dann suchen wir nicht theoretisch danach, ob der Lebensvollzug wirklich diese Bedeutung hergebe, dann nehmen wir diesen Lebensvollzug vielmehr als solchen aus der moralischen Beurteilung auf und verstehen uns selbst im Gestalten unseres gegebenen Daseins unmittelbar als Gestalter moralischer Bedeutung. Das ist eine Erfahrung, die wir durch die bloße Beobachtung — auch unser selbst — nie erlangen können: das Gegebensein bildet dann immer den Ausgangspunkt; hier aber ist es die moralische Bedeutung, in der wir das Gegebensein unseres Daseins gestalten. Diese Haltung des denkenden Menschen, die gerade auch den Philosophen bestimmt, der in ihr aus seinem bloßen Raisonnieren heraustritt, erleben wir darin, daß wir der Anerkennung und des Ruhmes in moralischer Rücksicht bedürftig sind und danach verlangen.

Das Verlangen nach Anerkennung und Ruhm bedeutet so nicht ein eitles Sichbefassen des Individuums mit seiner Vorzüglichkeit in den Augen anderer, sondern es bedeutet, daß der denkende Mensch sich aus theoretischer Unsicherheit und Hilflosigkeit heraus den anderen als denen, die ihn moralisch beurteilen, anvertraut, aus dem Geschehen ihres Urteilens heraus lebt, und, indem er den Vollzug seines Lebens aus ihrem Urteil heraus gestaltet, jene in sich ruhende Zufriedenheit gewinnen kann, die ihm, wenn er nur von sich selbst ausgeht, immer versagt bleiben müßte. Diese Zufriedenheit kann der einzelne nicht durch sich allein erlangen, sie ist nur möglich, wenn ihm sein Sichverstehen in seinem Leben, wie er es in seinem Gegebensein gestaltet, schon als Vollzug der moralischen Bedeutung, die ihm von den anderen her zuteil wird, geschieht. So ist, daß wir nach Anerkennung und Ruhm verlangen und ihrer bedürftig sind, der Ausdruck dessen, daß wir zum vollen Verständnis des moralisch Guten nicht durch uns allein, auch nicht durch das philosophische Denken allein, sondern nur in der Gemeinschaft mit anderen kommen können.[41]

[41] A. a. O. S. 276: Another spring of our constitution, that brings a great addition of force to moral sentiment, is the love of fame; which rules, with such uncontrolled authority, in all generous minds, and is often the grand object of all their designs and undertakings. By our continual and earnest pursuit of a character, a name, a reputation in the world, we bring our own deportment and conduct frequently in review, and consider how they appear in the eyes of those who

approach and regard us. This constant habit of surveying ourselves, as it were, in reflection, keeps alive all the sentiments of right and wrong, and begets, in noble natures, a certain reverence for themselves as well as others, which is the surest guardian of every virtue. The animal conveniencies and pleasures sink gradually in their value; while every inward beauty and moral grace is studiously acquired, and the mind is accomplished in every perfection, which can adorn or embellish a rational creature.

Here is the most perfect morality with which we are acquainted: here is displayed the force of many sympathies. Our moral sentiment is itself a feeling chiefly of that nature, and our regard to a character with others seems to arise only from a care of preserving a character with ourselves; and in order to attain this end, we find it necessary to prop our tottering judgement on the correspondent approbation of mankind.

A. a. O. S. 265: A desire of fame, reputation, or a character with others, is so far from being blameable, that it seems inseparable from virtue, genius, capacity, and a generous or noble disposition.

III. ROUSSEAU

1. Das Wissen der Kontemplation und seine Auslegung durch die Gesellschaftsphilosophie

Die Position des Denkens, das in den Skeptizismus eingetreten ist und aus diesem Skeptizismus heraus transzendentales Verstehen ist, wie wir sie von Descartes ausgehend bisher für Shaftesbury und Hume erörtert haben, enthält nun aber — der Möglichkeit nach — noch ein weiteres Moment in sich, das diese Denker aus ihrer theoretischen und praktischen Philosophie völlig entfernt gehalten haben und das ihnen keine eigenständige Bedeutung beanspruchen zu können schien. Bei Shaftesbury und Hume ist das Wissen der Kontemplation immer auf die Basis bezogen, die ihm aus dem Fürsichgelten des Gegebenen in seinem Bestimmtsein gegeben ist. Das zeigt sich auch daran, daß hier die theoretische Reflexion der moralphilosophischen Reflexion voraufgeht. Es besteht aber auch noch die Möglichkeit, daß sich das Wissen der Kontemplation, wie es — mit diesem Fürsichgelten des Gegebenen als Basis — in der philosophischen Reflexion statthat, aus sich heraus und in der unbedingten Bedeutung, die es ist, selbst das Geschehen des menschlichen Daseins in der Welt — sozusagen in transzendentaler Einbildungskraft — vorstellig macht und so dieses Geschehen gleichsam in die Perspektive des Unbedingten stellt, die dann gerade nicht als solche zu gewinnen war, wenn man von der theoretischen Reflexion und von den theoretischen Zweifeln, in die sie führte, ausging. Wohl geben das moralische Urteil und Gefühl und der Vernunftglaube dem Dasein des Menschen eine unbedingte Bedeutung, aber das Wissen um diese unbedingte Bedeutung bleibt darin gebunden, daß sie in der Unzulänglichkeit geschieht und daß diese Unzulänglichkeit unüberwindbar ist. Gegen diese Bindung des Denkens in die Unzulänglichkeit erhebt aber das kontemplative Wissen in gewisser Weise den Anspruch, daß es selbst als der Vollzug des Unbedingten geschehe und aus sich ein Verstehen des Menschen gewähren könne, in dem das Statthaben des menschlichen Daseins in der Welt als Prozeß des Unbedingten selbst verstanden werden könne, anstatt daß man das Unbedingte an ein Material bindet, in dem es sich empfängt und das ihm in gewisser Weise fremd bleibt.

In einer solchen Haltung des Denkens fällt also die theoretische Reflexion weg, und es fällt eigentlich auch die moralphilosophische Reflexion hinweg; es wird direkt von dem unbedingten Wissen der Kontemplation ausgegangen, ohne daß noch eine Besinnung darauf stattfände, daß dieses Wissen der Kontemplation selbst gar nicht souverän ist, sondern seinerseits an das Fürsichgelten des Gegebenen gebunden bleibt. Dieses Wissen der Kontemplation entwirft das Verständnis des Daseins des Menschen in der Welt aus der Perspektive des Absoluten, und damit wird in der Tat etwas geleistet, was zur Verwirklichung des Wissens der Kontemplation auch noch hinzugehört: daß sich nämlich das Sichverstehen des Menschen in seiner Reflexion auf sich selbst tatsächlich nach der unbedingten Bedeutung, die in ihm liegt, und als diese Bedeutung durchführe. Nur sofern das tatsächliche Geschehen des menschlichen Daseins in der Welt in ein solches Sichverstehen des Menschen erhoben ist und als ein solches Sichverstehen statthat, in dem die unbedingte Bedeutung des menschlichen Daseins sich aus sich und als solche gestaltet, ist der Mensch in seinem Fürsichsein sich selbst als denkendes Wesen gemäß. Daß der Mensch im weltlichen Gestalten seines Daseins der unbedingten Bedeutung, die in seinem Sichverstehen als denkendes Wesen liegt, in gewisser Weise gemäß ist, das liegt schon in seiner Natur; aber erst die philosophische Reflexion, die in die skeptische Resignation eingegangen ist und die aus dem kontemplativen Wissen, das sie ist, das Sichverstehen des Menschen in der Perspektive des Absoluten entwirft, gelangt zu einem ausdrücklichen Wissen um das Geschehen des menschlichen Daseins in der Welt als Sichselbstausführen der unbedingten Bedeutung. Und dieses Sichverstehen des Menschen in der absoluten Bedeutung seines Daseins, das durch die philosophische Reflexion geschieht, meint nicht etwa nur das rechte Sichverstehen eines einzelnen Menschen, sondern es meint das rechte Sichverstehen der Menschheit als solcher, das rechte Sichverstehen des ganzen Menschengeschlechts in der Welt. Dieses rechte Sichverstehen der Menschheit als ganzer geschieht auf die Weise der philosophischen Reflexion, in der sich das in sich unbedingte Wissen der Kontemplation auf die Weise transzendentaler Einbildungskraft selbst durchführt und ausführt.

Die große Schwierigkeit für die Durchführung dieses kontemplativen Wissens liegt darin, daß dieses Wissen selbst an ein Begreifen gebunden ist, das noch von dem bloßen Fürsichgelten des Gegebenen ausgehen muß. Das kontemplative Wissen geht in einer Situation der philosophischen Reflexion hervor, in der das Ausgehen des Begreifens vom Fürsichgelten des Gegebenen nicht überwunden ist. Und das Wissen der Kontemplation muß sich, wenn es das Sichverstehen des Menschen aus absoluter Perspektive entwirft, selbst wieder durch das an das Gegebene gebundene Begreifen Gestalt geben, das seiner Meinung gerade nicht voll zu entsprechen vermag, sondern sie vielmehr durch seine Bindung an das Fürsichgelten des Gegebenen auch verkehrt. So geschieht die philosophische Reflexion als das Sichverstehen des Menschen in der Welt, d. h. als das Sichverstehen des Menschengeschlechts in der Welt im ganzen Umfang seines Daseins in einer neuen Art von dogmatischer Metaphysik, in der das transzendentale Verstehen sich gegen sich selbst kehrt. Die neue Philosophie ist das Sichverstehen des Menschengeschlechts als solchen, sie ist das Sichverstehen des Menschen im Ganzen seines Daseins in der Welt, und die Bedeutung, die sich hier als die unbedingte Bedeutung, die die Bedeutung des Ganzen ist, austrägt, geschieht in einem Begreifen, das, indem es an das Fürsichgelten des Gegebenen gebunden bleibt, diese unbedingte Bedeutung selbst in der Weise der Behauptung ihres Gegebenseins vorstellig macht.

Das ist eine Philosophie, wie das Denken, das bei Shaftesbury und bei Hume in der Bescheidenheit verbleibt, die es als Wissen um seine eigene Unzulänglichkeit ist, sie nicht konzipieren konnte. Aber diese Philosophie, die beanspruchen muß, selbst das Sichverstehen des Menschengeschlechts als ganzen in seinem Dasein in der Welt, sofern dies Sichverstehen seiner Wahrheit nach geschieht, zu sein, liegt doch auch in dem kontemplativen Wissen der philosophischen Reflexion, die aus dem Verstehen der Bedeutung des *Cogito* hervorgegangen ist. Sie ist von Rousseau mit dem unbedingten Anspruch, der in ihr liegt, zuerst durchgeführt worden. Schon bei ihm meint das Denken des Philosophen in voller Klarheit das wahre Sichverstehen des Menschengeschlechts selbst im Ganzen des Geschehens seines Daseins in der Welt. Das ganze Menschengeschlecht ist hier in das in sich einige Geschehen des Sichverstehens, das es an sich selbst ist, erhoben, und das ausdrückliche Sichdarstellen dieses in sich einigen Geschehens, das das Menschengeschlecht als ganzes angibt und umfaßt, hat durch die Doktrin des Philosophen und als sie ausdrücklich statt. Es ist leicht zu sehen, daß der absolute Idealismus von hier seinen Ausgang nimmt. Bei einem Denker wie Hume aber mußte die Anmaßung, die in einer solchen Konzeption liegt, Schauder erwecken. Kant erkannte, daß diese Anmaßung des Wissens der Kontemplation, durch sich das Sichverstehen des Menschengeschlechts als ganzen in der Perspektive des Absoluten anzugeben, in der Tat in diesem Wissen liegt, das es nicht vermeiden kann, als philosophische Reflexion diesen ungeheuren Anspruch zu erheben: aber auch er schauderte vor der dogmatischen Forderung zurück, unter der sich selbst zum Austrag zu bringen, dieses unbedingte Wissen der Kontemplation nicht vermeiden kann und worin sich die unbedingte Kraft, die es ist, als ungemessener weltlicher Anspruch aus sich selbst gegen sich selbst kehrt.

Wir wollen uns für die kurze Betrachtung, die wir Rousseau hier widmen können, an den ›Discours sur les Sciences et les Arts‹ aus dem Jahre 1750 und an den ›Discours sur l'Origine de l'Inégalité parmi les Hommes‹ aus dem Jahre 1755 halten.[42] In diesen Schriften hat das philosophische Denken Rousseaus seine erste Gestalt gefunden, und hier stellt es sich mit der größten Eindringlichkeit dar. Auch Rousseau nimmt für sich in Anspruch, nur das auszusprechen, was das gemeine Sichverstehen des Menschen auch schon weiß. Zugleich aber sieht er, daß er sich mit dieser Doktrin, die nur das rechte Sichverstehen der Menschen angeben soll, weit von der Art und Weise entfernt, wie die Menschen sich tatsächlich verstehen. Shaftesbury und Hume konnten mit Recht sagen, daß sich in ihrem Werk das gemeine sittliche Bewußtsein darstelle, auch wenn die philosophische Reflexion in einer Weise auf das Fürsichgelten des Gegebenen festgelegt und dadurch dann auch von ihm befreit war, die so für das gemeine Bewußtsein nicht stattfindet. Rousseau dagegen kann nur noch den *Anspruch* erheben, durch seine Doktrin das gemeine Sichverstehen der Menschen anzugeben: der Tat nach geschieht in seinem Denken ein Sichentwerfen des kontemplativen Wissens in einer transzendentalen Einbildungskraft, die die unbedingte Bedeutung des menschlichen Daseins nicht so aus sich heraus recht verstehen läßt, daß sie sein weltliches Sichvollziehen als das Geschehen dieser unbedingten Bedeutung als Sichgestalten offenbar sein ließe, sondern die das Sichverstehen des Menschen in der unbedingten Bedeutung seines Daseins in dogmatischer Behauptung angibt, in der diese Bedeutung gerade wieder auf die Weise des Fürsichgeltens von Gegebenem genommen werden muß. So gibt diese Doktrin in ihrer Durchführung das gemeine sittliche Sichverstehen des Menschen, auf das sie Anspruch erhebt, in ein Raisonnement hinein, das die unbedingte Bedeutung des menschlichen Daseins auf eine weltliche Gestaltung festlegt, in der sie sich gerade nicht entsprechen kann und in der sie nur so festgemacht werden kann, daß sie sich für die philosophische Reflexion selbst auch schon gegen sich selbst kehren muß. In solchem Sinne also kann Rousseau meinen, daß seine Doktrin nur das rechte Sichverstehen der Menschen angebe,[43] und zugleich für seine Doktrin

[42] Zitiert nach der Ausgabe von Kurt Weigand, Hamburg ³1978.

[43] Pour nous, hommes vulgaires, à qui le ciel n'a point départi de si grands talents, et qu'il ne destine pas à tant de gloire, restons dans notre obscurité. Ne

den Anspruch auf eine Wahrheit erheben, die über sein Jahrhundert hinaus liegt: Il ne faut point écrire pour de tels lecteurs, quand on veut vivre au-delà de son siècle.[44]

Wir können in gewisser Weise sagen, daß die Doktrin Rousseaus nicht eigentlich eine moralphilosophische Reflexion, sondern so etwas wie eine Gesellschaftsphilosophie oder Geschichtsphilosophie darstellt. Die moralphilosophische Reflexion, wie sie im 18. Jahrhundert gemeint ist, setzt immer die theoretische Reflexion voraus. Sie entwickelt sich aus dem Skeptizismus des theoretischen Denkens. Die Lehre Rousseaus kennt diese Bemühung um die theoretische Reflexion nicht, und so kennt sie auch die eigentlich moralische Reflexion nicht. Hier findet vielmehr ein Sichverkündigen des kontemplativen Wissens statt, das aber geschieht, ohne daß die theoretische und die moralphilosophische Reflexion vorher eigentlich zum Austrag gebracht worden wären. Diese Verkündigung legt wohl den Skeptizismus als Haltung des Denkens auch zugrunde. Aber da sie die Durchführung dieses Skeptizismus im theoretischen Denken nicht wirklich übernommen hat, gelangt sie auch nicht auf die Weise theoretischer Einsicht zur Überwindung des dogmatischen Anspruchs des Begreifens, und in einem Begreifen mit diesem dogmatischen Anspruch legt sie dann in ihrer Verkündigung auch ihr eigenes Wissen schon aus. Es ist dieser dogmatische Anspruch eines Wissens, das unbedingte Verkündigung ist, wogegen anzugehen Kant sich dann so sehr bemüht hat. In diesem dogmatischen Anspruch aber versteht sich die Doktrin von vornherein als das Sichverstehen des Menschen, das an sich selbst das Sichverstehen des Menschengeschlechts als solchen und als ganzen ist. Der Philosoph bzw. die philosophische Doktrin ist die Inkarnation der Gesellschaft oder der menschlichen Geschichte als ganzer, sofern sie als der in sich einige und alle Menschen umfassende Prozeß des Geschehens des menschlichen Daseins als Sich-

courons point après une réputation qui nous échapperait, et qui, dans l'état présent des choses, ne nous rendrait jamais ce qu'elle nous aurait coûté, quand nous aurions tous les titres pour l'obtenir. A quoi bon chercher notre bonheur dans l'opinion d'autrui, si nous pouvons le trouver en nous-mêmes? Laissons à d'autres le soin d'instruire les peuples de leurs devoirs, et bornons-nous à bien remplir les nôtres; nous n'avons pas besoin d'en savoir davantage.

O vertu! science sublime des âmes simples, faut-il donc tant de peines et d'appareil pour te connaître? Tes principes ne sont-ils pas gravés dans tous les cœurs? et ne suffit-il pas pour apprendre tes lois de rentrer en soi-même et d'écouter la voix de sa conscience dans le silence des passions? Voilà la véritable philosophie, sachons nous en contenter.

[44] A. a. O. S. 2.

verstehen genommen ist. Deswegen ist diese Philosophie, indem sie die theoretische und die moralische Reflexion übergeht, vor allem andern Gesellschafts- und Geschichtsphilosophie, die auf das Sichverstehen des Menschengeschlechts in der Welt, sofern es als ganzes und sofern die Geschichte als ganze genommen wird, geht. In seiner Gesellschafts- und Geschichtsphilosophie hat Rousseau aber immer das Bewußtsein um das Ungenügen ihrer dogmatischen Gestaltung gehabt.

Das Entscheidende für diese Gesellschafts- und Geschichtsphilosophie ist, daß sie von sich selbst das Bewußtsein hat, das Sichgestalten des Sichverstehens der Menschheit in seiner unbedingten Bedeutung zu sein. Solchem Sichverstehen des Menschen ist das Sein des Menschen in der Welt selbst ein Geschehen von unbedingter Bedeutung; aber das, was der Mensch in der Gesellschaft und Geschichte aus sich gemacht hat, muß sich in der Perspektive dieses in sich absoluten Verstehens, das sich die Bedeutung seiner Inhalte selbst dogmatisch erstellt, gerade als das radikale Abfallen des Menschen von der wahren und in sich unbedingten Bedeutung seines Seins darstellen.

Der Mensch kann seine an sich gute Natur in seiner geschichtlichen Entwicklung nur auf die Weise der Verderbtheit verwirklichen. Als raisonnierendes Wesen kann der Mensch in dem, was er aus sich macht, der unbedingten Bedeutung, die in seinem Dasein liegt, schon nicht mehr eigentlich entsprechen. Als denkendes Wesen versteht er die Welt und das gegebene Dasein der Menschen in ihr als den Ort des Sichverwirklichens der unbedingten Bedeutung des Menschseins, aber das Raisonnement verkehrt ihm dieses Wissen durch ein Begreifen, in dem er die absolute Bedeutung des Menschseins auf die Weise weltlicher Bestimmung anzugeben trachtet. So ist für Rousseau die Geschichte der Menschen die Geschichte der Verwirklichung der unbedingten Bedeutung, die im Menschsein liegt, in einem solchen denkenden Sichverhalten der Menschen, durch das diese unbedingte Bedeutung sich selbst durch das bloße Fürsichgelten des Gegebenen auslegt und sich darin gegen sich selbst kehrt. Der Philosoph versteht die Geschichte der Menschen, indem er den Menschen ganz darauf festlegt, das raisonnierende Wesen zu sein, das die unbedingte Bedeutung seines Daseins nur in der Verkehrung leben kann. Der Philosoph hat aber in seiner reflektierenden Kontemplation zugleich ein Wissen darum, daß der Mensch durch dieses raisonnierende Denken, unter dem er ihn total versteht, nicht völlig festgelegt sein kann, daß die unbedingte Bedeutung seines Daseins über das, was der Mensch — nach seiner Auslegung — aus sich selbst raisonnierend macht, auch noch hinausgeht. Die unbedingte Bedeutung, die im Wesen des menschlichen Daseins liegt, ist für die Kontemplation des Philosophen doch immer auch noch mehr als die Auslegung, die er selbst in seinem eigenen kontemplativen Verstehen des Menschseins gibt, indem er den Menschen auf das festlegt, was er als raisonnierendes Wesen aus sich mache: worin ihm der Mensch die unbedingte Bedeutung seines Daseins gegen sich selbst kehren muß. So erklärt der Philosoph aus seinem kontemplativen Wissen, daß es über das, was der Mensch raisonnierend aus sich macht, immer auch noch die Gegenwart des Göttlichen für den Menschen gebe, über die der Mensch von sich aus nicht verfügen könne, die aber die menschliche Geschichte immer mitgestalte. Um diese Gegenwart des Göttlichen in der menschlichen Geschichte weiß der Philosoph in seinem kontemplativen Wissen; in sein Verständnis der menschlichen Geschichte aber kann er diese Gegenwart des Göttlichen nicht einbringen, da er den Menschen vielmehr nur nach dem verstehen kann, was er — entsprechend der Auffassungsweise, die der Philosoph davon hat — aus sich selbst macht.

Das bedeutet für die Darstellung der Geschichte des Menschen, wie Rousseau sie gibt, daß sie von vornherein in dem Bewußtsein davon geschrieben ist, sie gebe nicht die ganze Wahrheit dieser Geschichte an; sie gebe nur an, was der Mensch — ihrem Verständnis nach — aus sich selbst mache, nicht aber gebe sie an, was Gott selbst in der Geschichte zugleich aus dem Menschen mache. Das, was der Mensch im Gang der Geschichte selber aus sich macht, ist ein Tun, in dem er sich seine eigene an sich gute Natur verdirbt; zugleich aber bewahrt sich diese gute Natur auch durch das Handeln Gottes an uns: doch von diesem Tun Gottes an uns weiß der Philosoph nicht zu sprechen. Die Reflexion des Philosophen erkennt die Entwicklung des Menschengeschlechts zum Bösen, die dadurch statthat, daß der Mensch sich selbst als denkendes Wesen in der Welt verwirklicht; die Kontemplation weiß die Geschichte aber zugleich auch als einen Prozeß des Sichausfaltens des Guten, wovon der Philosoph raisonnierend nicht handeln kann, wovon er aber Zeugnisse in der Geschichte feststellt. Solche Zeugnisse sind z. B.: die Einrichtung von Akademien durch weise Regierungen, die — auch dadurch, daß sie wie die Akademie von Dijon die Tugend befördernde Preisaufgaben stellen — die moralische Kultur heben; die öffentliche Wirksamkeit von durch Tugend und Einsicht ausgezeichneten Männern usw.[45]

[45] A. a. O. S. 48: Je l'avoue cependant, le mal n'est pas aussi grand qu'il aurait pu le devenir. La prévoyance éternelle, en plaçant à côté de diverses plantes nuisibles des simples salutaires, et dans la substance de plusieurs animaux malfaisants le remède à leurs blessures, a enseigné aux souverains, qui sont ses ministres, à

Die Geschichte kann also durch das Raisonnement des Philosophen, das durch sich festlegt, wie die Menschen ihr Dasein denkend verwirklichen, gerade nicht so erfaßt werden, wie sie tatsächlich verstanden werden müßte; sie kann immer nur nach dem betrachtet werden, was der Mensch der Konzeption des Philosophen nach selbst aus sich machen kann. Dieses Verständnis der Geschichte aber ist gerade nicht ihr Verständnis aus dem wahren und ganzen Wesen des Menschen heraus, sondern eben nur ihr Verständnis nach dem, was der raisonnierende Philosoph aus dieser Geschichte so macht, daß er die Menschen sich selbst entsprechend dem, was sein eigenes Raisonnement von ihnen meint, in ihrem denkenden Sichverhalten und Handeln verwirklichen läßt. Der Philosoph ist sich dieser Situation in der Kontemplation bewußt; er weiß nicht nur darum, daß mit dem, was der Mensch — seiner Auffassung nach — aus sich selbst macht, nicht das ganze Wesen der Geschichte angegeben ist, er weiß überdies auch darum, daß das, was er die Menschen da aus sich selbst machen läßt, nur ein Tun und Sichverwirklichen ist, wie er selbst, der Philosoph, es den Menschen zuschreibt; er hat ein Bewußtsein davon, daß dieses sein Verständnis des Menschen auch etwas Unausgewiesenes in sich enthält; aber er muß sich damit begnügen, zu erklären, daß er nicht willentlich etwas Falsches in sein Verständnis der Geschichte der Menschheit hineingetragen habe, und im übrigen bei diesem Verständnis bleiben, obwohl er um seine Unzulänglichkeit — doch ohne über sie verfügen zu können — weiß.[46]

imiter sa sagesse. C'est à son exemple que du sein même des sciences et des arts, sources de mille déréglements, ce grand monarque dont la gloire ne fera qu'acquérir d'âge en âge un nouvel éclat, tira ces sociétés célèbres chargées à la fois du dangereux dépôt des connaissances humaines et du dépôt sacré des mœurs, par l'attention qu'elles ont d'en maintenir chez elles toute la pureté, et de l'exiger dans les membres qu'elles reçoivent.

Ces sages institutions, affermies par son auguste successeur, et imitées par tous les rois de l'Europe, serviront du moins de frein aux gens de lettres, qui, tous, aspirant à l'honneur d'être admis dans les académies, veilleront sur eux-mêmes, et tâcheront de s'en rendre dignes par des ouvrages utiles et des mœurs irréprochables. Celles de ces compagnies qui pour les prix dont elles honorent le mérite littéraire feront un choix de sujets propres à ranimer l'amour de la vertu dans les cœurs des citoyens, montreront que cet amour règne parmi elles, et donneront aux peuples ce plaisir si rare et si doux de voir des sociétés savantes se dévouer à verser sur le genre humain non-seulement des lumières agréables, mais aussi des instructions salutaires.

[46] A. a. O. S. 80: Commençons donc par écarter tous les faits; car ils ne touchent point à la question. Il ne faut pas prendre les recherches, dans lesquelles

2. *Das Verhältnis von Individualbegriff, Artbegriff und Gattungsbegriff*

Die philosophische Reflexion geht von der Gewißheit aus, daß das gegebene Dasein des Menschen in der Welt als solches, vor dem, was der Mensch dann selbst aus seinem Dasein macht, die Bedeutung habe, das Sichvollziehen des unbedingten und unbezüglichen Geschehens des Wissens und Sichverstehens als weltliches Sichgestalten zu sein. Das gegebene Dasein des Menschen in der Welt ist in seinem Ursprung, wenn wir nach Hegel so sagen wollen, der Geist, der für sich selbst erscheinend da ist. Dieser Zustand, der selbst als ein weltliches Gegebensein betrachtet werden muß, aber ist nur der — vom Philosophen angenommene[47] — Anfang; er ist, wenn wir so sagen wollen, der selbst noch geschichtslose Beginn des menschlichen Daseins in der Welt, aus dem dann die Geschichte als der Prozeß dessen, was der Mensch aus sich macht, entspringt. Der Anfang aber muß freilich schon die Anlage dafür in sich enthalten, daß der Mensch, sobald er beginnt, sich selbst denkend zu verwirklichen, nicht vermeiden kann, die unbedingte Bedeutung seines Daseins gegen sich selbst zu kehren. Die Anlage dafür, daß der Mensch sich durch sein Sichverhalten und durch sein Tun die

on peut entrer sur ce sujet, pour des vérités historiques; mais seulement pour des raisonnements hypothétiques et conditionnels, plus propres à éclaircir la nature des choses qu'à en montrer la véritable origine, et semblables à ceux que font tous les jours nos physiciens sur la formation du monde. La religion nous ordonne de croire que, Dieu lui-même ayant tiré les hommes de l'état de nature immédiatement après la création, ils sont inégaux parce qu'il a voulu qu'ils le fussent; mais elle ne nous défend pas de former des conjectures tirées de la seule nature de l'homme et des êtres qui l'environnent, sur ce qu'aurait pu devenir le genre humain, s'il fût resté abandonné à lui-même. Voilà ce qu'on me demande, et ce que je me propose d'examiner dans ce Discours. Mon sujet intéressant l'homme en général, je tâcherai de prendre un langage qui convienne à toutes les nations; ou plutôt, oubliant les temps et les lieux pour ne songer qu'aux hommes à qui je parle, je me supposerai dans le Lycée d'Athènes, répétant les leçons de mes maîtres, ayant les Platons et les Xénocrates pour juges, et le genre humain pour auditeur.

O homme, de quelque contrée que tu sois, quelles que soient tes opinions, écoute: voici ton histoire, telle que j'ai cru la lire, non dans les livres de tes semblables, qui sont menteurs, mais dans la nature, qui ne ment jamais. Tout ce qui sera d'elle sera vrai; il n'y aura de faux que ce que j'y aurai mêlé du mien, sans le vouloir.

[47] A. a. O. S. 78: Il n'est pas même venu dans l'esprit de la plupart des nôtres de douter que l'état de nature eût existé, tandis qu'il est évident, par la lecture des livres sacrés, que le premier homme, ayant reçu immédiatement de Dieu des lumières et des préceptes, n'était point lui-même dans cet état;...

unbedingte Bedeutung seines Daseins selbst verstellen kann, ist damit gegeben, daß der Mensch das Wesen des Menschseins, das als in sich beschlossenes Ganzes die ganze Menschheit in sich befaßt, nur als Individuum leben und verwirklichen kann. Von diesem individuellen Sein muß der Mensch in seinem denkenden Sichverwirklichen ausgehen, und damit kann er es nicht vermeiden, für sich als Individuum einen Anspruch zu erheben, der auf das Wesen des Menschseins als solchen geht, welcher Anspruch dem Individuum aber gerade nicht zukommen kann.

Im Anfangszustand freilich wird dieser Widerstreit, der durch die Anmaßung des Individuums zu einer Verkehrung der Bedeutung des Menschseins führen muß, noch nicht ausgetragen. Wohl existiert der Mensch auch in diesem Zustand schon als einzelner; aber, indem der Einzelne sich in seinem einzelnen Dasein versteht, versteht er sich darin schon aus der Gattung als solcher. Das Dasein der anderen Menschen ist ihm immer auch das Erscheinen des Wesens der Gattung selbst. Wir können sagen, auf die Weise des Daseins der Individuen, sowohl des eigenen Ichs wie der anderen, findet in diesem Anfangszustand immer schon das Sichoffenbaren des Gattungsbegriffs statt. Indem sie diese Einzelnen sind und mit den anderen Einzelnen zu tun haben, wissen die Menschen sich selbst — auf die Weise des unmittelbaren Daseinsvollzuges — als das Daseinsgeschehen des menschlichen Geschlechtes als solchen. So findet eine Offenbarkeit aller für alle in der Einheit eines Wissens, in dem die Gattung sich selbst als solche meint, statt: in ihrer Einzelheit erkennen sich alle wechselseitig im Wesen der Gattung. Wir können dies auch so ausdrücken: Für Rousseau ist der Mensch seiner ursprünglichen — und auch bleibenden — Verfassung nach als denkendes und sich selbst verstehendes Weltwesen das Wesen, bei dem der Individualbegriff als solcher unmittelbar das Sichangeben des Gattungsbegriffes ist. Auf die Weise der Einzelheit des Einzelnen geschieht die Gattung als solche. Wir brauchen keine Abstraktion, um vom Einzelnen zum Allgemeinen zu gelangen und so vom Individuum aus durch die Vermittlung des Artbegriffs schließlich die Gattung zu denken; vielmehr ist das begriffene Individuum, nämlich das Individuum, das als Sichbegreifen und Begreifen der anderen es selbst ist, als solches das Geschehen des Gattungsbegriffes.[48]

[48] A. a. O. S. 10: Avant que l'art eût façonné nos manières et appris á nos passions à parler un langage apprêté, nos mœurs étaient rustiques, mais naturelles; et la différence des procédés annonçait, au premier coup d'œil, celle des caractères. La nature humaine, au fond, n'était pas meilleure; mais les hommes trou-

Wir befinden uns also hier wieder bei dem Problem der gegenständlichen Logik, mit der wir es auch bei Shaftesbury und Hume schon zu tun hatten. Diese gegenständliche Logik soll nicht mehr eine Logik sein, die das Vorausgesetzte und Gegebene nur nachträglich unter Ordnungsprinzipien bringt, sie soll vielmehr eine Logik sein, die als solche das Sein dessen, was sie bedenkt, selbst meint. Diese Logik hat ihre Anwendung beim Bedenken des Seins des Menschen als des denkenden Wesens. Hier kann das Geschehen des Denkens das Geschehen des Seins selber meinen. Diese gegenständliche Logik haben Shaftesbury und Hume nur nachträglich angebracht, indem nämlich das Begreifen unter dem Artbegriff, das sich ja selbst wieder an das bloße Fürsichgelten des Gegebenen in seinem Bestimmtsein hielt, durch sich eine theoretische Entsprechung für das Seinsverständnis des moralischen Urteils und Gefühls beibringen sollte. Rousseau läßt sich auf die Durchführung der theoretischen und der moralphilosophischen Reflexion gar nicht ein, sondern er geht direkt von dem Wissen der Kontemplation aus und versteht den Menschen in einem Sichdurchführen dieses Wissens der Kontemplation. Die vorgängige theoretische Problematik, die dann dazu führt, daß die gegenständliche Logik nicht anders konzipiert werden kann als nach Art eines Begreifens unter dem Artbegriff, stellt sich so für ihn nicht. Er nimmt in der Kontemplation den Individualbegriff unmittelbar als das Geschehen des Gattungsbegriffes in dem Sinne, daß der Einzelne, in dem weltlichen Dasein, das er ist, und als dieses Dasein durch sich unmittelbar das Geschehen der in sich unbedingten und unbezüglichen Bedeutung angebe, die Menschsein meint, und die als solche auch schon das Seinsgeschehen des Menschen ist. Das Seinsgeschehen soll als solches durch den Allgemeinbegriff, durch den Begriff von dem in sich beschlossenen Ganzen gefaßt werden. Der Begriff des Individuums allein kann diese Bedeutung nicht hergeben, denn er hält sich an das Gegebensein, in dem der Gegenstand dem Denken auch fremd, etwas ihm Vorgesetztes, bleibt. Der Allgemeinbegriff dagegen, der die Bedeutung als in sich beschlossen und vollendet an-

vaient leur sécurité dans la facilité de se pénétrer réciproquement; et cet avantage, dont nous ne sentons plus le prix, leur épargnait bien des vices.

A. a. O. S. 40: On ne peut réfléchir sur les mœurs, qu'on ne se plaise à se rappeler l'image de la simplicité des premiers temps. C'est un beau rivage, paré des seules mains de la nature, vers lequel on tourne incessamment les yeux, et dont on se sent éloigner à regret. Quand les hommes innocents et vertueux aimaient à avoir les dieux pour témoins de leurs actions, ils habitaient ensemble sous les mêmes cabanes...

gibt, der kann in bezug auf das denkende Weltwesen, in dessen Begreifen es dem Denken ja nur um sich selbst geht, das Seinsgeschehen dieses Wesens selber meinen, und die Logik kann so als solche gegenständliche Logik sein. Shaftesbury und Hume hielten nun, so wie die theoretische Reflexion, die sie vorausgeschickt hatten, ihnen dies gezeigt hatte, immer dafür, daß das Begreifen doch von dem bloßen Fürsichgelten des Gegebenen ausgehen müsse, und deswegen konnte ihnen die gegenständliche Logik nur in den Grenzen eines Begreifens durch den Artbegriff stattfinden. Rousseau dagegen nimmt das menschliche Dasein im Fürsichgelten seines Gegebenseins unmittelbar als das Geschehen des Gattungsbegriffes und damit unmittelbar als das Geschehen des Denkens als Sein. Das Fürsichgelten des Gegebenen ist, indem es dieses Fürsichgelten bleibt, und als es selbst doch auch schon das unbedingte Geschehen des Wissens und Sichverstehens selbst; der Individualbegriff meint so durch sich selbst den Gattungsbegriff, und der Philosoph hat am Individuum das Geschehen des menschlichen Seins als solches. Im Erkennen des Individuums verfügt er über das, was das Sein des Menschengeschlechts bedeutet. Insofern gelangt Rousseau also in einem kontemplativen Wissen, das Shaftesbury und Hume so gar nicht geübt haben, über die gegenständliche Logik dieser Denker hinaus; im Individuum bezieht er sich nicht auf ein der philosophischen Reflexion vorgegebenes Sein, sondern am Individuum hat er den in sich beschlossenen Gattungsbegriff vom Menschen, der ihm als in sich beschlossener und vollendeter Begriff im Denken das Sein des Menschen als solches eröffnet. Die Philosophie befaßt sich jetzt nicht mehr so mit dem Menschen, daß ihr der Mensch ein ihr in seinem Gegebensein in der Welt vorgegebenes Wesen wäre, sondern ihr ist das Dasein des Menschen ihr eigenes Denken, das unter der Gestalt des Gegebenseins der Menschen in der Welt das Sein des Menschen denkt.

Wenn nun aber Rousseau so direkt mit dem Wissen der Kontemplation einsetzt und auf die theoretischen Bedenklichkeiten nicht acht hat, so bedeutet dies auch, daß er sein Wissen nur auf eine Weise zur Durchführung und zur Ausgestaltung bringen kann, für die er sich wieder an ein Begreifen halten muß, das ganz in das Fürsichgelten des Gegebenen in seinem Bestimmtsein gebunden ist. Diese Philosophie, die behauptet, den Menschen als solchen zu denken, wird durch das Begreifen im Fürsichgelten des Gegebenen angeben müssen, was denn der Mensch als in der Welt gegebenes Wesen eigentlich in seinem Sichbegreifen sei, auf welche Weise das Gegebensein als solches durch sich das menschliche Sein angebe. Dergestalt kommt diese Philosophie dazu, das Dasein des Menschen für sich selbst durch das zu bestimmen, was der Mensch in der Welt aus seinem Gegebensein mache, wozu er sich in seinem gegebenen Dasein bestimme. Der Mensch muß in einem Begreifen verstanden werden, das ganz am Fürsichgelten des Gegebenen ansetzt und nur aus dem Gegebenen selbst heraus und auf die Weise des Fürsichgeltens des Gegebenen verstehen kann, wie der Mensch sich in seinem Menschsein selbst meine. Daß wir den Menschen ganz nach dem verstehen, was er aus sich selbst macht, d. h. ihn danach verstehen, wie er sich in der unbedingten Bedeutung seines Seins vom Fürsichgelten seines Gegebenseins her und auf die Weise dieses Fürsichgeltens angibt, das verdanken wir dem kontemplativen Wissen, das, ohne durch eine theoretische Reflexion, die ihm die Schranken seines Begreifens einsichtig gemacht hätte, hindurchgegangen zu sein, das Sein des Menschen in transzendentaler Einbildungskraft begreift.

Für ein solches aus dem kontemplativen Wissen geschehendes Begreifen muß der Mensch das durch die Selbst- oder Eigenliebe bezeichnete Wesen sein. Das Individuum meint die unbedingte Bedeutung des Menschseins auf die Weise seines Fürsichgeltens in seinem Gegebensein. Es selbst in seinem Gegebensein drängt die unbedingte Bedeutung des Menschseins in sich zusammen, und in diesem Unternehmen muß es zugleich scheitern. Hume hatte jene noble Vorstellung von der Selbstliebe entwickelt, wonach wir als denkende Wesen das Glück, das im Geschehen unseres Daseins liegt und das sich in seiner unbedingten Bedeutung durch sich selbst versteht, von seinem Sichgestalten und Gegebensein her meinen und begehren und so diese unbedingte Bedeutung, die im Geschehen des menschlichen Daseins liegt, auch individuell bejahen und bestätigen; wobei ihm diese individuelle Bejahung und Bestätigung, in der sich das Individuum eigentlich erst konstituiert, eben nur Ausführung und Durchführung der unbedingten Bedeutung auf die Weise des Sichgegebenseins des Menschen und in diesem Sinne das Nachkommende und Sekundäre ist. Bei Rousseau dagegen wird die Selbstliebe die Weise, wie das Geschehen des Menschseins sich als die unbedingte Bedeutung, die es ist, selbst gestaltet. Das Menschsein findet als solches, als die unbedingte Bedeutung, die es ist, als Selbstliebe statt, es bezeichnet sich selbst als solches durch das bloße Fürsichgelten des Individuums im Gegebensein seines einzelnen und besonderen Daseins. Das als Selbstliebe geschehende individuelle Dasein ist die Art und Weise, wie das Menschsein in seiner unbedingten Bedeutung für sich selbst geschieht, und die Geschichte ist die Durchführung dieser Verkehrung, in der das Dasein der Menschen, nach dem, was sie aus sich selbst machen, geschehen muß. Diese Selbstliebe, in der das wechselseitige Sichverstehen der Menschen durcheinander in dem Anspruch der Individuen, durch sich die Menschheit als solche darzustellen, untergegangen ist, macht das Prinzip der zivilisierten Gesellschaft aus.

Das unmittelbare wechselseitige Sicherkennen der Einzelnen in der Gattung und als Gattung, das Geschehen der Gattung auf die Weise des Fürsichgeltens der Individuen wird in dem, was der Mensch unter der Gestalt der Selbstliebe denkend aus sich macht — in der jeder einzelne durch sich und für sich den Anspruch erhebt, die Gesellschaft als solche und als ganze durch sich auszudrücken und darzustellen —, gerade auch sein totales Abhängigsein von dieser Gesellschaft und sein totales Angewiesensein auf sie, die ihm nun durch die anderen Individuen, die ihm als fremd und von ihm abgetrennt erscheinen, vorgestellt ist. In der Herrschsucht, in der Habsucht, in der Eitelkeit (wie Kant dies dann auch dargestellt hat), sucht jeder die Gesellschaft als solche auf sich zu beziehen und sie in seiner Existenz zusammenzudrängen, aber er ist darin gerade auch von den andern vollkommen abhängig, die ihm fremd erscheinen und die er als diejenigen weiß, die den Anspruch, den er als einzelner stellt, gerade nicht anerkennen wollen und können. In dieser Situation stehen die Menschen als denkende Wesen. Sie erkennen sich zwar nicht mehr wechselseitig einer im anderen, aber sie verstehen sehr wohl, daß sie als die, die einander fremd gegenüberstehen, doch alle den totalen Anspruch aufeinander erheben müssen, daß sie eine große umfassende Ordnung ausmachen von lauter Einzelnen, die alle den Anspruch auf die Gesellschaft als ganze erheben und die in diesem Anspruch, in dem sie disparat nebeneinander stehen, gerade das Ganze der Gesellschaft konstituieren. Alle diese Einzelnen, die in ihrem Anspruch auf die Gattung und in ihrer Ohnmacht vor diesem ihrem eigenen Anspruch als für sich selbst geltende Inkarnationen des Menschseins dastehen, müssen doch von sich her und durch sich als diese Einzelnen das Geschehen der Gesellschaft als solcher bilden und den Begriff dieser Gesellschaft von sich her und durch sich ausmachen. So geschieht für sie selbst — wie für den Philosophen, der sie ja als solche denkt — die Gesellschaft als die Ordnung, die von den Einzelnen — mit ihrem Anspruch auf das Ganze der Gesellschaft und mit ihrer Ohnmacht vor diesem Anspruch — her und aus ihnen heraus alle Einzelnen umfaßt und ihrem Dasein eine in sich einige Bedeutung gibt.

Diese umfassende Ordnung, in der das Wesen der Gesellschaft sich nach dem, was der Mensch in der Selbstliebe aus sich selbst macht, darstellt, muß ein abstraktes Zusammennehmen der Einzelnen, deren jeder durch sich die Gattung anzugeben beansprucht, zu der Einheit eines Ganzen sein, das von diesen Einzelnen her verstanden ist. Die Einheit ist eine von den Einzelnen, die durch sich das Menschsein anzugeben beanspruchen, abstrahierte Einheit, die sich als dieses von den Einzelnen her zu verstehende Gebilde nur als die Einheit einer in sich uniformen Ordnung angeben kann, unter der alle Einzelnen stehen und durch die sie sich aufeinander aus ihrem Einanderäußerlichsein heraus beziehen. Diese abstrakte, uniforme Gesellschaftsordnung ist es, in der die Gattung nun ihr Wesen hat. Als diese abstrakte uniforme Ordnung ist die Gattung von den Einzelnen, die in ihrem Sein zugleich der totale Anspruch auf die Gattung sind, ausdrücklich gedacht und verstanden, und in diesem Sinne verstehen sie die Gattung von sich her und durch sich selbst; das unbedingte Seinsgeschehen, das die Gattung ist, liegt jetzt einerseits in dem absoluten Anspruch, den die Individuen auf die Gattung erheben, und andererseits in dem abstrakten Begriff, den sie sich von der Gesellschaftsordnung machen und den sie als die Wirklichkeit der Gesellschaft anerkennen. Wir können sagen, das unmittelbare Geschehen des Gattungsbegriffes auf die Weise des Individualbegriffes, das den Anfangszustand der Menschheit ausmacht, wird in dem, was der Mensch in der Selbstliebe aus sich macht und was den geschichtlichen Zustand der zivilisierten Menschheit erbringt, zu einem Geschehen des Gattungsbegriffes dergestalt, daß er einerseits durch das bloße Fürsichgelten der individuellen Existenz als solcher angegeben sein soll und andererseits von dem Fürsichgelten der Individuen her als der Artbegriff erfahren und gedacht ist, der, von den Individuen her gedanklich und damit als das Sichverstehen der Menschen konzipiert, die uniforme Seinsordnung angibt, in der die Individuen, ihres Anspruchs auf die Gattung ungeachtet, als einer sie alle umfassenden und in ihrem Sein haltenden Ordnung stehen. Der Artbegriff wird so die Art und Weise, durch die das Geschehen des Gattungsbegriffes auf die Weise des Individualbegriffes wesentlich ausgelegt wird, sobald der Mensch dazu gelangt, etwas aus sich selbst zu machen. Diese Auslegung des Geschehens des Gattungsbegriffes durch den Individualbegriff auf die Weise des Artbegriffes macht dann das aus, was wir den geschichtlichen und gesellschaftlichen Zustand des zivilisierten Menschen nennen.

Rousseau gibt uns hier die Weiterentwicklung der gegenständlichen Logik aus der Ausgangssituation heraus, wie er selbst sie im kontemplativen Wissen erstellt hat. In dieser Fortentwicklung der gegenständlichen Logik ist nun die geschichtliche Existenz des Menschen als solche, in ihrem Sein, begriffen. Dieses Sicheröffnen des geschichtlichen Seins des Menschen in der gegenständlichen Logik ist wesentlich ein Sicheröffnen dieses Seins im Artbegriff. Der Artbegriff, der in der Metaphysik doch nur als ein Begriff gegolten hatte, der von einem vorausgesetzten Sein her gefaßt wird, wenn er dieses Sein dann auch erst in seiner Wahrheit verstehen zu lassen vermochte, ist nun als ein Begriff genommen, der durch sich das Seinsgeschehen des Menschseins in der Welt als solches angibt. Das Dasein des Menschen in der Gesellschaftsordnung der Zivilisation ist als solches wesentlich durch das und als das Geschehen eines Begriffs, nämlich des sich selbst verstehenden Artbegriffes, bezeichnet. Dieser Begriff kommt freilich nicht ohne den Gattungsbegriff und ohne den Individualbegriff zustande, aber er ist die Art und Weise, wie das Geschehen des Gattungsbegriffes und des Individualbegriffes sich selbst auslegt und für sich selbst da ist: nämlich als das Geschehen des menschlichen Daseins durch die alle Individuen umfassende uniforme Gesellschaftsordnung.[49]

So nimmt Rousseau, wenn wir es so sagen wollen, die aristotelische Logik als gegenständliche Logik wieder auf, die als solche das geschichtliche und gesellschaftliche Sein des Menschen bezeichnet. Rousseau nimmt die aristotelische Logik — in dieser gegenständlichen Bedeutung — freilich nicht einfach als die Wahrheit des Denkens und des Seins auf, sondern sie ist ihm das Sichausführen und Sichdurchführen der Verkehrung des Menschseins, die in dem zustande kommt, was der Mensch in der Selbstliebe aus sich selbst macht. Das kontemplative Wissen des Philosophen beurteilt das Sichverstehen der Menschen in der aristotelischen Logik, das der betrachtende Philosoph auch selbst für ihr tatsächliches Sichverstehen in der zivilisierten Gesellschaft hält. Und in dieser Beurteilung stellt er fest, daß diese Logik keineswegs das ursprüngliche Sichverstehen der Menschen angibt, sondern das Dasein

[49] A. a. O. S. 10–12: Aujourd'hui que des recherches plus subtiles et un goût plus fin ont réduit l'art de plaire en principes, il règne dans nos mœurs une vile et trompeuse uniformité, et tous les esprits semblent avoir été jetés dans un même moule: sans cesse la politesse exige, la bienséance ordonne; sans cesse on suit des usages, jamais son propre génie. On n'ose plus paraître ce qu'on est; et, dans cette contrainte perpétuelle, les hommes qui forment ce troupeau qu'on appelle société, placés dans les mêmes circonstances, feront tous les mêmes choses si des motifs plus puissants ne les en détournent. On ne saura donc jamais bien à qui l'on a affaire: il faudra donc, pour connaître son ami, attendre les grandes occasions, c'est-à-dire attendre qu'il n'en soit plus temps, puisque c'est pour ces occasions mêmes qu'il eût été essentiel de le connaître.

Quel cortège de vices n'accompagnera point cette incertitude! Plus d'amitiés sincères; plus d'estime réelle; plus de confiance fondée. Les soupçons, les ombrages, les craintes, la froideur, la réserve, la haine, la trahison, se cacheront sans cesse sous ce voile uniforme et perfide de politesse, sous cette urbanité si vantée que nous devons aux lumières de notre siècle.

des Menschen als Sichverstehen in der aristotelischen Logik nur nach dem statthat, was er in der Selbstliebe und als Selbstliebe aus sich selbst macht, d.h. nach dem, wie er sich selbst in der uniformen Ordnung der zivilisierten Gesellschaft findet. Die aristotelische Logik ist für den kontemplativen Philosophen als solche das Geschehen des menschlichen Daseins auf die Weise seines Sichdenkens in der Selbstliebe und seines Sichdarstellens auf die Weise der zivilisierten Gesellschaft, in welchem Zustand sich der Mensch als das denkende Weltwesen darin, daß er etwas aus sich selbst gemacht hat, schon gegen die Wahrheit seines eigenen Seins gestellt hat.

Das ursprüngliche Geschehen des Menschseins ist das Geschehen des Gattungsbegriffes auf die Weise und als das Fürsichgelten des Individualbegriffes. Das, was der Mensch in der Selbstliebe aus dieser Situation heraus aus sich selbst macht, ist sein Sichauslegen in seinem Sein durch den Artbegriff, durch den er sich nun selbst versteht und der als solcher das Geschehen seines Daseins im Fürsichsein auf die Weise der uniformen Gesellschaftsordnung meint. Alle geistigen und praktischen Aktivitäten des Menschen, die in der zivilisierten Gesellschaftsordnung und als das Sichausführen dieser Gesellschaftsordnung entstehen und Wirklichkeit haben, sind die Ausführung dieses Sichbegreifens des Menschen im Artbegriff, das als sein Sichverstehen in der Selbstliebe geschieht. Die aristotelische Logik als die Logik des Sichverstehens des Menschen in der Selbstliebe ist die Weise, in der der Mensch in allen Lebensbereichen der zivilisierten und kultivierten Gesellschaft für sich selbst da ist. Sie bestimmt auch den Geist der Wissenschaften und Künste. In diesen Leistungen des menschlichen Geistes geschieht nicht etwa die ursprüngliche Wahrheit des Geschehens des Daseins des Menschen als denkendes Weltwesen, sondern in ihnen geschieht und verwirklicht sich das Geschehen des Denkens nach dem, was das denkende Weltwesen aus sich selbst macht, nach dem, was das Denken ist, sofern es sich selbst zur Selbstliebe gemacht hat, als welche Eigenliebe es sich selbst durch das Begreifen unter dem Artbegriff, d.h. durch die aristotelische Logik, als solches auslegt und darstellt: welches Sichdarstellen der Selbstliebe auch in dem geschieht, was dann als die objektive Erkenntnis der Wissenschaften und als die Vorstellung des Ideals durch die Künste bezeichnet wird. Es wird vom Philosophen nicht gesagt, daß in diesem Denken aus der Selbstliebe und unter dem Artbegriff, wie es sich auch in den Wissenschaften ausführt und ihre sogenannten objektiven Erkenntnisse zustande bringt, das in sich unbedingte Geschehen des Denkens oder die Wahrheit gar nicht liege; in den apriorischen Einsichten der Wissenschaften usw. geschieht dieses in sich unbedingte

Wesen des Denkens sehr wohl, aber es geschieht nicht seinem Übereinkommen mit sich nach, sondern es geschieht, sofern es sich auf die Weise der Selbstliebe und durch das Begreifen unter dem Artbegriff in dem, was der Mensch aus sich selbst macht, für sich selbst ausgelegt hat. Die Wissenschaften, auch die Geometrie usw., sind die Durchführung des sich selbst in der Selbstliebe und als Begreifen unter dem Artbegriff meinenden Denkens; sie enthalten als Leistungen des zivilisierten und kultivierten Menschen die Wahrheit, die das Geschehen des Seins des Menschen selber ist; aber sie enthalten sie nach dem, was der Mensch aus sich selbst gemacht hat und worin das Geschehen des Denkens nicht als Übereinkommen mit sich selbst statthat.[50]

Alles, was Rousseau im einzelnen zu dem Prozeß dessen, was der Mensch aus sich selbst macht und zu den Bestimmungen, die er seinem Dasein in dem, was er aus sich macht, gibt, ausführt, sind Variationen

[50] A. a. O. S. 30–32: Que de dangers, que de fausses routes, dans l'investigation des sciences? Par combien d'erreurs, mille fois plus dangereuses que la vérité n'est utile, ne faut-il point passer pour arriver à elle? Le désavantage est visible: car le faux est susceptible d'une infinité de combinaisons; mais la vérité n'a qu'une manière d'être. Qui est-ce d'ailleurs qui la cherche bien sincèrement? Même avec la meilleure volonté à quelles marques est-on sûr de la reconnaître? Dans cette foule de sentiments différents, quel sera notre *criterium* pour en bien juger? Et, ce qui est le plus difficile, si par bonheur nous la trouvons à la fin, qui de nous en saura faire un bon usage?

Si nos sciences sont vaines dans l'objet qu'elles se proposent, elles sont encore plus dangereuses par les effets qu'elles produisent. Nées dans l'oisiveté, elles la nourrissent à leur tour; et la perte irréparable du temps est le premier préjudice qu'elles causent nécessairement à la société. En politique comme en morale, c'est un grand mal que de ne point fair de bien; et tout citoyen inutile peut être regardé comme un homme pernicieux. Répondez-moi donc, philosophes illustres, vous par qui nous savons en quelles raisons les corps s'attirent dans le vide; quels sont, dans les révolutions des planètes, les rapports des aires parcourues en temps égaux; quelles courbes ont des points conjugués, des points d'inflexion et de rebroussement; comment l'homme voit tout en Dieu; comment l'âme et le corps se correspondent sans communication, ainsi que feraient deux horloges; quels astres peuvent être habités; quels insectes se reproduisent d'une manière extraordinaire: répondez-moi, dis-je, vous de qui nous avons reçu tant de sublimes connaissances: quand vous ne nous auriez jamais rien appris de ces choses, en serions-nous moins nombreux, moins bien gouvernés, moins redoutables, moins florissants, ou plus pervers? Revenez donc sur l'importance de vos productions; et si les travaux des plus éclairés de nos savants et de nos meilleurs citoyens nous procurent si peu d'utilité, dites-nous ce que nous devons penser de cette foule d'écrivains obscurs et de lettrés oisifs qui dévorent en pure perte la substance de l'état.

zu dem großen Thema, dessen Grundzüge wir in den voraufgehenden Bemerkungen anzuzeigen versucht haben. Der zweite ›Discours‹ befaßt sich im besonderen mit den ersten Stufen der Entwicklung des Menschen zu seinem Dasein in der zivilisierten und kultivierten Gesellschaft. Eine besondere Bedeutung hat dabei für Rousseau das Sichverstehen des Menschen durch das Privateigentum. Der Mensch, der aus dem bloßen Lebensgeschehen heraustritt und anfängt, etwas aus sich selbst zu machen, befaßt sich, indem er sich aus der Gemeinschaft mit den andern versteht und sie in sich und sich in ihnen erkennt, zunächst nur mit seinem unmittelbaren leiblichen Dasein und Gegebensein. Aus der Gemeinsamkeit mit den anderen heraus stellt sich der Einzelne als Einzelner den anderen dar; es entsteht ein gewisses ästhetisches Bewußtsein, in dem es dem Einzelnen so um seine Einzelheit geht, daß er sie doch aus dem Sichverstehen im Gattungsbegriff aufnimmt. Es bilden sich Lebensgemeinschaften der Menschen als denkender Weltwesen, in denen sich die Einzelnen als solche im Sichverstehen in der Gemeinsamkeit vorstellen. Eine solche Lebensordnung ist noch eine Ordnung des Sichdarstellens des Gattungsbegriffes durch den Individualbegriff, und dieser Zustand kann, sofern das Individuum sich hier im Fürsichgelten seiner Einzelheit und als diese Einzelheit gerade auch als das Sichverwirklichen der Gattung fühlt und der Einzelne gerade als solcher ausdrücklich auf die Gattung bezogen ist, als der glücklichste Zustand des Menschengeschlechts bezeichnet werden.[51]

Dies ändert sich aber — und damit tritt das Elend[52] des zivilisierten

[51] A. a. O. S. 206–212: Ainsi, quoique les hommes fussent devenus moins endurants, et que la pitié naturelle eût déjà souffert quelque altération, ce période du développement des facultés humaines, tenant un juste milieu entre l'indolence de l'état primitif et la pétulante activité de notre amour-propre, dut être l'époque la plus heureuse et la plus durable. Plus on y réfléchit, plus on trouve que cet état était le moins sujet aux révolutions, le meilleur à l'homme, et qu'il n'en a dû sortir que par quelque funeste hasard, qui, pour l'utilité commune, eût dû ne jamais arriver. L'exemple des sauvages, qu'on a presque tous trouvés à ce point, semble confirmer que le genre humain était fait pour y rester toujours; que cet état est la véritable jeunesse du monde; et que tous les progrès ultérieurs ont été, en apparence, autant de pas vers la perfection de l'individu, et, en effet, vers la décrépitude de l'espèce.

[52] A. a. O. S. 212: Mais, dès l'instant qu'un homme eut besoin du secours d'un autre, dès qu'on s'aperçut qu'il était utile à un seul d'avoir des provisions pour deux, l'égalité disparut, la propriété s'introduisit, le travail devint nécessaire; et les vastes forêts se changèrent en des campagnes riantes qu'il fallut arroser de la sueur des hommes, et dans lesquelles on vit bientôt l'esclavage et la misère germer et croître avec les moissons.

Sichverstehens des Menschen ein — zu dem Zeitpunkt, wo der Mensch durch sein Dasein als das Dasein dieses Einzelnen auch das Dasein anderer bestimmen will und damit eine Ordnung des Zusammenseins der Menschen erstellt werden soll, die von dem Fürsichgelten des Daseins der Einzelnen her statthat und begriffen ist. Auf den Gedanken, durch sein einzelnes Dasein das Dasein anderer zu bestimmen, kann der Mensch, der sein einzelnes Dasein selbst noch im Gattungsbegriff und als das Sichvollziehen des Gattungsbegriffs versteht, von sich aus gar nicht kommen; er muß ihm von außen, aus der Situation seines Lebens heraus, in der Form einer Nötigung auferlegt werden: il n'en a dû sortir que par quelque funeste hasard. Diese Nötigung erfolgt aus einer gewissen Spezialisierung der Tätigkeit der zusammen lebenden Menschen, die den Einzelnen dazu zwingt, in der Überschau über die Situation, in der er sich befindet, den Gedanken zu fassen, die Erhaltung seines Lebens, die Versorgung seiner selbst und seiner Familie durch eine Ausdehnung und Vermehrung seiner spezialisierten Tätigkeit derart leichter und sicherer zu erhalten, daß er durch diese seine Tätigkeit für andere mitsorgt, sie für die anderen mittut und dafür — in einer Art Austausch — durch die Produkte von deren Tätigkeit in gewissem Umfange miterhalten wird. Der, der besonders zum Schmiedehandwerk begabt ist, wird für die Produkte seiner Tätigkeit im Austausch von anderen, die die Felder bebauen, Nahrung erhalten, und durch einen solchen durch die Produkte ihrer Leistung gegebenen Bezug zwischen den Einzelnen wird sich das Leben der Einzelnen und ihrer Familien besser, leichter und sicherer führen lassen. So kommt es durch diesen Austausch der Produkte dazu, daß die Menschen ihr Innestehen in der Gemeinschaft und ihr Sichverstehen als Glieder der Gemeinschaft doch von ihrem einzelnen Dasein her verstehen, sich die Bedeutung der Gemeinschaft und das Geschehen ihres Daseins in der Gemeinschaft von ihrer Einzelheit her und durch sie auslegen und so das Geschehen ihres Daseins im Gattungsbegriff unter die Ordnung des Artbegriffs stellen.[53]

Solange sich der Einzelne nur als Einzelner auf die anderen, aus deren Gegenwart heraus er sich selbst versteht, bezieht, solange er sich nur als Einzelner den anderen darstellt, bleibt das Sichverstehen des Individuums doch noch für sich selbst ein Sichverstehen im Gattungsbegriff; in dem Augenblick aber, in dem der Einzelne sein Sichverstehen

[53] A. a. O. S. 212: La métallurgie et l'agriculture furent les deux arts dont l'invention produisit cette grande révolution. Pour le poëte, c'est l'or et l'argent; mais pour le philosophe, ce sont le fer et le blé qui ont civilisé les hommes et perdu le genre humain.

in der Gemeinsamkeit mit den andern durch seine einzelne Existenz in ihrer Bedürftigkeit bestimmt sein läßt, da legt er sich in seinem Fürsichsein sein Sichverstehen in der Gattung durch das Fürsichgelten seines besonderen Gegebenseins aus: er versteht das Geschehen seines eigenen Daseins wie des Daseins der anderen, wie es sich aus dem Gattungsbegriff vollzieht, durch den Artbegriff und ist damit, wenn wir es einmal mit Heidegger so ausdrücken dürfen, für sein Verstehen des menschlichen Daseins in die Seinsvergessenheit eingetreten. Das bloße Fürsichgelten des Gegebenseins des einzelnen Daseins bildet die Basis für das Verstehen des gattungshaften Wesens des menschlichen Seins durch den Artbegriff; der Mensch ist damit in seinem Sichverstehen Unzulänglichkeit zu sich selbst, und unter dieser Unzulänglichkeit und als sie muß er sich in einem ruhelosen Leben meinen, das zugleich unter die abstrakten allgemeingültigen Regeln einer gesellschaftlichen Ordnung des zivilisierten Miteinanderseins der Menschen gestellt ist. Auf die Weise des Privateigentums wird die Unzulänglichkeit zu dem in sich unbedingten Geschehen des Wissens und Sichverstehens, die im menschlichen Dasein liegt, zum Fürsichsein dieses Geschehens des Wissens auf die Weise des Genötigtseins durch diese Unzulänglichkeit: das Geschehen des Sichgestaltens des Gattungsbegriffes auf die Weise des Individualbegriffes wird zum Sichverstehen der Einzelnen in der abstrakten Ordnung des Artbegriffes.

Durch das Privateigentum findet es so statt, daß die gegenständliche Logik, durch die und als die sich das Dasein des Menschen als eines vernünftigen Weltwesens selbst konstituiert, sich auf die Weise ihres Unvermögens vor sich selbst meint und das menschliche Dasein — als Dasein der Menschen in der zivilisierten Gesellschaft — sich selbst als dieses als Unzulänglichkeit zu sich selbst geschehende Begreifen, das sein Sein selber ist, in der Vergessenheit und als die Vergessenheit seiner selbst rastlos durchführt. Die Weise, wie dieses — durch das Privateigentum bestimmte — menschliche Dasein in der Gesellschaft für sich selbst dem Begreifen nach geschieht, ist die aristotelische Logik, die dann auch als solche, durch deren Struktur auch das wissenschaftliche Denken der zivilisierten Menschen angegeben ist, *in abstracto* herausgestellt werden kann. Der Mensch der — von dem Sichverstehen der Menschen durch das Privateigentum her erstellten — zivilisierten Gesellschaft verliert mit dieser aristotelischen Logik, zu der, als der wahren Logik, er sich bekennt, sein ursprüngliches Sichverstehen in der gegenständlichen Logik, in dem ihm sein Sichbegreifen als solches auch schon sein Sein ist. So verhält es sich für den Menschen des Anfangszustandes nicht, der, indem er sein individuelles Fürsichsein im Gattungsbegriffe versteht, darin die in sich beschlossene Bedeutung seines Seins erfährt. Der Mensch dagegen der zivilisierten Gesellschaft, der sich durch die aristotelische Logik begreift, vermag sich durch sein Sichbegreifen nach dieser Logik in seinem Sein selbst nicht mehr zu verstehen, sondern nimmt sich selbst als ein Wesen, das unter einer abstrakten Ordnung seines Daseins so steht, daß er in seinem Sein und als das Sein, das er ist, aus dieser Ordnung auch herausfällt, etwas anderes als diese abstrakte Ordnung und etwas ihr gegenüber Fremdes ist. In diesem Sein, das anders ist als die abstrakte Ordnung und früher als sie, hat er sich selbst, und die abstrakte Ordnung, die ihn in die Gesellschaft bindet, ist ein Bestimmtsein, das ihm — aus seiner eigenen Natur heraus — auferlegt ist, ohne ihn doch in seinem Sein fassen zu können. Zu dieser Logik des Artbegriffs, zu dieser aristotelischen Logik, in der die gegenständliche Logik sich selbst nur noch als eine formale Logik nimmt, bekennt sich der zivilisierte — sich selbst durch das Privateigentum meinende — Mensch und erlebt sich in ihr in einem Begreifen und in einem tatsächlichen Geschehen seines Lebens in der Gesellschaft, in dem sein Dasein unter abstrakte Regeln und Normen gestellt ist, aus denen seine Existenz als solche zugleich auch begriffslos herausfällt und sich als in sich selbst durch Zufälligkeit bezeichnet erfährt.

3. *Der Anspruch der Philosophie auf die Geschichte*

Die Weise, wie der Mensch und wie sein Dasein in der Gesellschaft hier vorgestellt ist, wird, das haben wir deutlich zu machen gesucht, durch das kontemplative Denken des Philosophen selbst angegeben. Dieses kontemplative Denken macht, indem es sich selbst als gegenständliche Logik nimmt, den Menschen und seine Geschichte, wie sie hier vorgestellt werden. Dieses kontemplative Denken des Philosophen bringt also auch hervor, wie der Mensch, den es selbst in seinem Sein macht, sich selbst versteht und für sich selbst da ist. Es bringt hervor, daß dieser Mensch, indem er etwas aus sich selbst macht, zum Menschen wird, der sich durch das Privateigentum und unter der aristotelischen Logik versteht, welches Sichverstehen sich auf die Weise des Lebens der Menschen in der zivilisierten Gesellschaft durchführt, die sich selbst als absolut gültige Ordnung begreift und in der die aristotelische Logik als Logik schlechthin begriffen ist. Dies alles aber schafft das kontemplative Denken des Philosophen, wie es sich selbst als gegenständliche Logik nimmt. Dies kontemplative Denken des Philosophen ist dabei durch ein Begreifen bestimmt, das in das bloße Fürsichgelten des Gegebenen in seinem Bestimmtsein gebunden bleibt. Hume, der dem kontemplativen Wissen die theoretische Reflexion vorausgeschickt hatte, war dabei in der skeptischen Resignation gerade zu einer Einschränkung der Bedeutung des Begreifens, das von dem Fürsichgelten des Gegebenen ausgeht, gelangt. Dieses Begreifen hat nicht die Möglichkeit, durch sich das unbedingte Geschehen des Wissens auf eine zulängliche Weise anzugeben. Bei Rousseau hat das an das Fürsichgelten des Gegebenen gebundene Begreifen diese Bedeutung, und das kontemplative Wissen ist so in seinem Verstehen des Menschen durch die Bestimmungen, die dieses Begreifen angibt, festgelegt. Das bedeutet wieder, daß das kontemplative Wissen, das ja das Geschehen des menschlichen Seins meint, dieses Sein als solches durch die Bestimmungen, in denen es es denkt, angegeben und festgelegt erfährt; d. h. daß es meint, das menschliche Sein sei durch ein bestimmtes geschichtliches Geschehen anzugeben, das eben so beschaffen sei, wie es es denkt. Durch das Begreifen im Fürsichgelten des Gegebenen kommt zustande, daß das menschliche Sein darauf festgelegt wird, sich in einem bestimmten geschichtlichen Geschehen anzugeben, das dadurch, wie der Philosoph es denkt, gerade an sich selbst angegeben ist. Ein solcher Anspruch des philosophischen Denkens mußte Hume völlig fremd sein; ja, er konnte ihm nur als eine Schwäche erscheinen, der das Denken nur dann erliegen kann, wenn es nicht für sich selbst ausdrücklich in die skeptische Resignation eingeht.

Für Hume wird durch das kontemplative Wissen in gewisser Weise das gemeine Sichverstehen des Menschen aktualisiert. Aber das Sichverstehen, auf das die philosophische Reflexion sich so bezieht, bezeichnet etwas Bleibendes im weltlichen Geschehen des menschlichen Daseins, es charakterisiert das Menschsein über die Geschichte hinweg. Es ist möglich, das Gegebensein des Menschen in seinem Fürsichgelten in die unbedingte Bedeutung, die wir im moralischen Urteil und Gefühl erfassen, hineinzunehmen, aber es ist nicht möglich, diese unbedingte Bedeutung von diesem Fürsichgelten her zu bestimmen und als geschichtliche Entwicklung anzugeben. Dieses kontemplative Wissen hat einen statischen Charakter: die unbedingte Bedeutung stellt sich an bestimmten Inhalten dar, die als solche aufgenommen und akzeptiert werden müssen. Man kann sagen, daß Rousseau in der Haltung des kontemplativen Wissens, die das Fürsichgelten des Gegebenen nun als das Sichselbstdurchführen der unbedingten Bedeutung geschehen läßt, doch auch über Hume hinausgelangt. Das Fürsichgelten des gegebenen menschlichen Daseins ist nun nicht mehr bloßes Sichselbstangeben, sondern es ist, indem es dies bleibt, gerade auch an sich selbst das Sichgestalten der unbedingten Bedeutung. Aber indem Rousseau dieses Fürsichgelten des Gegebenen in einem Begreifen versteht, das an dessen Bestimmtsein gebunden bleibt, legt er das kontemplative Wissen auf die bestimmte geschichtliche Gestaltung, wie dieses Begreifen sie nimmt, fest und läßt diese Gestaltung, wie sein Begreifen sie nimmt und erstellt, damit zu dem Geschehen an sich der unbedingten Bedeutung, d.h. des Menschseins werden. Die philosophische Kontemplation geht in den Gestalten ihres eigenen Begreifens unter, die ebendamit für sie den Rang bekommen, durch sich das weltliche Sein des Menschen als solches anzugeben: nicht nur die Geschichte in ihrem wahren Verlauf anzugeben, wodurch das Sein des Menschen vielleicht noch gar nicht wahrhaft bezeichnet wäre, sondern mit diesem angeblich tatsächlichen geschichtlichen Geschehen das Menschsein als solches zu meinen.

Dieser Anspruch ist die Schwäche des Denkens Rousseaus, aber im Geschehen des kontemplativen Wissens auf die Weise des Fürsichgeltens des Gegebenen liegt auch seine Stärke. Hier nimmt das kontemplative Wissen in die unbedingte Bedeutung nicht nur Inhalte, die sich ihm präsentieren, faktisch auf, ohne weiter angeben zu können, warum gerade diese Inhalte in ihrem Gegebensein die unbedingte Bedeutung durch sich darstellen; hier offenbart sich der Meinung des kontemplativen Wissens nach das Gegebene in seinem Fürsichgelten unmittelbar als das Sichgestalten der unbedingten Bedeutung, wenn es dies Sichgestalten dann auch nur durch ein dogmatisches Begreifen erschließen kann. Der eigentlichen Meinung des kontemplativen Wissens nach versteht die philosophische Reflexion das Fürsichgelten des Gegebenseins des menschlichen Daseins als das Sichgestalten der unbedingten Bedeutung des Menschseins, ohne daß dabei die philosophische Reflexion doch durch dieses Gestalten gebunden wäre. Und es könnte sich dann das Wissen des Philosophen von dem Sichselbstverstehen der Menschen, auf die er sich in seiner Betrachtung der Geschichte bezieht und deren Sichselbstverstehen er in seiner Struktur erkennt, sehr wohl unterscheiden. Das Wissen des Philosophen um die Geschichte wäre etwas anderes und wäre mehr als das, was die Menschen, die er in der Geschichte betrachtet, für sich selbst sind. So aber, wo für Rousseau das kontemplative Wissen des Philosophen durch das dogmatische Begreifen festgelegt ist, legt der Philosoph sein eigenes Wissen auf bestimmte Gestalten fest, die er selbst als das angebliche Sichverstehen der Menschen erbildet, von denen er dann überdies annimmt, daß sie als Gestalten des in sich fixierten Sichverstehens schon das Menschsein an sich angeben. Aber wenn es sich auch so verhält, daß diese Gestalten in gewisser Weise eine Fiktion des Philosophen darstellen, der ihnen überdies eine Bedeutung verleiht, die sie als Gestalten gar nicht haben können, so erschließt sich, wenn auch in einer unangemessenen Weise, das Fürsichgelten des menschlichen Daseins in seinem Gegebensein hier doch an sich selbst als das Sichgestalten der unbedingten Bedeutung des Menschseins, und das dogmatische Begreifen, unter dem dies Geschehen angegeben wird, entspricht doch auch dem Anspruch, den das bloße Fürsichgelten des Gegebenen auf das Geschehen der unbedingten Bedeutung im tatsächlichen Sichverstehen der Menschen zu erheben nicht verfehlen kann.

Man wird also sagen können, daß der Philosoph, obwohl er das geschichtliche Dasein des Menschen dogmatisch begreift, es dadurch mit den Gebilden seines raisonnierenden Denkens in eins setzt und überdies durch diese Gebilde das Menschsein an sich ausgedrückt findet, doch das Fürsichgelten des menschlichen Daseins in seinem Gegebensein als das Sichgestalten der unbedingten Bedeutung erschließt und mit dem Verständnis des geschichtlichen Daseins des Menschen dazu gelangt, die Gestalten, in denen das menschliche Dasein sich verwirklicht, als solche und an ihnen selbst als das Sichgestalten der unbedingten Bedeutung so zu verstehen, daß diese Gestalten durch ihr Fürsichgelten in ihrem Bestimmtsein das unmittelbar offenbare Sichbezeugen der unbedingten Bedeutung selbst sind und der bloß zufällige Bezug zwischen der unbedingten Bedeutung und ihrem Sichgestalten für die philosophische Reflexion getilgt ist.

Das ist nun aber das Auszeichnende an der philosophischen Reflexion Rousseaus, daß sich in ihr das kontemplative Wissen, obwohl es in der Durchführung seiner selbst ganz in das dogmatische Begreifen, das an das Fürsichgelten des Gegebenen gebunden ist, eingeht, zugleich doch auch als Kontemplation von seiner eigenen begrifflichen Durchführung frei erhält. Rousseau hält dafür, daß er nur das angibt, was der Mensch aus sich selbst macht, daß es aber darüber hinaus einen Einfluß Gottes auf die Geschichte gebe, der bewirkt, daß diese Geschichte eben doch mehr und etwas anderes ist als das bloße Produkt dessen, was der Mensch in bezug auf sich selbst tut. Das, was der Mensch aus sich selbst macht, das gibt der Philosoph für Rousseau allerdings in einer Weise an, die dieses Tun als solches und an sich begreift, und er stellt das — von ihm angegebene — Sichverstehen der Menschen in dem, was sie aus sich selber machen, als ihr Sichverstehen als solches dar. Aber er sagt zugleich: sowohl in meinem eigenen Denken als auch in der Geschichte und in dem Sichverstehen der Menschen in der Geschichte, wie ich es hier vorstelle und mit der Durchführung meines Begreifens gleichsetze, geschieht auch mehr, als durch dieses bloße Begreifen angegeben wird; mein Begreifen gibt nicht das ganze Wesen des Geschehens des Denkens an, und meine Darstellung von der Geschichte, wie sie nach dem ist, was der Mensch aus sich selbst macht, gibt nicht die ganze und wahre Geschichte an, denn es geschieht mehr im Denken, als ich durch das Begreifen angebe, und es geschieht mehr in der Geschichte, die ich durch mein Begreifen setze, als ich nach den Inhalten, die ich, indem ich angebe, was der Mensch aus sich selbst macht, für sie erbilden kann, fasse. Mein Denken ist mehr als sein Sichdurchführen im Begreifen, und die Geschichte als Gedanke Gottes ist mehr als die Geschichte dessen, was der Mensch — gemäß meinem Begreifen — aus sich selbst macht. Und so ist das ganze Denken mehr als sein Sichgestalten im Begreifen und die Geschichte mehr und eine andere als die, die der Philosoph durch sein Begreifen angibt.

Hier liegt, wenn wir so sagen wollen, das Geheimnis der ungewöhnlichen Kraft des Denkens Rousseaus. Rousseau hat die Zufälligkeit im Bezug der unbedingten Bedeutung des Geschehens des Wissens auf ihr weltliches Sichgestalten aufgehoben. Er hat dies nur so tun können, daß er diese Überwindung der Zufälligkeit gerade auf die Weise eines Begreifens durchgeführt hat, das an das bloße Fürsichgelten des Gegebenen gebunden bleibt, und insofern die Zufälligkeit im Bezug zwischen dem Unbedingten und seinem weltlichen Sichgestalten gleichsam zu dem Medium macht, in dem diese Zufälligkeit selbst aufgehoben wird. Gerade auf die Weise seines bloßen Sichbezeugens als es selbst und durch dies Sichbezeugen gibt das gegebene menschliche Dasein dem Philosophen das Geschehen der unbedingten Bedeutung an. Damit ist für die philosophische Reflexion die große Versuchung entstanden, sich diesem Fürsichgelten des Gegebenen, auf dessen Weise und als das das unbedingte Geschehen des Wissens sich selbst als Sichgestalten weiß, im Denken ganz zu übergeben und sich selbst als philosophische Reflexion durch dies Fürsichgelten in der unbedingten Bedeutung, die ihm zukommt, anzugeben. Gegen diese Versuchung hat sich Rousseau in seinem Denken erhalten; er hat das Wissen der Kontemplation nicht zu einem Wissen werden lassen, das sich durch das Begreifen, in dem es sich durchführt, selbst als solches auslegt, er hat dieses Wissen vielmehr als das Geschehen, das durch die Bestimmungen, in denen es sich selbst gestaltet, gerade nicht festgelegt werden kann, im Denken festgehalten. Die philosophische Reflexion, die er uns gibt, besteht den Kampf gegen den Anspruch ihres eigenen Begreifens, einen Kampf, den sie bestehen mußte, ohne daß das Fürsichsein des kontemplativen Wissens sich selbst in Bestimmungen angeben konnte, sich sich selbst faßlich machen konnte. So können wir doch auch von Rousseaus Denken sagen, daß es Sichdurchführen der skeptischen Resignation ist, wenn diese skeptische Resignation auch nicht durch ein theoretisches Raisonnement fundiert ist. Darin liegt die Schwäche des Denkens Rousseaus, darin liegt aber auch seine besondere Stärke. Die Schwäche dieses Denkens zeigt sich darin, daß es das Geschehen der unbedingten Bedeutung nur auf die Weise eines dogmatischen Denkens angeben kann; seine Stärke aber liegt darin, daß das kontemplative Wissen, eben weil es sich nicht in das Ausgehen von der theoretischen Unzulänglichkeit unseres Erkennens bindet, das Fürsichgelten des menschlichen Daseins in seinem Gegebensein auch rein aus sich als sein Sichgestalten zu wissen vermag. Die moralische Kraft aber dieses Denkens, die ebenso über seine Schwäche wie über seine Stärke hinausliegt, erweist sich darin, daß es sich als kontemplatives Wissen gegen den Hang erhält, sich dem Fürsichgelten des Gegebenen als solchen hinzugeben, welcher Hang in ihm selbst eben damit entstehen muß, daß das Fürsichgelten des Gegebenen als solches die Bedeutung des unbedingten Geschehens des Wissens annimmt.

Diese moralische Kraft der philosophischen Reflexion Rousseaus, die zugleich macht, daß diese Philosophie, nach Hegel zu sprechen, eine Philosophie des unglücklichen Bewußtseins ist, das sich die Wahrheit seiner eigenen Bedeutung in den Bestimmungen, die es sich gibt, selbst nicht angeben kann und sich selbst also in seinem weltlichen Sichgestalten niemals gemäß sein kann, ist vielleicht etwas, was in der Geschichte der Philosophie einzigartig ist. Kant hat diese das Denken Rousseaus auszeichnende Kraft lebendig empfunden. Er hat sich darum bemüht, die Unzulänglichkeit, die dem Denken Rousseaus darin bleibt, daß es die Zufälligkeit im Bezuge zwischen dem unbedingten Geschehen des Wissens und seinem weltlichen Sichgestalten nur im Medium dieser Zufälligkeit selbst aufhebt, durch ein Denken zu überwinden, das das dogmatische Begreifen in seinem Anspruch auf das Unbedingte in sich selbst verfolgt und sein Festgelegtsein auf sich selbst und in sich selbst zu überwinden sucht. Es ist aber die Frage, ob dieses sein theoretisches Bemühen nicht in gewisser Weise bedeuten muß, daß sich das Wissen der Kontemplation dem Hang, der es — mit dem Erstehen der Position Rousseaus — für sich selbst auch geworden ist, nicht mehr ganz zu entziehen vermag. In der Philosophie des absoluten Idealismus und der Dialektik, die dann auf die Transzendentalphilosophie Kants folgt, scheint es sich so darzustellen, daß die philosophische Reflexion sich selbst als solche in der Tat auf die Weise des Hanges, zu dem sie für sich selbst geworden ist, meint und ausführt; ihr Sichverstehen auf die Weise des Hanges, zu dem sie für sich selbst geworden ist, führt sich in dem Begreifen, als das sie geschieht, selbst als solches durch.

Die Geschichts- und Gesellschaftsphilosophie muß sich darin erschöpfen, ein Bild der Geschichte nach dem anzugeben, was der Mensch aus sich selbst macht. Sie bleibt in ihren Aussagen auf das Sichdurchführen des Wissens der Kontemplation unter dem dogmatischen Begreifen beschränkt. Die Bedeutung, die das Wissen der Kontemplation hat, sofern es von dem dogmatischen Begreifen doch auch entbunden bleibt, läßt sich selbst nicht in bestimmenden Aussagen angeben. Die Bedeutung, die die Geschichte hat, sofern sie auch die Geschichte des Tuns Gottes am Menschen ist, bleibt der philosophischen Reflexion entzogen. Der Philosoph kann nur angeben, wie der Mensch das Sichgestalten des Gattungsbegriffes auf die Weise des Individualbegriffes durch sein Sichbegreifen unter dem Artbegriff, wie es sich durch das Privateigentum als sein Sichverstehen in seinem Sein erstellt, mißversteht und verkehrt. In der Kontemplation weiß der Philosoph darum, daß diese Weise, den Menschen zu verstehen, dem Geschehen seines Daseins als weltliches Vernunftwesen nicht voll entspricht, aber das Begreifen vermag sich selbst nicht zu übersteigen. Das Wissen der Kontemplation ist aber nicht nur ein Wissen darum, daß das Dasein der menschlichen Gesellschaft in der Geschichte auch mehr sei als das, was der Philosoph darüber im Begreifen anzugeben vermag, es enthält auch ein Bewußtsein davon, daß das, was der Mensch aus sich selbst macht, d. h. das, was der Philosoph begreift, nicht die Weise seines Sichverstehens sein könne, auf die der Mensch in seinem Sichverstehen endgültig festgelegt ist, sondern daß dieses Sichverstehen noch in ein anderes Sichverstehen des Menschen, in dem er für sich seinem eigenen Wesen angemessen ist, überwunden werden müsse. Der Philosoph weiß dies, obwohl sein Begreifen, das für ihn die Weise des Sichverstehens der Menschen bestimmt, ihm gerade keine Möglichkeit angibt, über das Sichverstehen des Menschen unter dem Artbegriff hinauszugelangen.

Ein solches Fortgehen der Geschichte zu einer vollkommeneren Form des Sichverstehens des Menschen wäre dem Philosophen übrigens nicht nur für die Doktrin erforderlich, unter der er die Geschichte des Menschen darstellt, es wäre für ihn auch nach jenem erweiterten Wissen um die Geschichte erforderlich, das in der Geschichte — ohne daß der Philosoph darüber befinden könnte — auch das Tun Gottes miterfährt: auch für dieses erweiterte Verständnis der Geschichte müßte noch ein Reich der Zukunft angenommen werden, in dem der Mensch in seinem Dasein in der Gesellschaft zu einem Sichverstehen gelangt, in dem er als denkendes Weltwesen mit sich selbst übereinkommt. Die Philosophie kann ein solches Reich der Zukunft nur verkünden, aber sie kann es nicht fassen und nicht bestimmen. Der Anfangszustand des Menschen meint, daß der Gattungsbegriff für sich selbst auf die Weise des Individualbegriffes geschehe. Die geschichtliche und gesellschaftliche Entwicklung des Menschen meint, daß der Mensch sich sein eigenes Dasein von diesem Anfangszustand her durch ein Begreifen unter dem Artbegriff auslegt und sich selbst in dieser Auslegung versteht. Es besteht für die philosophische Reflexion keine Möglichkeit, über dieses Begreifen unter dem Artbegriff hinauszugelangen, da das Begreifen hier durch das Fürsichgelten der Bestimmungen, in denen es Begreifen ist, als solches festgelegt ist, sich selbst als Denkgeschehen durch sie angibt. Sofern das Wissen der Kontemplation über dieses Begreifen auch hinausgeht, kann es durch das Begreifen gar nicht mehr vollzogen werden, und dieses Wissen kann sich nur durch die Verkündigung Ausdruck geben, daß es einen Zustand des gesellschaftlichen Daseins der Menschen geben müsse, in dem sich der Mensch in seinem Dasein so verstehe, daß er in diesem Sichverstehen und als dies Sichverstehen der Bedeutung seines Menschseins gemäß sei. Aber, was für ein gesellschaftlicher Zustand das sein solle, das kann man nicht angeben und begreifen. Die Wiederholung des Anfangszustandes kann es nicht sein, denn dieser Zustand litt an der Schwäche, daß der Mensch, indem er in ihm etwas aus sich selbst machte, zu seinem Sichverstehen unter dem Artbegriff, in dem er sich selbst mißversteht, übergehen mußte. Der zukünftige Zustand muß ein Zustand sein, in dem diese Versuchung für das Sichverstehen des Menschen nicht mehr liegt. Sollte ein solcher Zustand konzipiert werden können, was aber nach der Philosophie Rousseaus nicht möglich ist, so müßte ein weltliches Sichgestalten der unbedingten Bedeutung des Menschseins gedacht werden, das auch die Unterscheidung des Gattungs- und des Individualbegriffes so nicht mehr enthalten dürfte. Rousseau kann nur angeben, daß sich die Gesellschaftsordnung, in der der Mensch sich unter dem Artbegriff begreift, auf eine Gesellschaftsordnung hin entwickeln müsse, in der der Mensch in seinem Sichverstehen mit der unbedingten Bedeutung seines Menschseins übereinkommt, aber er kann diesen Zustand nicht bestimmen.

Eine solche zukünftige Gesellschaftsordnung, die wir ihrer Gestaltung nach nicht angeben und bestimmen können, wird dann heraufkommen, wenn das Sichbegreifen des Menschen unter dem Artbegriff sich in eine andere Weise des Begreifens hinein, in der das Begreifen dem kontemplativen Sichverstehen des Menschen gemäß ist, überwindet. Das Sichbegreifen der Menschen unter dem Artbegriff, das sich auf die Weise ihres tatsächlichen gesellschaftlichen Zustandes selbst als solches darstellt, ist aber wesentlich durch zwei Momente bezeichnet, an denen auch die Überwindung dieses Zustandes und dieses Begreifens ansetzen muß. Diese beiden Momente sind die Autorität der Regierung und das wissenschaftliche Denken. Mit dem Sichverstehen des Menschen unter dem Artbegriff, wie es durch die Entstehung des Privateigentums zustande kommt, geht die ursprüngliche Sicherheit, in der das Individuum sich als Sichgestalten des Gattungsbegriffes wußte, verloren, das Sichverstehen des Menschen geschieht jetzt als das Sichverstehen des Individuums in seiner Haltlosigkeit vor dem Ganzen der Gesellschaft, auf das es doch Anspruch erhebt. Damit entsteht einerseits als Gedanke und als gesellschaftliche Realität die Autorität, in der ein Individuum durch sich das Ganze der Gesellschaft auszudrücken beansprucht. Es entsteht andererseits das wissenschaftliche Denken, durch das sich die Menschen das Ganze der Bedeutung des Menschseins auf die Weise des Begreifens unter dem Artbegriff angeben. Diese beiden tragenden Momente im Sichverstehen der Menschen der zivilisierten Gesellschaft, die Autorität und die Wissenschaft, müssen auseinanderfallen. Die Regierung ist mit ihrem Anspruch auf die Gesellschaft wesentlich an das individuelle Dasein gebunden, das in seinem Fürsichgelten die Basis für das Sichbegreifen der Menschen unter dem Artbegriff, d. h. für ihr Sichbegreifen in der zivilisierten Gesellschaft bildet. Das wissenschaftliche Denken hebt diese Bedeutung des individuellen Seins gerade auf. Im Wissenschaftler stellt sich das menschliche Dasein dar, sofern es als Dasein des vernünftigen Weltwesens gerade das Aufgehen des Individuums in dem allgemeingültigen und umfassenden Wesen des Denkens und damit das Eingehen des einzelnen Wissenschaftlers in eine Gelehrtenrepublik meint. Der Fortbestand der Trennung von Autorität und Wissenschaft bedeutet, daß die Menschheit immer weiter in dem Sichverstehen fortgetrieben wird, das das Individuelle und das Allgemeine nicht mehr zusammenbringen kann, sondern einerseits das Allgemeine dem Individuellen und andererseits das Individuelle dem Allgemeinen ein- und unterordnen muß.

Die Gesellschaft der Zukunft würde nur dann herbeikommen können, wenn diese Trennung von Autorität und Wissenschaft so nicht mehr stattfindet, sondern sich die Fürsten in ihrem Regieren, das ein individuelles Tun und ein Sichbestätigen des Individuums durch die Gesellschaft sein muß, auch schon durch die Gedanken der Wissenschaftler leiten lassen und die Wissenschaft damit ihrerseits zu einer Wissenschaft wird, die als solche in das Sichverstehen der Menschen in ihrer Individualität eingeht und ihr tatsächliches individuelles Sichverstehen in der Gesellschaft — nicht durch uniforme Ordnung und wissenschaftliche Erkenntnisse, sondern als geistige Haltung, die macht, daß individuelles Dasein sich selbst als ein in sich allgemeingültiges Geschehen verstehe — neu und der Bedeutung des Menschseins angemessen gestaltet. In einem solchen Übereinkommen der Autorität und der Wissenschaft würde die Gesellschaft überhaupt erst unter das Prinzip der Tugend, die das in sich beschlossene moralische Sichverstehen des Menschen meint, gestellt, und sie könnte damit erst auch für sich selbst eigentlich die Bedeutung dessen realisieren, was das Glück, das das Geschehen des Menschseins bedeutet, eigentlich meint. Daß es zu einem solchen Zusammenwirken der Autorität und der Wissenschaft kommen müsse, kann der Philosoph sagen. Wie es zu ihrem Zusammenwirken kommen könne, wie überhaupt zwei Weisen des Sichverwirklichens des menschlichen Daseins, die eine so verschiedene Richtung haben und die dem Dasein ganz verschiedene Bedeutung und Wirklichkeitsweise geben, sich in einer gemeinsamen Bedeutung und Wirkweise zusammenfinden sollen, darüber vermag der Philosoph nicht zu befinden. Er kann nur hoffen, daß die Geschichte, so wie sie auch durch das Tun Gottes mitbestimmt ist, auf eine solche Entwicklung leiten wird. Durch das Zusammenwirken von Autorität und Wissenschaft im Geiste der Tugend wird die Niedrigkeit und Verkehrtheit der Gesellschaft und wird ihr Unglücklichsein aufgehoben werden. Die Gedanken werden dann groß sein, die Regierung wird das Geschehen des Erfreulichen fördern, und das menschliche Geschlecht wird glücklich sein.[54]

[54] Que les rois ne dédaignent donc pas d'admettre dans leur conseils les gens les plus capables de les bien conseiller; qu'ils renoncent à ce vieux préjugé inventé par l'orgueil des grands, que l'art de conduire les peuples est plus difficile que celui de les éclairer; comme s'il était plus aisé d'engager les hommes à bien faire de leur bon gré, que de les y contraindre par la force: que les savants du premier ordre trouvent dans leurs cours d'honorables asiles; qu'ils y obtiennent la seule récompense digne d'eux, celle de contribuer par leur crédit au bonheur des peuples à qui ils auront enseigné la sagesse: c'est alors seulement qu'on verra ce que peuvent la vertu, la science et l'autorité animées d'une noble émulation; et travaillant de concert à la félicité du genre humain. Mais tant que la puissance sera seule d'un côté, les lumières et la sagesse seules d'un autre, les savants penseront rarement de grandes choses, les princes en feront plus rarement de belles, et les peuples continueront d'être vils, corrompus, et malheureux.

IV. KANT

1. Das theoretische Sichdurchführen der Kontemplation in der Dialektik und in der Transzendentalphilosophie

> Ich fühle den ganzen Durst nach Erkenntnis und die begierige Unruhe, darin weiter zu kommen, oder auch die Zufriedenheit bei jedem Erwerb. Es war eine Zeit, da ich glaubte, dieses allein könnte die Ehre der Menschheit machen, und ich verachtete den Pöbel, der von nichts weiß. Rousseau hat mich zurecht gebracht. Dieser verblendende Vorzug verschwindet, ich lerne die Menschen ehren und ich würde mich unnützer finden wie den gemeinen Arbeiter, wenn ich nicht glaubete, daß diese Betrachtung allen übrigen einen Wert erteilen könne, die Rechte der Menschheit herzustellen.[55]

> Il faut apercevoir ici l'influence de Jean-Jacques Rousseau, qui fut telle sur le philosophe à ce point sensible qu'il le relisait jusqu'à user l'émotion qu'il craignait pour la *Critique*. Ceux qui aiment trop Rousseau et je suis de ceux-là, apprécieront ici le coeur du philosophe de Koenigsberg, si austère dans sa froideur de moraliste, mais aussi tendre que le plus tendre des hommes, et qui doit avoir à se battre contre la grande idée de finalité qui lui a souri. Donc il est le plus poète des philosophes.[56]

Es muß der philosophischen Reflexion in der Nachfolge Rousseaus darum gehen, die Übereinstimmung des Wissens der Kontemplation und des Begreifens, durch das es sich erfüllt, zu erlangen. Das ist die Aufgabe, vor die das philosophische Denken dann ganz allgemein gestellt ist und vor die Kant im besonderen sich gestellt sah. Diese Übereinstimmung kann aber nur so erreicht werden, daß das Begreifen, in das das Denken gebunden ist, sich in sich selbst und auf seine eigene Weise daraufhin nachgeht, daß es in sich und durch sich das unbedingte

[55] Kant, Immanuel: Gesammelte Schriften hrsg. von der Preußischen Akademie der Wissenschaften, Bd. XX. Handschriftlicher Nachlaß Bd. VII, S. 44.

[56] Alain: Lettres sur la Philosophie de Kant, Paris 1946, S. 76–77.

Wissen der Kontemplation angemessen darstellen möge. Indem Kant diese Aufgabe übernimmt, stellt auch er dem weltlichen Sicherfüllen des unbedingten Geschehens des Wissens, wie es in der moralphilosophischen Reflexion gemeint ist, die theoretische Reflexion voran. Aber diese theoretische Reflexion findet nun auf einer ganz anderen Stufe statt, als dies noch bei Hume geschehen ist. Für Hume muß das theoretische Begreifen sich selbst in seinem Anspruch auf das Unbedingte in Frage stellen, und die philosophische Reflexion tritt hierüber in die skeptische Resignation ein, die, in der Überwindung des dogmatischen Anspruchs des Begreifens, die freie moralphilosophische Reflexion möglich macht. Kant beginnt in seiner philosophischen Reflexion keineswegs mit einem theoretischen Begreifen, dem es um seine eigene Bedeutung im Hinblick auf das Unbedingte im Geschehen des Wissens geht, er beginnt mit einer Untersuchung des theoretischen Begreifens, sofern dieses schon als das Sichdurchführen des in sich unbedingten Geschehens und Wissens der Kontemplation verstanden ist. Es geht nicht um das Sichinfragestellen des theoretischen Begreifens in seiner eigenen Bedeutung, sondern um das Sichinfragestellen des theoretischen Begreifens, sofern es schon als das Sichdurchführen des unbedingten Wissens der Kontemplation offenbar ist.

Das Begreifen, wie es bei Rousseau als das Sichdurchführen des kontemplativen Wissens vollzogen ist, ist ein dogmatisches Begreifen, das jenes skeptische Sichinfragestellen, das in der philosophischen Reflexion Humes die Basis für alle weiteren Schritte des Denkens bildet, gerade nicht vollzogen hat, sondern in seinem Anspruch auf das Unbedingte bei sich selbst beharrt. Die philosophische Reflexion weiß wohl um das Ungenügen, das im Sichdurchführen des Wissens der Kontemplation auf die Weise dieses Begreifens liegt, aber indem sie sich selbst diesem Begreifen übergeben hat, ist sie in es gebunden, ohne eigentlich etwas über es zu vermögen. Von dieser Ausgangssituation her ist nun auch das Denken Kants zu verstehen. Er geht von diesem dogmatischen Begreifen aus, in das das Wissen der Kontemplation sich in seinem Sichdurchführen selbst gebunden hat. Indem die philosophische Reflexion erfährt, daß das unbedingte Geschehen des Wissens der Kontemplation sich in dieser Weise, sich selbst durchzuführen, selbst nicht gemäß ist, tritt sie in ein Sichverfolgen dieses Begreifens, in das das Denken gebunden ist, auf ein solches Gemäßsein hin ein. Dabei wird nun aber keineswegs wieder die skeptische theoretische Reflexion Humes aufgenommen, in der das theoretische Begreifen sich vor seine eigene Unzulänglichkeit in bezug auf das Unbedingte stellte, hier verfolgt sich vielmehr ein in sich dogmatisches Begreifen, das sich selbst in bezug auf seine Zulänglichkeit zum Unbedingten gar nicht nachfragt, daraufhin, ob es als solches dem Sichdurchführen des kontemplativen Wissens, das ja doch schon durch es geschieht, nicht auch auf die Weise des Gemäßseins entsprechen könne. Das Begreifen, das vom Fürsichgelten des Gegebenen ausgeht, wird bei Hume in den Skrupel gestellt, ob und wie es durch sich und als solches dem Wissen des Unbedingten genügen könne; bei Kant geschieht dieses an das Fürsichgelten des Gegebenen gebundene Begreifen schon für sich selbst als das Sichdurchführen des unbedingten kontemplativen Wissens, es fragt sich selbst in bezug auf seine Zulänglichkeit zum Unbedingten gar nicht nach, sondern weiß sich als den Ort des Geschehens des unbedingten Wissens, und es verfolgt sich, ohne auf sich selbst zurückzukommen, daraufhin, ob es sein Geschehen als Sichdurchführen des unbedingten Wissens nicht so leisten könne, daß das kontemplative Wissen für sich selbst als Gemäßsein statthaben könne. Es geht nicht darum, daß das dogmatische Begreifen sich selbst als solches korrigiere, sondern darum, daß es sich als das Begreifen, das in seinem dogmatischen Vollzuge als solches das Unbedingte schon in sich hineingezogen hat, dazu bringe, dem Fürsichsein des kontemplativen Wissens gemäß zu sein. Es ist diese theoretische Reflexion, wenn wir so wollen, gar keine rein theoretische Reflexion, sondern eine theoretische Reflexion, in der es dem Begreifen, statt daß es sich mit sich selbst befasse, darum geht, daß es als solches das Geschehen der Verkündigung auf angemessene Weise angebe. Das theoretische Begreifen befaßt sich nicht mit sich selbst; sondern es, das schon der Ort des Unbedingten geworden ist, befaßt sich mit der Entsprechung des Ortes des Unbedingten zu dem Geschehen des Unbedingten als Fürsichsein. Es ist allein das Geschehen des dogmatischen Begreifens als intelligible Bedeutung, das hier zur Frage steht, nicht aber mehr geht es darum, wie denn das an das Fürsichgelten des Gegebenen gebundene Begreifen überhaupt intelligible Bedeutung haben könne. Dieses Problem ist, ohne daß es eigentlich gelöst wäre, in dem Wissen darum, daß das Begreifen, das an das Fürsichgelten des Gegebenen gebunden ist, eben doch der Ort des Unbedingten sei und sein könne, untergegangen.

Diese Position führt so in die Antinomik der Vernunft, die wir also, wenn wir sie historisch verstehen wollen, ganz auf das Denken Rousseaus beziehen müssen, während sie zu der theoretischen Reflexion Humes gar keinen direkten Bezug hat. In der Antinomik geht es nicht darum, ob das Begreifen, das an das Fürsichgelten des Gegebenen gebunden ist, durch sich das Unbedingte angeben könne, es geht vielmehr darum, ob dieses Begreifen, sofern es schon als der Ort des Sichdurchführens der intelligiblen Bedeutung genommen ist, dem Geschehen des Unbedingten als Sichverkündigen, das durch es statthat, von sich her gemäß sein könne. Die Frage der philosophischen Reflexion geht darauf, ob das Sichbezeugen der unbedingten Bedeutung in ihrem weltlichen Sichgestalten auf die Weise der Eindeutigkeit geschehen könne. Es wird nicht zur Frage gestellt, ob das dogmatische Begreifen durch sich das Unbedingte angeben könne, sondern es wird zur Frage gestellt, ob das dogmatische Begreifen, von dem man schon weiß, daß es das Unbedingte angibt, als solches Angeben des Unbedingten auch noch dem genügen könne, daß das Fürsichsein des Unbedingten als Eindeutigkeit, als Übereinkommen geschehe. Dazu wird also das dogmatische Begreifen als solches gar nicht mehr diskutiert, sondern nur seine Funktion in bezug auf das Sichverkündigen des Unbedingten in Betracht gezogen.

Kant hat das, was in dieser Antinomik geschieht, die Dialektik der Vernunft genannt. Die philosophische Reflexion ist selbst der Vollzug dieser Dialektik. Die Dialektik der Vernunft ist weder Metaphysik, noch ist sie gegenständliche Logik, in der Weise, wie wir davon gehandelt haben. Sowohl in der Metaphysik als in der gegenständlichen Logik nimmt sich das theoretische Denken, indem es sich selbst als solches ausführt, in seinen Strukturen als das Geschehen der unbedingten Bedeutung. In der Dialektik der Vernunft kommt es gar nicht darauf an, daß das theoretische Begreifen durch sich und als solches die unbedingte Bedeutung angebe, sondern es geht darum, daß das Begreifen, das die unbedingte Bedeutung schon angibt, seine Bedeutung für das Geschehen des unbedingten Wissens als Fürsichsein bestimme. Daß das Begreifen das Geschehen des Unbedingten angibt, das gehört als solches nicht selbst auch zur theoretischen Reflexion, wie dies für die Metaphysik und für die gegenständliche Logik der Fall ist, sondern das ist für die theoretische Reflexion die Voraussetzung, die selbst nicht durch theoretische Reflexion zustande gekommen ist, sondern durch das Geschehen des kontemplativen Wissens als Sichverkündigen und als dies Geschehen statthat, ein Geschehen, wie es sich in der Geschichts- und Gesellschaftsphilosophie Rousseaus Ausdruck gegeben hat. Es ist ein solches Sichverstehen des Menschen in seinem Menschsein, das nicht einer theoretischen Reflexion entspringt, das vielmehr zur moralphilosophischen Reflexion und zum Vernunftglauben Affinität hat — obwohl es auch diese nicht ist, da es die Art der Reflexion vielmehr anfänglich bestimmt —, das die Ausgangsposition der Dialektik der Vernunft ausmacht. Hier findet weder Metaphysik noch gegenständliche Logik statt, die beide theoretische Reflexion sind, sondern ein ursprüngliches

Sichverstehen des Menschen in der intelligiblen Bedeutung seines Seins, das sich selbst auf sein Geschehen als Übereinstimmung mit sich selbst hin nachgeht. Die gegenständliche Bedeutung des Denkens oder der philosophischen Reflexion ist hier als solche das Vorausgesetzte, und in der theoretischen Reflexion, auf deren Weise sich diese Dialektik dann ausführt, steht nicht diese gegenständliche Bedeutung als solche zur Frage, sondern es geht darum, daß die gegenständliche Bedeutung, die das weltliche Geschehen des Denkens und Sichverstehens des Menschen auf die Weise der Voraussetzung schon hat, für sich selbst den Charakter gewinne, als das Geschehen dieses Sichverstehens als Gemäßsein und Übereinkommen mit sich selbst stattzuhaben. Die theoretische Reflexion, die dazu nötig ist, geschieht nicht um der theoretischen Erkenntnis selbst willen, sondern um, wenn wir so sagen wollen, des Seelenfriedens willen, nach dem der Mensch als weltliches Vernunftwesen verlangt.

Das Begreifen hat die gegenständliche Bedeutung schon; es geht nicht darum, das Begreifen als den Ort der gegenständlichen Bedeutung anzugeben. Aber als das Begreifen, das diese unbedingte gegenständliche Bedeutung schon hat und ist, stellt es sich nun in bezug auf das Geschehen dieser Bedeutung als Sichgemäßsein selbst als solches in Frage. Das Begreifen, das die gegenständliche Bedeutung schon hat, tritt, so können wir sagen, in bezug auf sich selbst in ein Verzagen an sich selbst ein: als das Geschehen des Sichverstehens des Menschen, das es als solches ist, geht es ihm um sich selbst, daß doch die Bedeutung, die es ist, sich als solche für sich selbst ausweisen möge; und dies Verfahren geschieht als ein Sichverfolgen des dogmatischen Begreifens in sich selbst, das wir als solches als theoretische Reflexion ansehen können. Diese theoretische Reflexion geht darauf, daß das weltliche Gegebensein in dem Fürsichgelten, in dem es begriffen ist, durch sich und als solches das Geschehen des Unbedingten auf die Weise seines in sich eindeutigen Sichbezeugens sei.

Diese Dialektik der Vernunft kann zu keinem Ergebnis führen, da das dogmatische Begreifen hier den Anspruch des kontemplativen Wissens durch sich nur so austragen kann, daß es immer wieder neu sich selbst als solches angibt. Die Frage geht darauf, daß die gegebene Welt als solche das eindeutige Sichbezeugen der unbedingten Bedeutung sei. Das dogmatische Begreifen führt sie, wie dies in analoger Weise schon bei Shaftesbury statthatte, als die Frage nach dem Geschehen des Gegebenen als das in sich schlechthin Beschlossene und Ganze durch. Auf diese Frage kann sich das Gegebene immer nur als das bloße Fürsichgelten in seinem Bestimmtsein, als das es begriffen ist, darstellen. Die

Frage geschieht als Frage von vornherein so, daß sie gar nicht beantwortet werden kann, daß die Situation gar nicht gegeben ist, daß sie beantwortet werden könnte. Die Dialektik der Vernunft liegt eigentlich darin, daß sie diese theoretisch ausweglose Situation ist. Sofern sich das dogmatische Begreifen überdies noch in seinem Befangensein durch sich selbst angibt und das Unbedingte auf die Weise eines für sich geltenden Gegebenen als solches angeben und hinstellen will, kommen wir zur Vorstellung der Welt als eines Ganzen, das selbst ein vorfindliches Gegebenes ist, und dieses Gegebene wird dann im dogmatischen Denken, wie es sich an das Fürsichgelten des Gegebenen hält, als das genommen, das behauptet werden müsse und dessen Behauptung, wenn sie voreilig geschieht, dann auch wieder so aufgehoben werden müsse; man sagt, das Gegebene, das angeblich durch sich das Geschehen des Ganzen angebe und darstelle, sei doch nicht ein solches Gegebenes, das diese Darstellung des Ganzen zu leisten vermöge: das Unbedingte finde vielmehr immer nur so statt, daß es sich selbst durch ein Gegebenes angebe, das als solches das Ganze gerade nicht darstellt. Dieser Widerstreit im Bedenken dessen, ob das Gegebene durch sich und als solches das Ganze darstellen könne, ist aber selbst nur die Durchführung der Dialektik der Vernunft innerhalb des Befangenseins in sich selbst des dogmatischen Begreifens. Es erstellt sich selbst den Gedanken von dem Geschehen des Gegebenseins als Ganzsein, den durch das Begreifen des Gegebenen selbst zu realisieren die dogmatische Reflexion dann versucht und die versuchte Behauptung dann auch wieder durch dies Begreifen aufhebt. Die Dialektik der Vernunft selbst ist durch die Weise, wie sie sich so im Befangensein in sich des dogmatischen Begreifens durchführt, das z. B. die Frage nach dem Anfang oder der Anfangslosigkeit der Welt stellt, nicht genügend bezeichnet. Diese Dialektik besteht vielmehr in der Ausweglosigkeit des Zustandes, der durch das Sichdurchführen des dogmatischen Begreifens allerdings auch für die dogmatische theoretische Reflexion und in der Gültigkeitsweise solcher dogmatischer theoretischer Reflexion ausdrücklich hervorgeht, daß nämlich das Fürsichsein des unbedingten Geschehens des Wissens als weltliches Sichbezeugen immer nur dergestalt statthabe, daß dieses intelligible Geschehen sich darin doch nicht für sich selbst als solches bestätigen und eindeutig bezeugen könne.

In dieser Dialektik der Vernunft geschieht also eine philosophische Reflexion eigener Art, in der sich ein Wissen des Unbedingten, das seinem Wesen nach Sichverkündigen ist, um zur Übereinkunft mit sich selbst zu gelangen, in einer theoretischen Reflexion durchführt, die als solche ein bloßes Verfahren des dogmatischen Begreifens in sich selbst im Hinblick darauf ist, ob es wohl als solches und durch sich das Fürsichsein des Unbedingten auf eindeutige Weise als Sichbezeugen angeben könne. Die Durchführung der Dialektik im dogmatischen Begreifen kann dabei auch nur Antworten des dogmatischen Begreifens ergeben. In diesen Antworten muß die philosophische Reflexion, der es um die Dialektik der Vernunft geht, die gerade nur dann konzipiert werden kann, wenn das Geschehen der unbedingten Bedeutung des Wissens als weltliches Sichgestalten seiner selbst schon ausdrücklich als solches inne ist, in eine Haltung des theoretischen Denkens gebunden bleiben, die der Einsicht der skeptischen Resignation, wie Hume sie für die theoretische philosophische Reflexion erreicht hatte, nicht gleichkommen kann. Obwohl die philosophische Reflexion als kontemplatives Wissen über die Position, die Hume hatte, darin weit hinausgeht, daß das unbedingte Geschehen des Wissens sein weltliches Sichgestalten in ihr als sein Sichdurchführen in seinem Fürsichsein versteht, bleibt sie zugleich in ein Begreifen gebunden, das als dogmatisches Begreifen bei sich selbst beharrt und sich selbst nicht fraglich geworden ist. Dieses dogmatische Begreifen ist nun mit der in sich unbedingten Kraft des kontemplativen Wissens ausgestattet, und in ihm findet dieses kontemplative Wissen in gewisser Weise als ein Sichkehren gegen sich selbst statt.

Die Dialektik der Vernunft stellt also ein ganz anderes Unterfangen dar, als dies in der Metaphysik stattgefunden hat, wenn sie etwa nach dem ersten Anfang des Bestehenden oder nach seiner obersten Ursache suchte. In der Metaphysik geht das Denken von dem vorausgesetzten Gegebenen aus und sucht auf die Weise des Gegebenen das Unbedingte anzugeben. Hume hatte gezeigt, daß das philosophische Denken das Unbedingte durch das Gegebene nicht auf eindeutige Weise denken kann, er hatte aber damit die alten Denkweisen der Metaphysik nicht völlig abgelehnt, weil es durch sie eben doch um das Denken des Unbedingten geht, wenn auch nicht auf eine Weise, die sich über ihre eigene Berechtigung wirklich durch sich hätte ausweisen können. So sucht in den ›Dialogen über natürliche Religion‹ Demea nach Art der alten Metaphysik im Ausgang vom Gegebenen durch Raisonnement das Unbedingte als solches zu erreichen und führt so den Gottesbeweis. Er wird von den Mitunterrednern zurückgewiesen, aber ihre Ablehnung hat auch nur die Bedeutung eines Standpunkts, auf den man sich stellen kann, sie gilt nicht als eine Widerlegung schlechthin. Es gibt in bezug auf das Denken des Unbedingten nur Positionen, die auch anfechtbar sind, aber alle haben auch etwas für sich, und keine wird in ihrem Anliegen schlechthin widerlegt. Cleanthis etwa vertritt so gegen Demea die

Auffassung, daß man an das unmittelbare Sichbezeugen des Unbedingten durch das bloße Gegenwärtigsein des Gegebenen überhaupt kein Raisonnement herantragen solle, durch das man dieses Geschehen des Unbedingten auf die Weise seines Sichmitgebens im Gegebenen vielmehr verliere.[57] So soll nach ihm die Frage nach dem ersten Anfang oder der obersten Ursache als dem Sichoffenbaren des Unbedingten gerade nicht angemessen gänzlich unterbleiben. All diese Positionen sind aber im Rahmen der Metaphysik konzipierte Positionen, die nun hier ihrer eigentlichen Leistungsfähigkeit nach offenbar sind: daß sich durch sie nämlich sehr wohl ein berechtigtes Anliegen und ein bestimmter Wissensvollzug der philosophischen Reflexion angibt, daß aber dieser Anspruch und dieser Vollzug sich nicht eigentlich über sich ausweisen können und daß sie aus einer anderen Position der philosophischen Reflexion heraus angegriffen werden können, von der man ebenso bekennen muß, daß sie sich nicht eindeutig über sich ausweisen kann. Diese ganze Würdigung des alten metaphysischen Denkens geschieht in der skeptischen Resignation der philosophischen Reflexion, die anerkennt, daß in der metaphysischen Spekulation ein echtes Anliegen steckt, aber den Anspruch dieses Denkens auf dogmatisches Behauptenkönnen zurückweist, und dies durch den Widerstreit der möglichen metaphysischen Positionen und ihr wechselseitiges Sicheinschränken, das doch nicht ihre Berechtigung aufhebt, einleuchtend macht.

Bei Kant verhält es sich ganz anders. Hier geht es nicht darum, die alten metaphysischen Positionen in der skeptischen Resignation zu würdigen, sondern das Sichgestalten des kontemplativen Wissens durch das Gegebene und nach Art des Gegebenen als solches zu begreifen. Das kontemplative Wissen wird dabei durch die Art dieses Begreifens selbst festgelegt, und es tritt ein unbedingter dogmatischer Anspruch auf. Für das Wissen der skeptischen Resignation, wie es bei Hume statt hat, ist es klar, daß man — nach den alten metaphysischen Methoden — meinen kann, das Unbedingte dadurch denken zu können, daß man im Raisonnement den ersten Anfang und die oberste Ursache sucht, daß man aber auch meinen kann, es nur in der Hingabe des denkenden Bewußtseins an das Gegenwärtigsein des Gegebenen recht fassen zu können. Diese Freiheit und Gleichberechtigung der Meinungen des Denkens in bezug auf das Unbedingte, die alle von der Denkhaltung der skeptischen Resignation umfangen werden, gibt es bei Kant nicht mehr; hier gibt es nur eine einzige Denkhaltung, von der Kant auch immer wieder behauptet, daß sie die Haltung der denkenden Vernunft als sol-

[57] Vgl. Dialogues, Part IX.

cher sei.[58] Diese Denkhaltung, die sich durch die Dialektik der Vernunft Ausdruck gibt, ist, durch das Begreifen des Gegebenen das Geschehen des Unbedingten selbst als Sichverkündigen zu denken. In der Metaphysik war es im Vollzug der Denkhaltung, die — unter anderen möglichen Denkhaltungen — Demea vertritt, sehr wohl möglich, daß das Raisonnement sich mit der angeblichen obersten Ursache nicht genügen ließ, sondern weiter fragte, woher denn auch diese angeblich erste Ursache komme. Das metaphysische Denken konnte dessen inne werden, daß es mit seinem Fragen zu keiner letzten Auskunft kommen konnte. Diese Situation des metaphysischen Denkens ist aber nicht die, die wir in der Dialektik der Vernunft vorfinden. In der Dialektik der Vernunft geht es um das Fürsichselbstsein des unbedingten Geschehens des Wissens auf die Weise des Begreifens, das sich an das Fürsichgelten des Gegebenen hält, und durch es. Es geht nicht darum, ob wir auf unser metaphysisches Fragen eine letzte Auskunft bekommen können oder nicht, sondern es geht darum, ob das unbedingte Geschehen des Wissens, wie es sich durch das Begreifen als Fürsichsein gestaltet, zu sich selbst zulänglich sein könne, ob es als Zulänglichsein geschehen könne. Darauf ist die Antwort, daß dies nicht geschehen könne. Diese Einsicht bedeutet eine Verzweiflung des Menschen als denkenden Weltwesens daran, daß das unbedingte Geschehen des Wissens und Denkens in seinem Begreifen in Zulänglichkeit für sich selbst geschehen könne. Dies drückt sich in der Dialektik der Vernunft aus, in der durch die einander widerstreitenden Behauptungen einsichtig wird, daß durch das an das Fürsichgelten des Gegebenen gebundene Begreifen das Geschehen des Unbedingten gar nicht auf angemessene Weise angegeben werden kann, in der also, es mit anderen Worten zu sagen, hervorgeht, daß die begriffene gegebene Welt, wie sie als das Sichgestalten des Geschehens von Wissen da ist, durch sich und als solche das Sichangeben des Unbedingten, in dem dies Angemessenheit zu sich selbst wäre, gerade nicht zu sein vermag. In der Gestalt des Gegebenseins der begriffenen Welt geschieht das Unbedingte nicht als solches für sich,

[58] Kant: Kritik der reinen Vernunft. (Zit. nach der Ausgabe v. I. Heidemann, Stuttgart 1968.) B 355: Es gibt also eine natürliche und unvermeidliche Dialektik der reinen Vernunft, nicht eine, in die sich etwa ein Stümper, durch Mangel an Kenntnissen, selbst verwickelt, oder die irgend ein Sophist, um vernünftige Leute zu verwirren, künstlich ersonnen hat, sondern die der menschlichen Vernunft unhintertreiblich anhängt, und selbst, nachdem wir ihr Blendwerk aufgedeckt haben, dennoch nicht aufhören wird ihr vorzugaukeln, und sie unablässig in augenblickliche Verirrungen zu stoßen, die jederzeit gehoben zu werden bedürfen.

sondern es geschieht nur auf die Weise seines Sichangebens, seines Erscheinens, in dem es doch nicht als solches für sich selbst zu sein vermag. Diese Situation ist aber das Sichvollziehen des unbedingten Geschehens des Wissens, sofern es sich in seinem weltlichen Sichgestalten als Fürsichsein meint. Zu seinem Sichbestätigen als Fürsichsein kann es so auf eindeutige Weise nicht gelangen, und der Mensch ist für sein Sichverstehen in der unbedingten Bedeutung seines Seins dem überliefert, daß dieses Sichverstehen sich auswegslos auf die Weise seines Sichnichtbegreifenkönnens selbst meinen muß.

In der skeptischen Resignation Humes zeigt sich die Überlegenheit der philosophischen Reflexion über alle metaphysischen Positionen, die alle ihre relative Gültigkeit haben und die alle auch mit relativer Gültigkeit angefochten werden können. Wenn es sich für diese Denkhaltung ergibt, daß z. B. bei der metaphysischen Frage nach dem ersten Anfang oder nach der obersten Ursache keine letzte Antwort gefunden werden kann, dann geschieht das ganze derart ausgerichtete metaphysische Fragen von vornherein nur mit der relativen Gültigkeit, wie sie dieser wie jeder anderen Art und Weise metaphysisch zu fragen zukommt. Hier wird vom Gegebenen aus nach dem Satze vom Grunde raisonniert. Das ist eine bestimmte metaphysische Möglichkeit, die nicht mehr für sich hat als andere Möglichkeiten, die eine solche Art zu raisonnieren als dem Denken und Verstehen des Unbedingten völlig unangemessen ansehen. Wenn sich nun innerhalb dieser besonderen nur relativ gültigen metaphysischen Position ein Widerstreit zwischen der Behauptung, man müsse eine oberste Ursache setzen, und der Gegenbehauptung, man könne sie nicht setzen, ergibt, so zeigt sich hier für das Wissen der skeptischen Resignation eine besondere Schwierigkeit in der Position dieser nur relativ gültigen metaphysischen Denkhaltung, die nach dem Satze vom Grunde verfährt, eine Schwierigkeit, die darin gründet, daß die verschiedenen Weisen, wie das Unbedingte im Ausgehen von dem Gegebenen einerseits und in dem Verfahren durch das Raisonnement nach dem Satze vom Grunde andererseits gemeint ist, nicht zur Dekkung gebracht werden können. Innerhalb dieser metaphysischen Position hat dann also dies wieder etwas für sich, daß man eine oberste Ursache setze, und ebenso dies andere, daß man sie nicht setze. In all dem ist aber das Sichverstehen des denkenden Weltwesens nicht als solches engagiert; sondern es geht für die philosophische Reflexion immer nur um die bescheidene Aufgabe, die Anzeige auf das Unbedingte, die uns die gegebene und begriffene Welt doch gibt, in ihrer Bedeutung als bloße Anzeige recht zu verstehen und im Denken anzugeben. Von diesen theoretischen Reflexionen erhält sich das Sichverstehen des Menschen in der skeptischen Resignation zugleich auch frei; und aus dieser Freiheit geht es in die moralphilosophische Reflexion ein.

Gegenüber dieser Freiheit des Sichverstehens des Menschen in der skeptischen Resignation findet nun bei Kant das Sichüberliefern des Fürsichseins des Menschen in seinem Sichverstehen an das dogmatische Begreifen statt. Wir können sagen, jene Freiheit des Sichverstehens des Menschen, die für Hume in der skeptischen Resignation statthat, selbst ist es, die sich durch das dogmatische Begreifen als solche meinen und zu dem sich über sich selbst ausweisenden Fürsichsein bringen will. In diesem dogmatischen Begreifen legt sich das unbedingte Geschehen des Wissens für sich selbst als solches fest. Das Scheitern dieses Begreifens in seinem Anspruch ist das Scheitern des Sichverstehens des Menschen. Wo Hume durch das Scheitern der theoretischen Reflexion gerade die Souveränität des denkenden Selbstbewußtseins gefunden hatte, da hat für Kant ein Sichhineingeben dieses souveränen Sichverstehens in die dogmatische theoretische Reflexion statt, in der diese Souveränität, sofern sie sich in ihrem Fürsichsein meint, auch untergeht. Dies geschieht auf die Weise eines unbedingten dogmatischen Fixiertseins der philosophischen Reflexion, die der bloß relativen Gültigkeit, die alle philosophisch-theoretische Reflexion bei Hume haben mußte, diametral entgegengesetzt ist. Daß es dabei aber gerade die alte metaphysische Position, die nach dem Satze vom Grunde raisonniert, ist, die hier in abgewandelter Weise für das Sichverstehen des unbedingten Geschehens des Wissens aufgenommen wird und in dogmatischer Ausschließlichkeit gesetzt wird, das liegt daran, daß das Begreifen sich, ohne sich selbst in Frage zu stellen, als aus dem Fürsichgelten des Gegebenen legitimiert ansieht. So hatte es auch Rousseau gehalten; aber er hatte darauf verzichtet, das Fürsichsein des kontemplativen Wissens als solches durch dieses Begreifen auszulegen. Er hatte sich damit begnügt, vermittelst dieses Begreifens eine Lehre von den Erscheinungsweisen des Unbedingten zu geben. Bei Kant gibt sich das kontemplative Wissen durch dieses Begreifen die Auslegung seiner selbst in seinem Fürsichsein. Damit tritt ein Zustand des Sichverstehens des reflektierenden Menschen ein, der nicht mehr durch die skeptische Resignation, die ja die Freiheit in sich des Sichverstehens meint, angegeben werden kann, sondern vielmehr als die Verzweiflung des Sichverstehens an sich selbst in seinem Fürsichsein charakterisiert werden muß.[59]

[59] Kant: Welches sind die wirklichen Fortschritte, die die Metaphysik seit Leibnizens und Wolffs Zeiten in Deutschland gemacht hat. Immanuel Kants Werke, hrsg. v. Ernst Cassirer, Bd. VIII, S. 314 f.: Diese Antinomie der Ver-

Die Haltung, in die das Sichverstehen so in bezug auf die Frage nach seinem Fürsichsein auf die Weise seines weltlichen Sichgestaltens eintritt, muß die der Ausweglosigkeit sein. Ausweglos ist diese Position eben deswegen, weil die philosophische Reflexion sich auf das dogmatische Begreifen festgelegt hat und für sich selbst in es gebunden ist. Insofern tritt hier in der philosophischen Reflexion ein Stillstand des Denkens ein, in dem das Sichverstehen der Vernunft der Unzulänglichkeit ihres Fürsichseins zu dem, was sie an sich selbst meine, inne ist. Kant nennt diesen Stillstand der Vernunft einen Stillstand im Skeptizismus. Dieser Skeptizismus ist nicht der Skeptizismus der theoretischen Reflexion, und er ist auch nicht die skeptische Resignation, die wir bei Hume hatten und die gerade die Freiheit des Sichverstehens ausmacht. Dieser Skeptizismus ist das Verzagen des unbedingten Geschehens des Sichverstehens des Menschen daran, seiner selbst recht inne sein zu können. Kant konnte diesen seinen Stillstand im Skeptizismus in gewisser Weise doch auch mit Recht als die Vollendung und den Abschluß alles früheren skeptischen Denkens ansehen, denn in ihm übernimmt das Sichverstehen des Menschen als solches die Unzulänglichkeit, die unser Begreifen des Gegebenseins der Welt zu diesem Sichverstehen, das doch durch dies Begreifen allein zu sich selbst kommt, als in das Fürsichgelten des Gegebenen gebundenes Begreifen ist. Hume hatte die Unzulänglichkeit dieses Begreifens in gewisser Weise auf sich beruhen lassen und sich in die Resignation gestellt. Rousseau hatte mit der Unzulänglichkeit dieses Begreifens ein Bild des Sichverstehens des Menschen in der Geschichte gemalt, von dem er wußte, daß es die Wahrheit der Geschichte nicht angeben konnte. In Kants Denken liefert sich das Sichverstehen des Menschen als solches, in seinem Fürsichsein in seiner unbedingten Bedeutung, diesem Begreifen, durch das es doch zu sich kommt, aus, und so allererst wird der Skeptizismus, der in der philosophischen Reflexion immer schon lag, ganz ausgetragen; nun ist das Sichverstehen des Menschen für sich selbst als solches sein Geschehen als Skeptizismus. Daß in der Form, wie dies bei Kant geschieht, doch auch wieder dogmatische Unzulänglichkeit steckt, haben wir gesehen. Aber die Überwindung dieser dogmatischen Unzulänglichkeit der theo-

nunft setzt sie nicht allein in einen Zweifel des Mißtrauens gegen die eine sowohl, als die andre dieser ihrer Behauptungen, welches doch noch die Hoffnung eines so oder anders entscheidenden Urteiles übrig läßt, sondern in eine Verzweiflung der Vernunft an sich selbst, allen Anspruch auf Gewißheit aufzugeben, welches man den Zustand des dogmatischen Skeptizismus nennen kann.

retischen Reflexion, von der Hume sich auf dem Standpunkte seiner Lehre ja in gewisser Weise befreit hatte, würde den Stillstand des Denkens im Skeptizismus nicht grundsätzlich modifizieren, da das Fürsichgelten des Gegebenen immer noch von sich her die Weise angeben müßte, in der allein das unbedingte Geschehen des Wissens für sich sein Sichverstehen sein könnte.

Dieser Stillstand des Denkens im Skeptizismus, in dem das Sichverstehen des Menschen als solches für sich selbst als Skeptizismus geschieht, bedeutet, daß sich das Statthaben des unbedingten Geschehens des Wissens als das Gegebensein der Welt bloß auf die Weise seines Sichangebens, bloß auf die Weise seines Erscheinens vollzieht. In diesem Wissen um das Geschehen des Gegebenseins der Welt als das Fürsichsein der unbedingten Bedeutung des Wissens, die als solche die Seinsbedeutung selbst ist, auf die Weise ihres bloßen Erscheinens, das der Stillstand der Vernunft als solcher ist, liegt nun aber eben, daß es der Vernunft auf die Weise ihres weltlichen Sichgestaltens um ihr Fürsichsein geht. Der Stillstand im Skeptizismus ist als solcher das Sichdurchführen des Anliegens der Vernunft, daß sie auf die Weise ihres Sichgestaltens als Übereinkommen mit sich selbst geschehen möge, daß sie für sich selbst das Übereinkommen sei. Das Wissen darum, daß das Gegebensein der Welt Geschehen des bloßen Erscheinens der an sich unbedingten Seinsbedeutung ist, ist das Geschehen dieses Anliegens, das die Vernunft in bezug auf sich selber ist, auf die Weise ihres Zusichkommens durch das Gegebensein der Welt. Von diesem Zusichkommen der Vernunft durch die Seinsbedeutung der gegebenen Welt, die sie als bloßes Erscheinen weiß, ist eine von diesem Gegebensein selbst ausgehende theoretische philosophische Reflexion möglich, in der dieses Wissen sich selbst auf die Weise des Fürsichgeltens des Gegebenen und als es erschließt. Davon handeln die ›Transzendentale Ästhetik‹ und die ›Transzendentale Analytik‹ der ›Kritik der reinen Vernunft‹. In ihnen führt das Wissen, als das die Vernunft im Stillstand im Skeptizismus geschieht, sich selbst theoretisch aus.

Das Geschehen der Vernunft als Stillstand im Skeptizismus ist aber an sich selbst doch auch mehr als die bloße Möglichkeit, sich selbst in einer theoretischen philosophischen Disziplin auszugestalten, es ist an sich selbst doch auch noch der Vollzug des Sichbestätigens der Vernunft darin, daß sie auf die Weise ihres weltlichen Sichgestaltens ihr Fürsichsein habe. Dieses Sichbestätigen der Vernunft in ihrem Fürsichsein wird zwar durch das Fürsichgelten des Begreifens nicht ausgewiesen, d. h. es hat auch für die Vernunft selbst nicht statt, sofern sie selbst auf die Weise dieses Fürsichgeltens des Begreifens geschieht, aber dieses Sichbestätigen der Vernunft in ihrem Fürsichsein hat sehr wohl statt, sofern die Vernunft in ihrem unbedingten Geschehen der Vollzug ihres Sichwissens als ihr weltliches Sichgestalten ist. Das Sichbestätigen der Vernunft in ihrem Fürsichsein findet statt, sofern die Vernunft es tatsächlich übernommen hat, das Gegebensein der Welt in seinem Fürsichgelten als das Geschehen ihres Fürsichseins zu nehmen. Insofern ist der Stillstand der Vernunft im Skeptizismus das Beisichsein des unbedingten Wesens des Denkens und damit das Sichausführen eines Denkens, das in seinem Sichverstehen von der Art und Weise, wie seine Gestaltungen für sich gelten mögen, als solches gerade nicht betroffen ist.[60] Der Stillstand des Denkens im Skeptizismus ist das Sichausführen eines Geschehens des Denkens, das von dieser Art seiner Durchführung, nämlich von seinem Geschehen als Skeptizismus, auch unbetroffen ist, für das, indem es sich zu diesem Skeptizismus macht, der Skeptizismus schon keine Bedeutung mehr haben kann. Der Stillstand der Vernunft im Skeptizismus ist das bloße Sichangeben, das bloße Erscheinen der unbedingten Bedeutung, die die Vernunft für sich selber ist; und dieses bloße Erscheinen, auf dessen Weise die Vernunft sich gestaltet, kann in seinem Seinscharakter nicht die Kraft haben, das Geschehen der Vernunft als Vollzug ihrer selbst in ihrem weltlichen Sichgestalten durch sich als solches auszudrücken und als solches darzustellen. Es legt diesen Vollzug aus und stellt ihn dar, aber es tut dies eben immer nur so, daß es nur als ein Auslegen und Darstellen von in sich bloß erscheinungshafter Bedeutung geschieht, das das Geschehen der Vernunft auch es selbst als solches sein lassen muß. In diesem Sinne ist der Stillstand der Vernunft im Skeptizismus, indem er den bloß erscheinungshaften Charakter des Gegebenseins der Welt herausstellt, gerade das Eröffnen des Reiches der Natur als das Sichgestalten des intelligiblen

[60] A. a. O. S. 317: Dieser skeptische Stillestand, der keinen Skeptizism d. i. keine Verzichttuung auf Gewißheit in Erweiterung unsrer Vernunfterkenntnis über die Grenze möglicher Erfahrung enthält, ist nun sehr wohltätig; denn ohne diese hätten wir die größeste Angelegenheit des Menschen, womit die Metaphysik als ihrem Endzweck umgeht, entweder aufgeben, und unsern Vernunftgebrauch bloß aufs Sinnliche einschränken, oder den Forscher mit unhaltbaren Vorspiegelungen von Einsicht, wie solange geschehen ist, hinhalten müssen: wäre nicht die Kritik der reinen Vernunft dazwischen gekommen, welche, durch die Teilung der gesetzgebenden Metaphysik in zwei Kammern, sowohl dem Despotism des Empirism, als dem anarchischen Unfug der unbegrenzten Philodoxie abgeholfen hat.

Reiches selbst.[61] Das Gegebensein der Welt erscheint unmittelbar als das Sichausführen der moralischen Bedeutung. Die Dialektik der Vernunft entdeckt uns „eine Aussicht in eine höhere, unveränderliche Ordnung der Dinge, in der wir schon jetzt sind".[62]

Es macht das eigentliche Anliegen der kantischen Philosophie aus, und darin geht er über Rousseau hinaus, daß das kontemplative Wissen sich auf die Weise seines weltlichen Sichgestaltens und als dieses Sichgestalten selbst in seiner unbedingten Bedeutung verstehe, auf die Weise dieses Sichgestaltens als diese unbedingte Bedeutung für sich selbst sei. Die Verwirklichung dieses Anliegens der philosophischen Reflexion kann nur durch das Eingehen des Denkens in den Stillstand im Skeptizismus erreicht werden. Im Stillstand im Skeptizismus wird der philosophischen Reflexion ihr eigenes theoretisches Raisonnieren als ein Geschehen von nur erscheinungshafter Bedeutung offenbar, das Unvermögen des Begreifens, das Unbedingte durch sich zu fassen, wird als der Ausdruck und die Selbstdarstellung seines Unzulänglichseins in sich offenbar; es kann zum Geschehen des Unbedingten als solchen, das sich doch im Sichvollziehen des kontemplativen Wissens selbst immer schon als solches durchführt, nicht zulangen. Die Ausweglosigkeit des theoretischen Raisonnements, die sich in der Antinomik der Vernunft darstellt, ist nur der in diesem theoretischen Denken selbst stattfindende Ausdruck für die Unzulänglichkeit in sich, die dieses theoretische Begreifen ist, das zum Geschehen des Unbedingten als solchen nicht zureicht, sondern in dem es sich nur — in Unzulänglichkeit — in bloßem Erscheinen angibt. Der Widerstreit der theoretischen Vernunft ist der Ausdruck eines bloß erscheinungshaften Meinens des Unbedingten, das als solches nichts über dies Unbedingte des kontemplativen Wissens vermag, welches sich vielmehr, gerade weil es von der Schwäche des theoretischen Raisonnements nicht betroffen zu werden vermag, in seinem tatsächlichen Vollzuge für sich selbst rein als solches bestätigt. Die Macht des Begreifens im Fürsichgelten des Gegebenen über das Geschehen des Wissens und Verstehens in seiner unbedingten Bedeutung ist damit überwunden, und es ist in der Tat auch erreicht, daß das Geschehen des Wissens in seiner unbedingten Bedeutung in seinem weltlichen Sichgestalten für sich selbst als Zulänglichsein und als Angemessensein geschieht.

[61] KrV B 836: Die Idee einer moralischen Welt hat daher objektive Realität, nicht als wenn sie auf einen Gegenstand einer intelligibelen Anschauung ginge (dergleichen wir uns gar nicht denken können), sondern auf die Sinnenwelt, aber als einen Gegenstand der reinen Vernunft in ihrem praktischen Gebrauche, und ein corpus mysticum der vernünftigen Wesen in ihr.

[62] Kritik der praktischen Vernunft, S. 193 Orig.-Ausg.

In dieser Situation geht für das philosophische Denken selbst hervor, daß sein ganzes theoretisches Anliegen nur ein Geschehen seiner selbst, des Denkens, dergestalt bedeuten kann, daß es darin für sich selbst überhaupt nur in erscheinungshafter Bedeutung statthat und durch dieses theoretische Raisonnement das Geschehen seiner selbst als solches keineswegs angibt; es ist im theoretischen Sichvollziehen für sich selbst nur in einem Zustand der Schwäche da, in dem und durch den es sich in seiner Wahrheit gar nicht anzugeben vermag: nicht das Denken an sich findet statt, nur sein erscheinungshaftes Sichangeben läuft im begreifenden Verstehen des Gegebenseins der Welt und des Daseins des Menschen in ihr ab. Mit diesem bloß erscheinungshaften Geschehen des Denkens, das durch sich die Wahrheit des Denkens gar nicht angibt, befaßt sich die Transzendentalphilosophie, sofern sie dies in sich bloß erscheinungshafte Denken doch als die Weise zu begreifen sucht, unter der das sich unbedingte Geschehen des Denkens als solches doch sein Geschehen als Fürsichsein selbst angibt. Durch die Transzendentalphilosophie bringt sich das unbedingte Geschehen der Vernunft zur ausdrücklichen Einsicht über sich selbst und über die Bedeutung dessen, daß es das Fürsichsein, das es ist, nur auf die Weise des bloß erscheinungshaften Denkens, das die Wahrheit des Denkens nicht als solche anzugeben vermag, aus- und durchführen kann.

2. Das praktische Sichdurchführen der Kontemplation als Gefühl und als Freiheit

Aber diese Transzendentalphilosophie ist nicht das eigentliche Anliegen der reinen Vernunft, d. h. der philosophischen Reflexion, es geht der reinen Vernunft vielmehr darum, ihr weltliches Sichgestalten als das Geschehen ihres Fürsichseins in seiner Wahrheit — nicht nur seinem bloß erscheinungshaften Sichangeben nach — zu begreifen, es geht ihr mit anderen Worten darum, die Welt und das Dasein des Menschen in ihr nicht nur als das Reich der Natur (wodurch ihre Bedeutung nur in einem bloß erscheinungshaften Denken angegeben ist), sondern als das Reich des Geistes oder, wie Kant es mit Leibniz auch sagt, als das Reich der Gnaden anzugeben.[63] Dieses Verständnis der gegebenen

[63] B 840: *Leibniz* nannte die Welt, sofern man darin nur auf die vernünftigen Wesen und ihren Zusammenhang nach moralischen Gesetzen unter der Regierung des höchsten Guts Acht hat, das *Reich der Gnaden*, und unterschied es vom *Reiche der Natur*…

Welt und des Daseins des Menschen in ihr als — ihrer Wahrheit nach betrachtet — eines intelligiblen Reiches ist die Aufgabe der philosophischen Reflexion. Die Gedanken vom Ganzen der Welt, darüber hinaus aber auch die Gedanken vom Dasein Gottes, von dem unsterblichen menschlichen Dasein usw. sind nur Gedanken des in sich bloß erscheinungshaften Denkens, sie sind nicht Gedanken des wahren Denkens. Mit diesen Gedanken muß sich die reine Vernunft in ihrem theoretischen Gebrauche abgeben, aber sie sind keine in sich wahren Gedanken; und sie sind als der Ausdruck des Geschehens des Denkens in Unzulänglichkeit zu sich selbst auch nicht das eigentliche und letzte Anliegen der philosophischen Reflexion, das letzte und eigentliche Anliegen der philosophischen Reflexion liegt vielmehr darin, die Welt als das Geschehen des intelligiblen Reiches zu denken, wovon die Gedanken über Gott und Unsterblichkeit, die sich die Vernunft in ihrem theoretischen Gebrauche macht, nur die Anzeige unter der Gestalt eines zum Wesen des Denkens selbst unzulänglichen Sichvollziehens des Denkens geben können. Das spekulative Interesse der reinen Vernunft gilt nicht um seiner selbst willen, sondern es ist, wie Kant es ausdrückt, ihr reiner praktischer Gebrauch, worum es der reinen Vernunft eigentlich geht.[64] Die Durchführung der Transzendentalphilosophie, die ausdrückliche Einsicht über die Bedeutung des bloß erscheinungshaften Denkens ist erforderlich, damit die philosophische Reflexion die Vernunft in ihrem reinen praktischen Gebrauche so verstehen könne, daß ihr dabei völlig einsichtig ist, welche Bedeutung für das praktische Sichverstehen der Vernunft das theoretische Begreifen des Gegebenseins der Welt und des Daseins des Menschen als die Basis für dessen Möglichsein habe und zugleich verhütet werde, daß das theoretische Begreifen sich wieder in das Verständnis des reinen praktischen Gebrauchs der Vernunft einmenge. Dazu gehört auch, daß die Ideen von Gott und Unsterblichkeit deutlich danach verstanden werden, daß sie das Unbedingte, um das es der Vernunft geht, nur auf die Weise eines in sich bloß erscheinungshaften Denkens angeben.

[64] B 826: Die Endabsicht, worauf die Spekulation der Vernunft im transzendentalen Gebrauche zuletzt hinausläuft, betrifft drei Gegenstände: die Freiheit des Willens, die Unsterblichkeit der Seele, und das Dasein Gottes. In Ansehung aller drei ist das bloß spekulative Interesse der Vernunft nur sehr gering, und in Absicht auf dasselbe würde wohl schwerlich eine ermüdende, mit unaufhörlichen Hindernissen ringende Arbeit transzendentaler Nachforschung übernommen werden, weil man von allen Entdeckungen, die hierüber zu machen sein möchten, doch keinen Gebrauch machen kann, der in concreto, d. i. in der Naturforschung, seinen Nutzen bewiese.

Es geht im Verständnis des reinen praktischen Gebrauchs der Vernunft in der philosophischen Reflexion darum, die gegebene Welt und das gegebene Dasein des Menschen in ihr, die im bloß erscheinungshaften Gebrauch des Denkens als das Reich der Natur erscheinen, als das Statthaben des intelligiblen Reiches zu verstehen und zu begreifen. Dieses Begreifen kann nicht ein Begreifen sein, das im eigentlichen Verstande auf Erkenntnisse geht, die vielmehr als solche dem bloß erscheinungshaften Denken zugehören, in dessen Bereich auch noch der Begriff der sogenannten objektiven Erkenntnis fällt; es ist nicht ein Begreifen, das von dem Fürsichgelten des Gegebenen in seinem Bestimmtsein ausgeht, sondern vielmehr ein Begreifen, das das Gegebensein des Gegebenen als solches in seiner Bedeutung hervorgehen läßt: so hatte dies ja auch für das moralische Urteil Humes gegolten: das moralische Urteil eröffnet das Gegebensein des menschlichen Daseins als das Geschehen der unbedingten Bedeutung, das es als solches ist. Hier haben wir also das Denken oder Urteilen wieder in der Bedeutung, die an sich Sein oder Gegenständlichkeit meint, wir haben das Denken, das sich nicht von dem Fürsichgelten des Gegebenen her vollzieht, sondern das Gegebensein des Gegebenen in sich versteht, indem es sich dabei allerdings auf das theoretische Begreifen als auf seine Basis beziehen muß. Dieses Denken und Urteilen geschieht als solches unmittelbar als das Sichverstehen des Menschen in seinem Menschsein, es ist für Kant das Geschehen des kontemplativen Wissens selbst, dem sein weltliches Sichgestalten das Geschehen seiner selbst als Fürsichsein, als Innesein ist. Dieses Geschehen des Denkens und Urteilens, das das Gegebensein der Welt und des menschlichen Daseins selbst unmittelbar meint und es als das Geschehen in sich unbedingter Bedeutung meint, ist als ein Denken und Urteilen, das es selbst als als Gegebensein geschehendes Verstehen ist, Gefühl. Der praktische Gebrauch der reinen Vernunft geschieht auf die Weise des Gefühls.[65] Dieses moralische Gefühl ist nun aber nicht mehr als ein Gefühl anzusehen, das der Betrachter empfindet, der die gegebene Welt und das gegebene Dasein der Menschen beobachtet, sondern es ist ein Gefühl, das das eigene Dasein eines jeden — in erscheinungshaftem Denken und Sein gegebenen — Menschen wie das

[65] B 829: Alle praktische Begriffe gehen auf Gegenstände des Wohlgefallens, oder Mißfallens, d. i. der Lust und Unlust, mithin, wenigstens indirekt, auf Gegenstände unseres Gefühls. Da dieses aber keine Vorstellungskraft der Dinge ist, sondern außer der gesamten Erkenntniskraft liegt, so gehören die Elemente unserer Urteile, sofern sie sich auf Lust oder Unlust beziehen, mithin der praktischen, nicht in den Inbegriff der Transzendentalphilosophie, welche lediglich mit reinen Erkenntnissen a priori zu tun hat.

der anderen Menschen gleichermaßen umfaßt. Das moralische Verstehen und Urteilen geschieht als Verstehen des Menschseins durch das Gefühl, und es meint dabei ebensowohl das eigene Ich wie das Dasein der anderen, denn das Ich ebenso wie der andere stellen das in sich unbedingte Geschehen des Menschseins gleichermaßen nur erscheinungshaft dar, das als solches und in sich durch diese Unterscheidung nicht betroffen ist.

Bei Hume verhielt es sich so, daß das moralische Urteil und Gefühl aus der theoretischen Erkenntnis der Situation heraus zustande kam und dieser Situation ihre unbedingte Bedeutung als eines in sich Beschlossenen und Ganzen verlieh. Hume mußte sich also für das moralische Urteil immer auf das bloße Fürsichgelten des Gegebenen beziehen und konnte über die Zuordnung des Gegebenen in seinem Fürsichgelten zu der unbedingten Bedeutung, die ihm durch das moralische Urteil erteilt wurde, keine Angaben machen. So verhält es sich nun für das Sichdurchführen des kontemplativen Wissens bei Kant nicht mehr. Das moralische Urteil kann sich jetzt vielmehr an das bloß erscheinungshafte Geschehen des theoretischen Begreifens, das in der Transzendentalphilosophie ja von sich her auf das in sich unbedingte Geschehen des Denkens bezogen worden ist, halten und sich seine eigene Bedeutung durch dies bloß erscheinungshafte Denken und Sein der gegebenen Welt und des gegebenen Daseins des Menschen in ihr erschließen, ohne daß es dabei dies bloß erscheinungshafte Gegebensein des Menschen als die ihm fremde Voraussetzung begreifen müßte, an die sich zu halten es genötigt ist, um sich überhaupt verwirklichen zu können. Es verhält sich jetzt vielmehr so, daß die reine Vernunft das bloß erscheinungshafte Denken und Dasein des Menschen in der Welt, an das sie sich in ihrem praktischen Gebrauche halten muß, in sich selbst als ihr Sichgestalten verstehen und nehmen kann. Sie ist sich dabei dessen bewußt, daß sie sich darin nur auf die Weise ihrer bloßen Erscheinungshaftigkeit nimmt, die aber über das Fürsichsein des Geschehens der unbedingten Bedeutung, das sie ist, nichts vermag. Innerhalb dieser bloß erscheinungshaften Weise, sie selbst zu sein, unter der sich die unbedingte Bedeutung im Geschehen ihres Fürsichseins selbst angeben muß, und als die Durchführung dieser bloß erscheinungshaften Weise findet dann allerdings das Begreifen statt, das von dem bloßen Fürsichgelten des Gegebenen in seinem Bestimmtsein ausgeht. Aber es ist offenbar, daß dieses Ausgehen des Begreifens vom Fürsichgelten des Gegebenen selbst nur erscheinungshaftes Geschehen des Denkens und Seins ist und durch sich gerade nichts über das Geschehen des Fürsichseins der unbedingten Bedeutung, das sich durch sich ausweist, vermag. Das weltliche Sichdarstellen des moralischen Urteils geschieht also nicht mehr durch den Verweis auf ein diesem Urteil selbst fremdes Gegebensein, das als solches vorausgesetzt werden muß, sondern es geschieht im Vollzuge und als der Vollzug des moralischen Urteils selbst, wobei die Bindung des theoretischen Begreifens an das Fürsichgelten des Gegebenen in seinem Bestimmtsein auf diesen Vollzug keinen ihn bestimmenden Einfluß hat, da sich in ihm das Denken nur als ein Denken von bloß erscheinungshafter Bedeutung und bloß erscheinungshaften Seinsbegreifens vollzieht.

Der oberste Begriff, unter dem das gegebene menschliche Dasein als das Geschehen der unbedingten Bedeutung so gemeint ist, daß diese unbedingte Bedeutung als solche doch auf die Weise des erscheinenden Denkens und des bloß erscheinenden Seins angegeben ist, ist der Begriff der Freiheit. Der Begriff der Freiheit wird auch innerhalb der Transzendentalphilosophie erwogen. Hier geht es darum, das Gegebene von seinem Fürsichgelten her daraufhin anzugehen, ob es durch sich und als solches das Geschehen der unbedingten Bedeutung des Wissens und Sichverstehens angeben könne, und hier gerät das Denken in die Aporie. In der theoretischen Philosophie wird das bloß erscheinungshafte Geschehen des Denkens und Seins von sich her auf das Unbedingte als solches bezogen, und da kann nur eine Einsicht herauskommen, die ihrer eigenen Denk- und Seinsbedeutung nach nicht den Charakter der Wahrheit und des Seins an sich, sondern eben nur den der bloßen Erscheinungshaftigkeit hat, wo ein Wissen statthat, das sich in dem, was es meint, doch nicht als solches über sich selbst ausweisen kann. Diese Situation des Denkens äußert sich, sofern sie aus dem Geschehen des bloßen Erscheinens als Fürsichgelten durchgeführt wird, in der Aporie, in der Behauptung und Verneinung einander entgegenstehen, wobei beide selbst nur erscheinungshaftes Meinen sind. Wenn die Freiheit aber nicht in theoretischer, sondern in praktischer philosophischer Reflexion genommen wird, dann meint dies, daß das Fürsichsein des kontemplativen Wissens und Verstehens die Bestätigung seiner selbst auf die Weise seines weltlichen Sichgestaltens so sei, daß es sich dabei an dem bloß erscheinungshaften Sichdurchführen dieses seines Geschehens als Sichbestätigen genügen läßt.

Daß das Gegebensein des menschlichen Daseins als solches das Geschehen des Denkens und die Bedeutung des Seins nur auf erscheinungshafte Weise angibt, vermag nichts darüber, daß das Fürsichsein des unbedingten Sichverstehens des Menschen aus sich heraus sein Sichbestätigen darin ist, daß es sich weltlich gestaltet. In dieser praktischen Bedeutung, die also so keine Entsprechung in der theoretischen Reflexion finden kann, findet die Freiheit statt. Die Freiheit ist aber in dieser praktischen Bedeutung nicht etwa, wie man vielleicht meinen möchte, so gewußt, daß mit ihr das abstrakte Geschehen des kontemplativen Sichverstehens des Menschen als Innesein, sein Sichwissen im intelligiblen Reiche usw. gemeint wäre, sie ist vielmehr als die praktische Freiheit gewußt, in der wir uns im täglichen Leben, in der wir uns im Fürsichgelten unseres gegebenen Daseins erfahren. Da hat die Freiheit statt als das Geschehen des unbedingten Sichverstehens als Sichbestätigen, wie es in einem Material von in sich bloß erscheinungshafter Bedeutung geschieht.

Daß sich in der praktischen Freiheit das unbedingte Sichverstehen des Menschen an einem bloß erscheinungshaften Material durchführt, ist wesentlich: durch dieses bloß erscheinungshafte Sichausführen, in dem Denken und Sein sich nicht als solche und in ihrer Wahrheit angeben können, ist das, was wir die praktische menschliche Freiheit nennen, bezeichnet. Sie führt sich in einem Milieu aus, das nach Sein und Wahrheit nur erscheinungshaft angegeben werden kann und ist so selbst durch bloß erscheinungshafte Meinung bezeichnet, obwohl sie doch auch das Sichbestätigen des unbedingten Geschehens des Fürsichseins ist. Diese praktische Freiheit ist darin vorhanden und stellt sich darin dar, daß der Mensch auf die Weise des Innestehens in seinem gegebenen Dasein über die einzelnen Situationen dieses Daseins verfügt, daß er das Gegebensein seines Lebens und der Situationen dieses Lebens auf die Weise eines Ganzen hat, das er kennt und um das er weiß, und aus dem heraus er über die besonderen Konstellationen verfügt. Das Tier stellen wir uns als ein Lebewesen vor, das aus den besonderen Konstellationen heraus die Bestimmung für sein Sichverhalten empfängt; dem Menschen ist das Gegebensein seines Daseins die Überschau über ein Ganzes, und aus dieser Überschau bestimmt er sein besonderes Sichverhalten. Kant sagt, daß wir uns durch das bestimmen können, „was selbst auf entferntere Art nützlich oder schädlich ist"; und hierin eben zeigt sich die menschliche Freiheit als Faktum. Wie gesagt, die Meinung und Bedeutung dieser praktischen Freiheit ist auch dadurch bezeichnet, daß in sie ein Moment von bloß erscheinungshaftem Charakter eingeht, so daß diese Bedeutung, ihrem weltlichen Sichäußern nach, nicht auf die Weise der Wahrheit des Denkens und Seins als solcher angegeben werden kann; in der Anerkennung dieser Einschränkung aber können wir sagen, daß wir der praktischen Freiheit durch die Erfahrung gewiß sind, daß sie durch die Erfahrung bewiesen ist. Wir erkennen uns als frei, indem das weltliche Sichdarstellen dieser Freiheit als solches nur erscheinungshafte Bedeutung haben kann.

Wenn wir uns aber, indem wir so das Nützliche und Schädliche auch in entfernterer Absicht erwägen und darüber Entscheidungen fällen können, als frei erfahren, dann müssen wir, weil in dieser Selbsterfahrung die Freiheit doch auch nur als ein erscheinungshaftes Sichdarstellen geschieht, in solcher Erfahrung die Freiheit zugleich als die in sich beschlossene intelligible Bedeutung unseres Unsselbstverstehens begreifen, die als solche durch unser tatsächliches Erfahren von Freiheit nicht genügend bezeichnet und nicht auf die Weise der Angemessenheit angegeben ist. Im tatsächlichen Sicherfahren des Menschen in der Freiheit, das als solches durch die Erscheinungshaftigkeit bezeichnet ist, geschieht auch schon das Sichwissen des Menschen als das Geschehen der intelligiblen Freiheit, die durch das tatsächliche Sicherfahren des Menschen in der Freiheit als solche nicht angemessen angegeben sein kann. Das tatsächliche, durch Erfahrung bewiesene Sicherfahren des Menschen in der Freiheit ist das Sichdurchführen der intelligiblen Freiheit auf die Weise ihrer Unangemessenheit zu sich selbst.

Dieses intelligible Geschehen der Freiheit, das sich selbst durch das tatsächliche Sicherfahren des Menschen in der Freiheit, wie es durch die Erfahrung bewiesen ist, angibt, entzieht sich in dem, was es als solches bedeutet, dem Raisonnement der philosophischen Reflexion. Es kann in der philosophischen Reflexion direkt nur dadurch mitfaßlich gemacht werden, daß es als auf die Weise der tatsächlichen Freiheit, die auch durch die bloße Erscheinungshaftigkeit bezeichnet ist, mitgeschehend angegeben wird, ohne daß dieses Mitgeschehen in einem eigenständigen philosophischen Raisonnement ausgeführt werden könnte. Wenn diese intelligible Freiheit in der philosophischen Reflexion doch auf die Weise des ausdrücklichen Begreifens festgehalten und für sich angegeben werden soll, dann muß auch für Kant — ebenso wie bei Hume — das Wissen der moralphilosophischen Reflexion durch die gegenständliche Logik erschlossen werden, in der das Raisonnement das unbedingte und in sich beschlossene Wissen in seiner Seinsbedeutung nach Art des Begreifens unter dem Artbegriff zugänglich macht. Bei Hume mußte diese gegenständliche Logik mit ihrem Begreifen unter dem Artbegriff an den gegebenen Inhalten des moralischen Urteils ansetzen und die unbedingte Geltung ihrer Bedeutung dadurch angeben, daß sie als eine Geltung für alle ähnlichen Fälle und für alle möglichen Beurteiler behauptet wurde. Bei Kant kann es in der gegenständlichen Logik der moralphilosophischen Reflexion, wie sie unter dem Artbegriff begreift, nicht mehr um die Ausweitung der beurteilten Inhalte auf das Ganze gehen, womit dann die wahre Bedeutung des Denkens und Seins erreicht sei, sondern bei Kant muß das tatsächliche Sicherfahren des Menschen in der Freiheit, das ja erscheinungshaft schon die in sich beschlossene intelligible Bedeutung der Freiheit angibt, als solches als ein in sich ganzes und in sich beschlossenes Geschehen durch den Artbegriff gedacht werden. Es sind nicht irgendwelche materiell gegebenen Situationen, die durch sich das Ganze und Allumfassende hergeben sollen, sondern es ist das Sicherfahren und Sichverstehen des Menschen in seinem weltlichen Dasein selbst und als dieses weltliche Dasein, das durch das Begreifen unter dem Artbegriff als solches die Bedeutung des Ganzen und des in sich Beschlossenen erlangen muß. Das Begreifen unter dem Artbegriff, das gegenständliche Bedeutung meint, muß das tatsächliche Sicherfahren des Menschen in der Freiheit und als Freiheit, wie er sein Dasein nach entfernteren Absichten lenkt, dazu erheben, für das begreifende Denken ein in sich ganzes und beschlossenes Geschehen zu sein. Das Statthaben des menschlichen Daseins als ein Sichverstehen, das sich in Gegebenheit und als Gegebenheit vollzieht, als solches als ein in sich Ganzes und Beschlossenes zu denken, bedeutet: dieses Sichverstehen, das auf die Weise des Gegebenseins für sich selbst da ist, als das Geschehen einer in sich beschlossenen Einheit und Bedeutung meinen, die sich allein durch sich selbst angibt.

Auf diese Weise wird das Sichverstehen, das sich in der Besonderheit vollzieht, doch nicht mehr von seiner Besonderheit her und als diese bloße Besonderheit verstanden, sondern es ist in dieser Besonderheit und als sie als das Geschehen eines einigen und in sich beschlossenen Sinnes gemeint. Dieser in sich beschlossene und insofern unbedingte und unbezügliche Sinn, den das besondere Sichverstehen des Menschen durch sich selbst meint, kann das Begreifen unter dem Artbegriff dadurch angeben, daß es das besondere Sichverstehen des Menschen als das Geschehen eines Sichverstehens von unbedingter Bedeutung, eines Sichverstehens im Vollzuge einer Gesetzgebung ansieht. Auf diese Weise gibt das einzelne und besondere Sichverstehen durch sich und als solches das allumfassende Gelten an. Dieses Gelten wird jetzt nicht mehr durch die Gesamtheit der möglichen ähnlichen Fälle usw. angegeben, sondern durch die das ganze Wesen des Denkens ausmessende Bedeutung, die der einzelne Fall hat. Das einzelne und besondere Sichverstehen des Menschen hat als solches Sichverstehen den Charakter des gewußten Gesetzes. Indem wir uns in der besonderen Verwirklichung unserer Freiheit erfahren, wissen wir uns — für die philosophische Reflexion — als Gesetzgeber, und die besondere Verwirklichung unserer Freiheit bekommt an sich selbst den Charakter des Sichdurchführens einer Realität, die ihrer Wahrheit nach Gesetz ist, das als solches auf die Weise des sich selbst offenbaren Wissens geschieht.

Die philosophische Reflexion sieht ein, daß die Wahrheit unseres tatsächlichen Unsselbsterfahrens in der Freiheit darin liegt, daß wir uns selbst als Gesetzgeber und im Vollzuge eines Seins, das seinem als Wissen geschehenden Wesen nach Gesetz ist, verstehen. Dieses Wissen können wir als solches auf die Weise, wie wir uns tatsächlich in unserer Freiheit erfahren, nicht bestätigen. So bleibt unser Unswissen in der intelligiblen Freiheit, die wir uns in der gegenständlichen Logik, die unter dem Artbegriff begreift, für die moralphilosophische Reflexion unter dem Gedanken der Gesetzgebung und des Gesetzes auslegen, immer ein Sichverstehen, das in der philosophischen Reflexion von ihrem Begreifen des tatsächlichen Sicherfahrens des Menschen in der Freiheit auch abgetrennt bleibt. So wie bei Hume das durch das Begreifen unter dem Artbegriff gewonnene Allgemeine nicht eigentlich von dem gegebenen Einzelfall her bestätigt werden konnte, so ist bei Kant das Sichbegreifen des Menschen in der Gesetzgebung und im Gesetze nicht eigentlich durch sein konkretes Sicherfahren auszumachen. Das Sichverstehen des Menschen in der Gesetzgebung und im Gesetze muß neben sein konkretes Sichverstehen hingestellt werden, obwohl beide doch für die philosophische Reflexion nur ein Sichverstehen ausmachen sollen. Die gegenständliche Logik mit ihrem Begreifen unter dem Artbegriff kann nicht anders verfahren als so, daß sie das Besondere und das Allgemeine oder das Zufällige und das Gesetz nebeneinander als Entitäten anführt, die für das Begreifen auch jedes für sich selbständig dastehen. So teilt Kant uns denn mit, daß die Vernunft, wie sie sich in der tatsächlichen, durch Erfahrung bewiesenen Freiheit äußert, auch Gesetze der Freiheit *gebe*, die als solche gelten und durch die Erfahrung gerade nicht bestätigt werden können.[66]

[66] B 829–830: Und da ist denn zuerst anzumerken, daß ich mich vorjetzt des Begriffs der Freiheit nur im praktischen Verstande bedienen werde, und den in transzendentaler Bedeutung, welcher nicht als ein Erklärungsgrund der Erscheinungen empirisch vorausgesetzt werden kann, sondern selbst ein Problem für die Vernunft ist, hier, als oben abgetan, bei Seite setze. Eine Willkür nämlich ist bloß tierisch (arbitrium brutum), die nicht anders als durch sinnliche Antriebe, d. i. pathologisch bestimmt werden kann. Diejenige aber, welche unabhängig von sinnlichen Antrieben, mithin durch Bewegursachen, welche nur von der Vernunft vorgestellet werden, bestimmet werden kann, heißt die freie Willkür (arbitrium liberum), und alles, was mit dieser, es sei als Grund oder Folge, zusammenhängt, wird praktisch genannt. Die praktische Freiheit kann durch Erfahrung bewiesen werden. Denn, nicht bloß das, was reizt, d. i. die Sinne unmittelbar affiziert, bestimmt die menschliche Willkür, sondern wir haben ein Vermögen durch Vorstellungen von dem, was selbst auf entferntere Art nützlich oder

Der Mensch versteht sich in der intelligiblen Freiheit. Daß die philosophische Reflexion sie in der gegenständlichen Logik, wie sie im Begreifen unter dem Artbegriff verfährt, unter den Vorstellungen der Gesetzgebung und des Gesetzes auslegen muß, welche Auslegung ja in gewissem Maße dem dogmatischen Begreifen entspringt und so auch in die bloße Erscheinungshaftigkeit gebunden bleibt, ist für das moralische Sichverstehen des Menschen und für die moralphilosophische Reflexion zunächst nicht von besonderem Belang. Das intelligible Sichverstehen des Menschen in der Freiheit bedeutet, daß das Fürsichsein des unbedingten Geschehens des Sichverstehens in seinem weltlichen Sichgestalten als Bestätigung seiner selbst geschieht. Der Mensch weiß sich in seinem weltlichen Dasein als das Geschehen der intelligiblen Freiheit als Sichbestätigen; die Welt ist damit als der Ort des erscheinungshaften Geschehens der Freiheit offenbar. Wenn aber die gegebene Welt und das gegebene Dasein des Menschen in ihr in ihrer bloßen Erscheinungshaftigkeit so der Ort der Freiheit in ihrer intelligiblen Bedeutung sind, dann liegt darin, daß in diesem Wissen das Gegebensein des Menschen und der Welt an sich selbst schon das Geschehen der intelligiblen Bedeutung sind, obgleich sie für das theoretische Sichbegreifen des Menschen nur erscheinungshafte Bedeutung haben können. Die Welt und das Dasein des Menschen in ihr sind als solche die intelligible Bedeutung, obgleich sich theoretisch nur die erscheinungshafte Bedeutung angibt.

3. Glaube und Hoffnung

Das Verstehen der Welt und des Menschen beginnt damit, daß ich sie theoretisch begreife und darin vor ihre bloße Erscheinungshaftigkeit gestellt bin. Dieses Verstehen wird im praktischen Begreifen fortgeführt, das das tatsächliche Geschehen der Freiheit in der Erfahrung erkennt und daneben die intelligible Bedeutung der Freiheit festhält. Vollendet aber wird dies Verstehen der Welt und des Menschen erst darin,

schädlich ist, die Eindrücke auf unser sinnliches Begehrungsvermögen zu überwinden; diese Überlegungen aber von dem, was in Ansehung unseres ganzen Zustandes begehrungswert, d. i. gut und nützlich ist, beruhen auf der Vernunft. Diese gibt daher auch Gesetze, welche Imperativen d. i. objektive Gesetze der Freiheit sind, und welche sagen, was geschehen soll, ob es gleich vielleicht nie geschieht, und sich darin von Naturgesetzen, die nur von dem handeln, was geschieht, unterscheiden, weshalb sie auch praktische Gesetze genannt werden.

daß die erscheinende Welt und der erscheinende Mensch im kontemplativen Wissen als solche als das Sichdurchführen der intelligiblen Bedeutung der Freiheit verstanden sind und damit als mehr verstanden sind, denn als bloße Erscheinung. Es findet hier ein Verstehen statt, das weder vom theoretischen Begreifen her, wenn dieses für sich allein genommen wird, noch auch vom praktischen Begreifen her, wenn dieses nur als solches genommen wird, erlangt werden kann, sondern das allein dann geschieht, wenn das theoretische und das praktische Begreifen als Sichvollziehen des kontemplativen Wissens genommen sind und das theoretische Erkennen sich als solches als die Durchführung des für sich geltenden praktischen Wissens selbst verwirklichen kann. Dies ergibt also ein Denken des Gegebenseins der Welt und des Daseins des Menschen in ihr, das als das Zusammennehmen des theoretischen und des praktischen Denkens in der Kontemplation weder vom theoretischen Denken her noch durch das praktische Denken bestätigt werden kann, dennoch aber ihre Wahrheit und die in sich beschlossene Seinsbedeutung angibt, die sie vereinigt meinen.

Es wird hier der Gedanke der Welt gefaßt, sofern sie als Gegebensein die Wirklichkeit und das Sichausführen der unbedingten moralischen Bedeutung oder der Freiheit ist. Diese Welt ist nicht da, denn, was da ist, ist allein die theoretisch erkannte Welt in ihrem bloß erscheinenden Sein. Diese Welt geschieht auch nicht als aktuelles moralisches Handeln, denn die Gesetzgebung und das Gesetz bleiben in gewisser Weise auch von dem Gegebensein der Welt getrennt. Diese Welt, die meint, daß die intelligible Bedeutung der Freiheit als solche und an sich selbst als sinnliches Sichdarstellen und sinnliches Sicherleben des Menschen geschehe, die meint, daß das Unbedingte es selbst als solches als Gegebensein sei, diese Welt ist das Geschehen des Glaubens, in dem und als der die menschliche Vernunft sich erst vollendet.

Shaftesbury mußte den Vernunftglauben so auslegen, daß er die gegebene Welt und das Dasein des Menschen in ihr als das Sichdurchführen eines allumfassenden Wissens und einer allumfassenden Weisheit verstand. Hume gelangte in der skeptischen Resignation dazu, die gegebene Welt unmittelbar als das Sichausführen des Vernunftglaubens zu verstehen, doch so, daß das Verstehen des Gegebenseins im Glauben immer vom Fürsichgelten des Gegebenen her ausgelegt werde mußte. Kant gelangt zu einem Verständnis der gegebenen Welt mit dem Dasein des Menschen in ihr, in dem die Welt als das Wissen des Glaubens selbst, das sinnliche Offenbarkeit ist, gedacht werden kann. Man könnte sagen, der göttliche Gedanke der Welt, der als solcher das Hervorbringen der Welt ist, wird hier vom Philosophen als sein Glaube vollzogen. Es wird das Reich der Gnaden gedacht, wie es als Reich der sinnlichen Natur es selbst ist.

Dieses Denken, das Glaube ist, ist nicht ein Feststellen der Welt und nicht ein Bestimmen zum Handeln. Man kann sagen, daß die Fragen: „Was kann ich wissen?" und „Was soll ich tun?" ihm vorgeordnet sind, daß aber das Sichverstehen der reinen Vernunft als solcher sich erst in ihm vollendet. Aber so wie das theoretische und das praktische Denken sich nicht ohne die Frage vollziehen können, so bleibt auch der Glaube in die Frage gebunden: das theoretische und das praktische Denken, aus denen heraus der Glaube allein geschehen kann, machen es selbst aus, daß auch das Wissen des Glaubens durch ein Fragen geschieht. Diese Frage nach der eigentlichen Meinung des Gegebenseins der Welt und des Gegebenseins des Daseins des Menschen in ihr, wie sie in gewisser Weise gegen das theoretische Feststellen des Gegebenseins und gegen das praktische Gesetz gestellt werden muß, aus ihnen heraus, die diese Bedeutung nicht als solche geschehen und sehen lassen, gestellt werden muß, ist die Frage: „Was darf ich hoffen?"[67]

Das moralische Sichverstehen des Menschen begreift sich selbst, sofern es Glaube ist, als Hoffnung. Die Hoffnung kann selbst wieder durch ein Begreifen ausgelegt werden, das sich an das Fürsichgelten des Gegebenen hält, und dann würde sie auf einen Zustand des menschlichen Seins gehen, der in unserem Dasein in der Welt nicht aktuell gegeben ist, aber für die Zukunft erwartet wird. Aber dies ist nur eine dogmatische Auslegung des Sichverstehens und des Seinsverstehens, das der Mensch in der Hoffnung ist. Das Sichverstehen des Menschen in der Hoffnung und als Hoffnung meint vielmehr als solches, daß uns die Welt und unser Dasein in ihr, indem wir sie in ihrem bloß erscheinungshaften Sein erkennen und indem wir in der Bestimmung durch dieses bloß erscheinende Sein handeln, zugleich als das das Geschehen der in sich unbedingten Seinsbedeutung offenbar ist, die zwar durch das bloße erscheinungshafte Denken und Sein auch verborgen ist, aber zugleich als die wahre Bedeutung der Welt und unseres Seins in ihr auch schon gewußt und gegenwärtig ist. Ohne daß es eigentlich nötig wäre, die Hoffnung durch die Erwartung eines zukünftigen Zustandes auszulegen, können wir sagen, daß die Hoffnung, in der wir uns jetzt schon verstehen, uns die Welt und unser Dasein in ihr gegen die bloß erscheinungshafte Bedeutung, in der sie sich unmittelbar gibt, als das in sich unbedingte Geschehen des wahren Seins verstehen läßt, dessen unbedingtes Gelten und dessen Wahrheit es machen, daß das bloß erscheinungs-

[67] B 833.

hafte Geschehen des Seins der Welt als das, was seiner Natur nach bloß vorläufig ist und sich durch sich selbst nicht halten kann, also nicht die eigentliche Meinung und Bedeutung des Seins der Welt sein kann, erkannt ist. In diesem Sinne wird durch die Hoffnung die Welt in ihrem wahren Sein verstanden und erstellt, so wie für das bloß erscheinungshafte Dasein der Welt die positive Seinsbedeutung durch das Naturgesetz erkannt und erstellt wird. Es ist das in sich unbedingte Geschehen des Wissens und Sichverstehens, aus dem in beiden Fällen die Seinsbedeutung hervorgeht; für die theoretische Erkenntnis der Welt in dem bloß erscheinenden Sein so, daß die unbedingte Bedeutung des Denkens aus dem Fürsichgelten des Gegebenen heraus hervorgeht, für das Verständnis des Gegebenseins der Welt in der Wahrheit ihrer Seinsbedeutung so, daß die Welt gegen das Begreifen vom Fürsichgelten des Gegebenen aus, das damit als das Haltlose gewußt ist, als Geschehen des Fürsichseins des Unbedingten als Sichbestätigen offenbar ist.[68]

In der Hoffnung wird die Welt in ihrem Gegebensein als das Geschehen der unbedingten Bedeutung des Seins begriffen. Das Gegebensein soll also an sich selbst, als Gegebensein die schlechthin unbedingte Bedeutung des Wissens und Sichverstehens annehmen. Das Wissen und Sichverstehen soll in seinem unbedingten Gelten als ein Sicherfahren statthaben, in dem dem Menschen die Welt und sein Dasein in ihr als Gegebensein geschehen. Eine solche Seinserfahrung wäre als der Vollzug der unbedingten moralischen Bedeutung, die sich selbst als ein Geschehen von der Art des Gegebenseins meint, das Geschehen des Sichwissens und Sicherfahrens des vernünftigen Wesens als Glückseligkeit. Das wahre Sein der gegebenen Welt, das die Hoffnung meint und das Geschehen des Fürsichseins des vernünftigen Wesens als Sichbestätigen ist, ist die Glückseligkeit. Die Glückseligkeit ist wie bei Shaftesbury und bei Hume, so auch bei Kant das Sein und die Bedeutung, die das moralische Urteil und das moralische Sichverhalten des Menschen eigentlich meint. Es kann nicht anders sein, weil das unbezügliche und unbedingte Gelten, das das moralische Sichverstehen meint, als solches,

[68] B 833–834: Die dritte Frage, nämlich: wenn ich nun tue, was ich soll, was darf ich alsdenn hoffen? ist praktisch und theoretisch zugleich, so, daß das Praktische nur als ein Leitfaden zu Beantwortung der theoretischen, und, wenn diese hoch geht, spekulativen Frage führet. Denn alles Hoffen geht auf Glückseligkeit, und ist in Absicht auf das Praktische und das Sittengesetz eben dasselbe, was das Wissen und das Naturgesetz in Ansehung der theoretischen Erkenntnis der Dinge ist. Jenes läuft zuletzt auf den Schluß hinaus, daß etwas sei (was den letzten möglichen Zweck bestimmt), weil etwas geschehen soll; dieses, daß etwas sei (was als oberste Ursache wirkt), weil etwas geschieht.

als es selbst als Gegebensein geschieht, d. h. als ein Sichwissen des vernünftigen Wesens, das seine unbedingte Bedeutung als Sicherfahren im Gegebensein der Welt und unseres Daseins in ihr ist.

Dieses Wissen der Hoffnung, das ein Wissen darum ist, daß auf die Weise der gegebenen Welt und unseres Daseins in ihr, der wahren Seinsbedeutung nach die Glückseligkeit geschieht, ist ein Wissen, das das bloß erscheinungshafte Denken und Sichbegreifen des Menschen, von dem wir ja immer den Ausgang nehmen müssen, in sich zurücknimmt und es — ohne es als solches aufzuheben — in der wahren Bedeutung offenbar macht, die durch es geschieht. Sofern sich der Mensch — schon jetzt — im Wissen der Hoffnung versteht, ist er daher in seinem Begreifen und in seinem Sichverhalten über das bloß erscheinungshafte Denken und Sichverstehen, in dem er sich an das Fürsichgelten des Gegebenen hält, erhaben, und weiß und ist sein Sicherfahren im Gegebensein, d. h. in der Glückseligkeit, die die Hoffnung meint, als das Geschehen der unbedingten Bedeutung seines moralischen Sichverstehens als Sichbestätigen. In diesem Wissen der Hoffnung ist das Glück, in dem sich die unbedingte Bedeutung als Sicherfahren im Gegebensein angibt, immer nur das Sichvollziehen der unbedingten moralischen Bedeutung selbst. Es ist nicht möglich, das Glück auf die Weise, wie es das bloß erscheinungshafte Denken und Sichverstehen von sich her tun müßte, zu verstehen, daß wir uns dabei an das bloße Fürsichgelten des Gegebenen halten und uns in unserem Verstehen des gegebenen Unbedingten von ihm bestimmen lassen wollen. Das Glück, das als Geschehen von Gegebensein im Gedanken der Hoffnung, im Denken der Glückseligkeit gemeint ist, kann immer nur ein Gegebensein meinen, das an sich selbst schon als das Geschehen des unbedingten moralischen Sichverstehens als Sichbestätigen konzipiert ist. Das Glück ist nicht auf die Weise des Begehrens des Unbedingten gemeint, wie es das bloß erscheinungshafte Denken und Sichverstehen des Menschen fassen müßte, sondern es ist als ein Moment des in sich unbedingten Seinsgeschehens verstanden, als das das Geschehen des unbedingten — und d. h. moralischen — Sichverstehens als Fürsichsein statthat. Kant meint, daß wir die Glückseligkeit gar nicht in Wahrheit meinen können, wenn wir uns im Begehren dem Glück zuwenden, sondern daß wir die Bedeutung der Glückseligkeit — wie die Hoffnung sie meint — nur dann recht verstehen, wenn wir das Glück, das sie als Gegebensein meint, als ein solches Glück verstehen, daß wir gerade gegen das Fürsichgelten des Gegebenen, das das erscheinungshafte Denken und Sichverstehen meint, in unserem Denken und Unsverstehen festhalten müssen. Gegen das Glück, das das Begehren meint, denken wir in der Hoffnung das

Glück als solches durch den Gedanken, der Glückseligkeit würdig zu sein: als dieser Gedanke entsteht uns dort die Bedeutung des Glücks. Dieser Gedanke von der Würdigkeit, glücklich zu sein, der in der Hoffnung das Denken des Glücks selbst ausmacht, ist also gerade gegen das Verständnis des Glücks konzipiert, das wir im nur erscheinungshaften Verstehen unser selbst allein kennen, wonach das Glück der äußerste Gegenstand unseres Begehrens ist. In dem Denken der Hoffnung, das das Glück selbst im Gedanken, des Glückes würdig zu sein, versteht und besitzt, wenden wir uns von der erscheinenden Welt ab und nehmen unser Dasein allein als das Geschehen intelligibler Bedeutung, die doch als Gegebensein statthat. Wir können sagen, daß Shaftesbury und Hume, obwohl im Ausgehen vom faktischen Gelten des Gegebenseins für das Begreifen, den Gedanken der Glückseligkeit und des Glückes, das in ihr liegt, in der gleichen Meinung konzipiert haben.[69]

Aus diesem Denken der Hoffnung heraus müssen wir uns nach Kant in gewisser Weise wieder der theoretischen Spekulation zuwenden, um uns das, was die Hoffnung denkt, mit den Mitteln des bloß erscheinungshaften Denkens und Begreifens irgendwie faßlich zu machen. Auf diese Weise kommen wir aus dem Denken der Hoffnung heraus auf die theoretische Spekulation über das Dasein Gottes und über die Unsterblichkeit der Seele zurück, die die theoretische Vernunft, ohne über den eigentlichen Grund ihres Anliegens recht belehrt zu sein, schon in ihrer Dialektik zum Gegenstande hatte.[70] Den Grund dieses

[69] B 834–835: Glückseligkeit ist die Befriedigung aller unserer Neigungen, (so wohl extensive, der Mannigfaltigkeit derselben, als intensive, dem Grade, und auch protensive, der Dauer nach). Das praktische Gesetz aus dem Bewegungsgrunde der Glückseligkeit nenne ich pragmatisch (Klugheitsregel); dasjenige aber, wofern ein solches ist, das zum Bewegungsgrunde nichts anderes hat, als die Würdigkeit, glücklich zu sein, moralisch (Sittengesetz). Das erstere rät, was zu tun sei, wenn wir der Glückseligkeit wollen teilhaftig, das zweite gebietet, wie wir uns verhalten sollen, um nur der Glückseligkeit würdig zu werden. Das erstere gründet sich auf empirische Prinzipien; denn anders, als vermittelst der Erfahrung, kann ich weder wissen, welche Neigungen dasind, die befriedigt werden wollen, noch welches die Naturursachen sind, die ihre Befriedigung bewirken können. Das zweite abstrahiert von Neigungen, und Naturmitteln sie zu befriedigen, und betrachtet nur die Freiheit eines vernünftigen Wesens überhaupt, und die notwendigen Bedingungen, unter denen sie allein mit der Austeilung der Glückseligkeit nach Prinzipien zusammenstimmmt, und kann also wenigstens auf bloßen Ideen der reinen Vernunft beruhen und a priori erkannt werden.

[70] Vgl. B 826.

Anliegens aber bildet allein das praktische Sichverstehen des Menschen. Aus der ausdrücklichen Besinnung auf dieses praktische Sichverstehen und aus dem Innestehen im Wissen um das Denken der Hoffnung, das immer schon den Grund unseres Unsverstehens ausmacht, kann die theoretische Spekulation wieder aufgenommen werden, indem wir uns doch immer dessen deutlich bewußt bleiben müssen, daß wir, wenn wir theoretisch denken, immer nur im bloß erscheinungshaften Denken stehen. Was wir über Gott und die Unsterblichkeit denken, ist, obwohl aus dem Grunde des unbedingten Geschehens des Denkens und Sichverstehens vollzogen, nur Produkt des bloß erscheinungshaften Denkens, das gerade nicht die Wahrheit des Denkens als solche angibt und die Seinsbedeutung nicht als solche zu fassen vermag. Zwar werden wir nun das Sein Gottes in Bestimmungen denken, die aus dem unbedingten Geschehen des Sichverstehens — und nicht einfach vom Vorhandensein des Gegebenen her — genommen sind, aber die Weise, wie wir diese Bestimmungen denken, wird immer noch Weise des bloß erscheinungshaften Denkens und nicht des Denkens an sich sein. Wir werden die Welt in ihrem Gegebensein aus der Weisheit Gottes verstehen können, wir werden sie als ein Reich der Zwecke auch darin, daß sie ein Reich der Natur ist, verstehen können, wir werden damit zu einer neuen Physikotheologie kommen usw.,[71] aber in all diesen Einsichten haben wir doch nur eine solche Konzeption des Unbedingten, die mit den Mitteln des bloß erscheinungshaften Denkens erstellt ist, wir haben weder das Denken noch das Sein in seiner Wahrheit. Diese Gedanken von Gott und von der Unsterblichkeit geben uns das Geschehen des Unbedingten nur erscheinungshaft an. Das theoretische Denken ist nicht die Wahrheit als solche des Denkens, und die Gegenstände dieses theoretischen Denkens sind auch in bezug auf das Geschehen des Unbedingten Gebilde, in denen die wahre Bedeutung des Denkens und des Seins nicht als solche erscheint.

4. Die Dialektik des moralischen Sichverstehens und die gegenständliche Logik

Dadurch daß die kantische Lehre das Gegebensein der Welt und des Daseins des Menschen in ihr in das Fürsichsein des unbedingten Geschehens des Wissens und Sichverstehens hineinnimmt und es sein Sichvollziehen als Sichbestätigen sein läßt, geht in diese Lehre eine Schwie-

[71] Vgl. B 843–844.

rigkeit ein, wie sie für Shaftesbury und auch für Hume noch gar nicht statthaben konnte. Das Denken des Unbedingten braucht das theoretische Begreifen als seine Basis, und dieses theoretische Begreifen geht von dem Fürsichgelten des Gegebenen aus und ist in es gebunden. Indem dieses Begreifen nun in das Sichvollziehen des Verstehens in seinem unbedingten Wesen hineingenommen ist und als ein Moment dieses Sichvollziehens verstanden ist, da muß es gerade auch als das an das Fürsichgelten des Gegebenen gebundene Begreifen unbedingte Bedeutung bekommen und dem Fürsichgelten des Gegebenen als solchem diese unbedingte Bedeutung verleihen. Damit entsteht der philosophischen Reflexion in ihr selbst eine Gegeninstanz gegen ihr eigenes Wissen, wie es sich in seiner Vollendung als das Wissen der Hoffnung darstellt. Dem Sichverstehen des Menschen unter dem Begehren, wie es der philosophischen Reflexion für das Verständnis des Menschen von sich selbst statthat, in das er sich in seinem bloß erscheinungshaften Denken und Seinsverständnis stellen muß, und in dem er also ein Verständnis seiner selbst hat, in dem er sich gar nicht in der Wahrheit seines Seins versteht, muß in seiner Unzulänglichkeit doch auch als solchem die unbedingte Bedeutung zuwachsen, die in dem Wissen der Hoffnung liegt, und dieses unzulängliche Sichverstehen des Menschen, wie es sich als sein Sichverstehen unter dem Begehren darstellt, muß, obwohl es darin auch immer schon scheitern muß und immer schon in seiner Eitelkeit durchschaut ist, den Anspruch erheben, dem Menschen gerade durch sich die Glückseligkeit zu gewähren. So wie es für die theoretische Vernunft die Dialektik gibt, die darin entspringt, daß das Begreifen unter dem Fürsichgelten des Gegebenen den Anspruch erhebt, durch sich das Unbedingte als solches anzugeben, so gibt es auch eine Dialektik für das moralische Sichverstehen des Menschen und für sein Sichverstehen in der Hoffnung, und diese Dialektik entspringt daraus, daß das Fürsichgelten des Gegebenen den Anspruch erhebt, von sich her und als es selbst das Geschehen des Fürsichseins des Unbedingten als Sichbestätigen zu sein. Dieser Anspruch wird ihm aus dem Fürsichsein des Unbedingten, aus dem Wissen der Hoffnung selbst zuteil, so wie der theoretische Anspruch auf das Unbedingte aus dem kontemplativen Wissen selbst entspringt. Die moralphilosophische Reflexion tritt in ihre ganze Schwierigkeit ein, sofern sich die reine Vernunft in ihrem praktischen Gebrauche vor diese Dialektik gestellt sieht.[72]

[72] I. Kant: Grundlegung zur Metaphysik der Sitten, hrsg. von Th. Valentiner, Stuttgart 1968, S. 46: Also entspinnt sich ebensowohl in der praktischen gemeinen Vernunft, wenn sie sich kultiviert, unvermerkt eine *Dialektik*, welche sie nö-

In der theoretischen Reflexion führte die Dialektik in den Stillstand der Vernunft im Skeptizismus. Dieser Stillstand der Vernunft im Skeptizismus bedeutet zwar nicht die Überwindung des dogmatischen Begreifens als solchen, aber er bedeutet die Überwindung des Anspruchs dieses Begreifens darauf, durch sich das unbedingte Geschehen des Wissens auszulegen. Aus dem Stillstand der Vernunft im Skeptizismus wird eine philosophische Reflexion möglich, in der das in das Fürsichgelten des Gegebenen gebundene Begreifen, obwohl es in sich selbst auch befangen bleibt, doch als das Sichdurchführen des unbedingten Geschehens des Wissens selbst verstanden werden kann. Auf diese Weise geht in der philosophischen Reflexion das ausdrückliche Wissen um die bloß erscheinungshafte Bedeutung des menschlichen Denkens und des Daseins der Welt hervor. Die philosophische Reflexion, die diese Einsicht erlangt und vollzieht, kann sich selbst als ein synthetisch verfahrendes Denken ansehen, insofern sie nämlich einen Vollzug des Denkens darstellt, in dem das unbedingte Geschehen des Denkens und das Fürsichgelten des dogmatischen Begreifens im kontemplativen Wissen zur Einheit zusammengenommen sind.

Die Dialektik, die sich in der moralphilosophischen Reflexion auftut, bedeutet erstens, daß das Denken als Denken der Hoffnung sich nicht mehr vollziehen kann, ohne daß seiner wahren Bedeutung in ihm selbst auch schon seine erscheinungshafte Auslegung entgegengestellt wäre, nach der das Glück nicht darin besteht, daß die Würdigkeit glücklich zu sein, sich selbst auf die Weise des Gegebenseins erfüllt, sondern vielmehr durch den aus dem Gegebensein entspringenden Genuß erlangt wird; sie bedeutet weiterhin, daß der Mensch sich für diese philosophische Reflexion und in ihr in der ständigen Ungewißheit und Unsicherheit darüber befinden muß, ob er sein Leben überhaupt als ein Leben aus reinem moralischen Sichverstehen leben könne und ob nicht vielmehr das moralische Sichverstehen des Menschen immer schon gegen sich selbst gekehrt sei und in gewisser Weise der moralischen Perversion, dem Hange zum radikal Bösen, verfallen sei, in der das unbedingte Denken, das der Mensch ist — der seiner Wahrheit nach das Sichvollziehen des Denkens der Hoffnung ist —, sich selbst als solches auf die Weise des Genusses meint. Die Dialektik der praktischen Vernunft enthält so einerseits ein theoretisches Problem, ob man nicht der durch das bloß erscheinungshafte Denken und Sichverstehen des Men-

tigt, in der Philosophie Hilfe zu suchen, als es ihr im theoretischen Gebrauche widerfährt, und die erstere wird daher wohl ebensowenig als die andere irgendwo sonst, als in einer vollständigen Kritik unserer Vernunft Ruhe finden.

schen bestimmten Auslegung seines moralischen Sichverstehens durch Einsicht in das Wesen dieser Auslegung und in den Grund ihres Fehlgehens Herr werden und sie ablegen könne; sie enthält aber zweitens und vor allem das Problem, wie denn der Mensch zu einem moralischen Sichverstehen gelangen könne, in dem er die Versuchung, die — für dieses philosophische Denken — aus dem bloß erscheinungshaften Geschehen seines Daseins für ihn unvermeidlich entspringt, beherrscht und dessen sicher sein kann, daß sich ihm sein Dasein in der Welt aus reiner moralischer Gesinnung erfüllt. Für die Dialektik der theoretischen Vernunft war gesagt, daß ihr Schein das Denken immer noch verfolge und es äffe, auch wenn das Wesen dieser Dialektik im transzendentalphilosophischen Begreifen schon durchschaut ist; so möchte im praktischen Bereich eine theoretische Einsicht in das Wesen der Selbstauslegung, in der das moralische Sichverstehen des Menschen sich verkehrt, wohl möglich sein, ohne daß doch der Mensch damit die Gewißheit erlangen könnte, seine moralische Gesinnung davon befreit zu haben, daß sie doch auch Hang zum Bösen ist. Die moralphilosophische Reflexion müßte zur Lösung dieser Dialektik, die im moralischen Sichverstehen des Menschen liegt, sowohl nach ihrer theoretischen Komponente als auch im Hinblick auf das Gewißsein in sich des moralischen Sichverstehens gelangen. Beide Momente aber ihrer Aufgabe entspringen ihr aus dem moralischen Sichverstehen selbst. Die Dialektik der praktischen Vernunft ist eine Dialektik von in sich selbst moralischer Art, und die theoretischen Momente, die in ihre Struktur und in ihre Ausführung eintreten, sind nur Momente des Sichdurchführens des moralischen Sichverstehens selbst.[73]

[73] A. a. O. S. 45f.: Es ist eine herrliche Sache um die Unschuld, nur es ist auch wiederum sehr schlimm, daß sie sich nicht wohl bewahren läßt und leicht verführt wird. Deswegen bedarf selbst die Weisheit — die sonst wohl mehr im Tun und Lassen, als im Wissen besteht, — doch auch der Wissenschaft, nicht um von ihr zu lernen, sondern ihrer Vorschrift Eingang und Dauerhaftigkeit zu verschaffen. Der Mensch fühlt in sich selbst ein mächtiges Gegengewicht gegen alle Gebote der Pflicht, die ihm die Vernunft so hochachtungswürdig vorstellt, an seinen Bedürfnissen und Neigungen, deren ganze Befriedigung er unter dem Namen der Glückseligkeit zusammenfaßt. Nun gebietet die Vernunft, ohne doch dabei den Neigungen etwas zu verheißen, unnachlaßlich, mithin gleichsam mit Zurücksetzung und Nichtachtung jener so ungestümen und dabei so billig scheinenden Ansprüche (die sich durch kein Gebot wollen aufheben lassen) ihre Vorschriften. Hieraus entspringt aber eine *natürliche Dialektik*, d. i. ein Hang, wider jene strengen Gesetze der Pflicht zu vernünfteln und ihre Gültigkeit, wenigstens ihre Reinigkeit und Strenge in Zweifel zu ziehen und sie wo möglich unsern Wünschen

Diese Dialektik, durch die für die philosophische Reflexion die reine Vernunft in ihrem praktischen Gebrauche gekennzeichnet ist, stellt nun für Kant die Situation dar, in der sich das gemeine sittliche Bewußtsein befinde. Bei Shaftesbury und bei Hume hatten wir gefunden, daß die philosophische Reflexion, die in die skeptische Resignation eingetreten ist, dessen gewiß war, daß sie durch ihr Verständnis des moralischen Sichverstehens des Menschen in der Tat gerade das gemeine sittliche Bewußtsein selber in einem Wissen der Reflexion vorstellig machte. In der Lehre Kants kann eine solche ursprüngliche Gewißheit darüber, daß die philosophische Reflexion durch sich nur das gemeine sittliche Bewußtsein angebe, nicht mehr liegen. Sie kann nur im Skeptizismus, in der skeptischen Resignation entspringen, in der die philosophische Reflexion von allem Anspruch, daß sie das Wesen des Denkens begreife, sozusagen leer und frei ist und das Sichverstehen des Menschen offenbar sein und gewußt sein kann, ohne daß sich das dogmatische Begreifen schon wieder dieses Sichverstehens in seiner Auslegung bemächtigt hätte. Bei Kant haben wir wohl den Stillstand der Vernunft im Skeptizismus, aber dieser Stillstand ist ein Sichverhalten der reinen Vernunft zu sich selbst, sofern sie als Geschehen des kontemplativen Wissens das dogmatische Begreifen schon in sich hineingenommen hat und sich selbst als solche auf die Weise dieses Begreifens vollzieht. Die skeptische Resignation, die wir bei Hume haben, bedeutet, daß die Unzulänglichkeit des dogmatischen Begreifens, in das wir gebunden sind, zum unbedingten Geschehen des Denkens offenbar ist und das Denken sich so als solches von der Auslegung durch das dogmatische Begreifen auch frei erhält. Der skeptische Stillstand bei Kant bedeutet, daß das kontemplative Wissen, das sich selbst schon in die dogmatische Auslegung gebunden hat und für sich selbst schon in dieser Auslegung steht,

und Neigungen angemessener zu machen, d.i. sie im Grunde zu verderben und um ihre ganze Würde zu bringen, welches denn doch selbst die gemeine praktische Vernunft am Ende nicht gutheißen kann.

So wird also die *gemeine Menschenvernunft* nicht durch irgend ein Bedürfnis der Spekulation (welches ihr, solange sie sich genügt, bloß gesunde Vernunft zu sein, niemals anwandelt), sondern selbst aus praktischen Gründen angetrieben, aus ihrem Kreise zu gehen und einen Schritt ins Feld einer *praktischen Philosophie* zu tun, um daselbst wegen der Quelle ihres Prinzips und richtigen Bestimmung desselben in Gegenhaltung mit den Maximen, die sich auf Bedürfnis und Neigung fußen, Erkundigungen und deutliche Anweisung zu bekommen, damit sie aus der Verlegenheit wegen beiderseitiger Ansprüche herauskomme und nicht Gefahr laufe, durch die Zweideutigkeit, in die sie leicht gerät, um alle echte sittliche Grundsätze gebracht zu werden.

in dieser seiner Situation und als die Situation, die es so für sich selbst ist, Bewußtsein seiner Hilflosigkeit ist, Bewußtsein davon ist, daß es nur erscheinungshaft geschieht.

In dieser Situation geschieht nicht eigentlich die Befreiung vom dogmatischen Begreifen; das kontemplative Wissen hat sich vielmehr als solches diesem dogmatischen Begreifen übergeben, es geschieht für sich auch als dieses dogmatische Begreifen. In dieser Situation liegt auch, daß das kontemplative Wissen und Sichverstehen des Menschen, das sich als solches dem dogmatischen Begreifen übergeben hat, als die radikale Einsicht über seine eigene Unzulänglichkeit geschieht. Die ganze Schwierigkeit für diese philosophische Reflexion liegt darin, daß das unbedingte Geschehen des Wissens und Sichverstehens des Menschen es hier, indem es es mit dem dogmatischen Begreifen zu tun hat, mit sich selbst als solchem zu tun hat, denn es ist auf die Weise dieses dogmatischen Begreifens es selbst als Fürsichsein. In der skeptischen Resignation ist die Unzulänglichkeit des dogmatischen Begreifens in seinem Fürsichgelten enthüllt und das Sichverstehen des Denkens damit von dem Anspruch dieses dogmatischen Begreifens auf es frei. In dem skeptischen Stillstand ist sich das Fürsichsein des unbedingten Geschehens des Denkens im dogmatischen Begreifen als die radikale Unzulänglichkeit zu sich selbst offenbar, und damit ist dann nicht nur die Freiheit des Sichverstehens des Menschen von allem dogmatischen Begreifen eingetreten, sondern auch das Geschehen seines Fürsichseins im Bewußtsein über die auswegslose Hilflosigkeit, die es ist. In der philosophischen Doktrin äußert sich dies Bewußtsein als das Geschehen des Denkens als Einsicht darüber, daß es immer nur bloß erscheinungshaftes Denken sein kann und daß die Welt und das Dasein des Menschen in ihr immer nur bloß erscheinungshafte Seinsbedeutung haben können. Das kontemplative Wissen ist freilich über dieses Geschehen seines Fürsichseins in der Hilflosigkeit als Fürsichsein auch erhaben — darin allein ist es ja zugleich Durchschauen der Unzulänglichkeit, die es im Vollzuge seines Fürsichseins ist —, aber es kann aus dem in sich unzulänglichen Sichvollziehen seines Fürsichseins nicht heraustreten; der skeptische Stillstand bedeutet nicht, das sich das Sichverstehen des Wissens von dem dogmatischen Begreifen, in dem es sich selber als solches meint, befreien könnte, obwohl er bedeutet, daß es in diesem Zustande die unbedingte Einsicht über seine Hilflosigkeit in der Situation, in der es statthat, ist.[74]

Diese eigentümliche Situation der philosophischen Reflexion bewirkt

[74] Vgl. KrV B 823.

also, daß dies philosophische Denken keineswegs in das Freisein von aller dogmatischen Auslegung eintreten kann und so mit Recht von sich behaupten könnte, es gebe das Sichverstehen des Menschen nach dem an, was es seinem reinen Sichbezeugen nach an sich selbst ist. Hier muß es sich vielmehr so verhalten, daß die philosophische Reflexion ihre *eigene* Situation als die angeben muß, die das Sichverstehen des Menschen für sich selbst sei. Mit anderen Worten, es verhält sich so, daß die philosophische Reflexion hier als eine dogmatische Auslegung des Sichverstehens des Menschen geschieht, die sich selbst als das wahre Geschehen des Sichverstehens des Menschen angeben muß. Der Skeptizismus führt hier nicht zur Befreiung vom dogmatischen Begreifen und von der dogmatischen Selbstauslegung, er führt zur Einsicht über die Hilflosigkeit, die die dogmatische Selbstauslegung als solche ist und über das in sich unzulängliche — bloß erscheinungshafte — Bedeutenkönnen, als das sie geschieht und als das sie sie selbst ist. Hier findet kein Skeptizismus gegenüber dem dogmatischen Begreifen statt, sondern hier ist das Sichverstehen des Menschen, das in das dogmatische Begreifen gebunden ist, als es selbst zum in sich skeptischen Geschehen geworden, zum Bewußtsein vom bloß erscheinungshaften Wesen unseres Wissens und zum Geschehen des moralischen Sichverstehens als Ungewißheit und Unsicherheit in sich selbst. Diese Situation ist diese philosophische Reflexion so, daß sie in ihr befangen ist und sich nur in ihr und als sie selbst vollziehen kann. Diese Situation des moralischen Sichverstehens des Menschen daher ist es, die Kant als die Situation unseres moralischen Unsverstehens schlechthin ausgeben muß und auf die er sich in dem Sinne berufen muß, daß sich durch sie das gemeine sittliche Bewußtsein angebe.

Während Shaftesbury und Hume im gemeinen sittlichen Bewußtsein immer nur die Bestätigung für die Einsicht fanden, die die philosophische Reflexion aus sich heraus darlegte, muß sich für Kant die philosophische Reflexion an das Verständnis des moralischen Sichverstehens des Menschen, das sie selbst entwickelt hat, halten — und zwar in der Schwäche, die sie im dogmatischen Begreifen selbst ist — und dieses ihr eigenes Verständnis des moralischen Sichverstehens des Menschen als das gemeine sittliche Bewußtsein vorstellig machen, das in seiner Wahrheit zu verstehen der — aus der Dialektik heraus fortschreitenden — philosophischen Reflexion aufgetragen sei. Das skeptische Sichverstehen des Menschen, das die philosophische Reflexion selbst erstellt, bekommt für die philosophische Reflexion unter dem Namen des gemeinen sittlichen Bewußtseins die Bedeutung einer Instanz, auf die sich die philosophische Reflexion in ihrem Fortgang aus der Dialektik heraus als auf ein Vorausgesetztes beruft, das sie als solches akzeptieren müsse und über das sie nicht weiter befinden könne. Indem sich die philosophische Reflexion so auf das — von ihr selbst erstellte — gemeine sittliche Bewußtsein beruft, vollzieht sie sich, als das in sich skeptische Geschehen des Verstehens, das sie ist, nicht als Gewißsein in sich selbst: sie weiß warum, daß sich ihr die wahre Bedeutung des Denkens und des Seins in dieser Situation auch entzieht, daß sie das Sichverstehen des Menschen nicht in einem Denken erkennt, das sich für sich selbst ganz seiner Wahrheit nach vollzöge, aber sie kann sich doch auch nicht über ihre Auslegung des moralischen Sichverstehens des Menschen, die sie als das gemeine sittliche Bewußtsein angibt, erheben. So findet die ganze moralphilosophische Reflexion in einem Gebundensein des Denkens statt, in dem es als Unsicherheit in sich selbst geschieht. Die Berufung auf das gemeine sittliche Bewußtsein darf gerade nicht in Frage gestellt werden, indem zugleich einsichtig ist, daß dieses gemeine Bewußtsein ein Sichverstehen angebe, dessen Bedeutung nicht als ein vollkommenes Ausgewiesensein über sich selbst statthat, und daß die ganze Entwicklung der philosophischen Reflexion, die von diesem gemeinen sittlichen Bewußtsein ausgeht, von dieser Situation bezeichnet bleiben müsse: „Wir zeigten nur durch Entwicklung des einmal allgemein im Schwange gehenden Begriffs der Sittlichkeit: daß eine Autonomie des Willens demselben unvermeidlicherweise anhänge oder vielmehr zum Grunde liege. Wer also Sittlichkeit für etwas und nicht für eine chimärische Idee ohne Wahrheit hält, muß das angeführte Prinzip derselben zugleich einräumen.“[75]

Die Fortentwicklung der philosophischen Reflexion aus der Dialektik des moralischen Sichverstehens heraus müßte nun in einem synthetischen Verfahren des Denkens geschehen, so wie aus der theoretischen Dialektik heraus ein synthetisches Verfahren des Denkens zu der ›Transzendentalen Ästhetik‹ und zu der ›Transzendentalen Analytik‹ geführt hat. Synthetisches Verfahren des philosophischen Denkens würde bedeuten, daß das dogmatische Begreifen, ohne daß es eigentlich in seinem Charakter geändert würde, doch aus dem unbedingten Geschehen des Denkens als sein Sichdurchführen verstanden wäre. So eröffnet sich in der theoretischen Philosophie das bloß erscheinungshafte Denken als das Sichdurchführen des in sich apriorischen Geschehens des Denkens und des Seins. In der praktischen Philosophie müßte das durch das dogmatische Begreifen mitbestimmte moralische Sichverstehen des Menschen, obwohl ihm seine Unzulänglichkeit nicht genom-

[75] Grundlegung zur Metaphysik der Sitten, S. 102.

men werden könnte, als das Sichdurchführen des Denkens der Hoffnung verstanden werden und so auf die Weise des in sich ungewissen und ungesicherten moralischen Bewußtseins und durch es für das philosophische Verstehen und damit für das Sichverstehen des Menschen gerade auch das reine und unbezügliche Innestehen des Menschen im moralischen Sichverstehen seine Ausführung finden. Zu einem solchen synthetischen Verfahren, das die philosophische Reflexion als das eigentlich von ihr geforderte weiß, kann es aber in dieser Situation des philosophischen Denkens nicht kommen, da im Wissen der philosophischen Reflexion um das moralische Sichverstehen des Menschen — im Unterschiede zu ihrem Denken im theoretischen Bereiche — das Sichverstehen sich selbst als solches in seinem Fürsichsein auf die Weise des dogmatischen Begreifens meint. Wenn das moralische Sichverstehen in der philosophischen Reflexion an sich selbst herantritt, auch insofern an sich selbst herantritt, als es das Denken der Hoffnung ist, dann gibt es sich sich selbst immer von dem dogmatischen Begreifen her an, es gibt sich sich selbst immer nur aus der Ungewißheit und Unsicherheit, die es als dogmatisches Begreifen in seinem Fürsichsein ist, heraus und als solche Ungewißheit und Unsicherheit an, und es kann ihm in der philosophischen Reflexion nicht gelingen, sich selbst — auch sofern es das Denken der Hoffnung ist — anders anzugeben als unter der Gestalt dieser Ungesichertheit und Ungewißheit und als in der Versuchung, in die es in seinem Fürsichsein und als dieses Fürsichsein immer schon eingegangen ist.

Kant sagt in den ›Prolegomena‹ (1783), daß er in der ›Kritik der reinen Vernunft‹ (1781) nach der synthetischen Methode verfahren sei. Die Kritik der reinen Vernunft soll die Grundlage für eine theoretische Metaphysik bilden, die sich dann freilich nicht erstellen läßt. In der ›Vorrede‹ zur ›Grundlegung zur Metaphysik der Sitten‹ (1785) sagt Kant, daß eine solche Grundlegung eigentlich durch eine Kritik der reinen praktischen Vernunft erfolgen müsse, daß er es aber zu einer solchen Kritik noch nicht habe bringen können.[76] Die Kritik der reinen praktischen Vernunft hätte synthetisch verfahren müssen; statt dessen verfährt die ›Grundlegung zur Metaphysik der Sitten‹ analytisch. Lediglich für den letzten Abschnitt, der den „Schritt von der Metaphysik der Sitten zur Kritik der reinen praktischen Vernunft" tue, soll eine synthetische Methode angewendet sein. Dieser dritte Teil nimmt den Weg von dem obersten Prinzip des gemeinen sittlichen Erkennens und von der Prüfung und den Quellen dieses Prinzips zurück „zur gemeinen Er-

[76] Vgl. a. a. O. S. 25.

kenntnis, darin sein Gebrauch angetroffen wird". Die synthetische Methode, von der hier gesprochen wird, ist also nicht eine Methode, die das in das Fürsichgelten des Gegebenen gebundene Begreifen als solches im unbedingten Geschehen des Denkens und Sichverstehens als dessen Sichgestalten eröffnen würde, sondern es ist ein synthetisches philosophisches Denken, das die durch das analytische Verfahren gewonnene Einsicht mit dem Geschehen des Unbedingten als Stattfinden des Gegebenen zu einer Einsicht so zusammennimmt, daß das Gegebene die unbedingte Bedeutung durch sich doch auch unter der Gestalt seines bloßen Fürsichgeltens angibt.[77]

Es bleibt also für die moralphilosophische Reflexion kein anderer Weg als der der gegenständlichen Logik, wie sie als ein Begreifen unter dem Artbegriff verfährt. Für Hume hatte die gegenständliche Logik die Seinsbedeutung des moralischen Urteils lediglich im Hinblick auf das Gegebensein erschlossen, indem nämlich erkannt wurde, das moralische Urteil gelte sowohl für die beurteilten Inhalte als auch für die möglichen Beurteiler für den ganzen Umfang des gegebenen menschlichen Daseins in der Welt. Dieses auf das Ganze gehende Begreifen unter dem Artbegriff konnte dabei seinen Bezug auf das moralische Urteil durch sich selbst nicht einsichtig machen, weil das Allgemeine und Umfassende hier nur vom Besonderen in seinem Fürsichgelten her verstanden ist. So kann es sich nun für Kant nicht mehr verhalten. In der Dialektik der praktischen Vernunft weiß die philosophische Reflexion das Fürsichgelten des Gegebenen schon als das Geschehen des unbedingten Denkens als sein Sichbestätigen; die Dialektik entspringt darin, daß das unbedingte Geschehen des Denkens, das das Denken der Hoffnung ist, sich als solches auf die Weise des bloßen Fürsichgeltens des Gegebenen, d. h. auf die Weise des bloß erscheinungshaften Geschehens des menschlichen Daseins nimmt, diese bloße Erscheinungshaftigkeit als sein Esselbstsein begreifen will. Die gegenständliche Logik, die an dieser Situation ansetzt, kann nicht darauf gehen, die unbedingte Bedeutung des

[77] A. a. O. S. 26f.: Ich habe meine Methode in dieser Schrift so genommen, wie ich glaube, daß sie die schicklichste sei, wenn man vom gemeinen Erkenntnisse zur Bestimmung des obersten Prinzips desselben analytisch und wiederum zurück von der Prüfung dieses Prinzips und den Quellen desselben zur gemeinen Erkenntnis, darin sein Gebrauch angetroffen wird, synthetisch den Weg nehmen will. Die Einteilung ist daher so ausgefallen: 1. *Erster Abschnitt:* Übergang von der gemeinen sittlichen Vernunfterkenntnis zur philosophischen. 2. *Zweiter Abschnitt:* Übergang von der populären Moralphilosophie zur Metaphysik der Sitten. 3. *Dritter Abschnitt:* Letzter Schritt von der Metaphysik der Sitten zur Kritik der reinen praktischen Vernunft.

moralischen Urteils für den Bereich des Gegenständlichen zu bestätigen, denn ein solcher äußerer, von dem moralischen Urteil abgehobener Bereich des Gegebenseins liegt ja gar nicht mehr vor, da das Gegebensein des menschlichen Daseins in der Welt vielmehr schon als solches als das Sichdurchführen des moralischen Urteils erkannt ist. Es kann sich für die gegenständliche Logik und ihr Begreifen unter dem Artbegriff nur darum handeln, das weltliche Gegebensein des menschlichen Daseins von sich her als dasjenige anzugeben, das seiner wahren Seinsbedeutung nach dadurch gerade noch nicht bezeichnet ist, daß es sich selbst in seinem Fürsichgelten nimmt und sich durch es versteht, das vielmehr nur darin seiner Wahrheit nach begriffen ist, daß es als solches und unmittelbar an ihm selbst auch schon das Allgemeine und das Ganze ist und sich selbst, gerade indem es das an das Besondere in seinem Fürsichgelten verlorene Sichverstehen ist, seiner Wahrheit nach als das in sich allgemeingültige und allumfassende Sichverstehen darstellt.

Die Dialektik der praktischen Vernunft besagt, daß das moralische Sichverstehen des Menschen, indem es seiner Wahrheit nach für sich selbst ist und als dieses wahre Sichverstehen geschieht, sich auch gegen sich selbst kehrt, sich als die Wahrheit, die es ist, selbst in seinem Sichverlieren meint. Diese Dialektik muß die gegenständliche Logik, durch ihr Begreifen unter dem Artbegriff, so aufschließen und zur Beruhigung bringen, daß sie einsichtig macht, das Sichverkehren des moralischen Bewußtseins sei doch nur ein Geschehen, das gar nicht die Seinsbedeutung und die Kraft haben kann, das moralische Sichverstehen des Menschen in seiner Wahrheit zu tangieren, vielmehr verhalte es sich so, daß der Mensch sich in diesem moralischen Sichverstehen doch immer auch für sich selbst erhalte und daß der Hang zur Bosheit nichts über dieses wahre Sichverstehen vermöge. Während also für Hume die gegenständliche Logik die Bestätigung des moralischen Urteils an einem faktisch vorhandenen Gegebenen suchen muß, das die moralische Bedeutung von sich her nicht direkt sehen läßt, sucht bei Kant die gegenständliche Logik die Bestätigung des moralischen Urteils im Sichverstehen und als das Sichverstehen des Menschen selbst, sofern es nämlich hier als dieses Sichverstehen selbst geschieht, daß die moralische Bedeutung sich über dem Fürsichgelten des Gegebenen nicht mehr direkt als solche erkennen läßt; und weil es sich um das Sichverstehen selbst handelt, muß das bedeuten, daß die unbedingte Seinsbedeutung des menschlichen Daseins sich gerade, sofern sie sich selbst schon zugegen ist, sich selbst auch entzogen hat. In dieser Situation, und nicht einfach für faktisches Gegebensein, muß es nun herausgeholt werden, daß die wahre Seinsbedeutung des menschlichen Daseins doch stattfindet, es muß herausgeholt werden, daß das moralische Sichverstehen des Menschen, das sich als die Wahrheit, die es ist, gegen sich selbst kehrt und sich selbst bloß unter dem Fürsichgelten des Gegebenen meint, eben darin und als solches das Sichdurchführen des wahren Sichverstehens des Menschen und der wahren Seinsbedeutung seines Daseins ist. Dies muß hervorgehen, indem die gegenständliche Logik mit ihrem Begreifen unter dem Artbegriff das unzulängliche Sichverstehen des Menschen von sich selbst her auffaßt und es als das Sichdurchführen des Sichverstehens in der Wahrheit seiner Bedeutung entdeckt.

Das Begreifen unter dem Artbegriff, das diese gegenständliche Logik im Ausgang von dem Fürsichgelten des Gegebenen übt, muß nun ein Verfahren in der Abstraktion in dem Sinne sein, daß das Besondere selbst und als solches zugleich als das Geschehen und Sichbezeugen der umfassenden und in sich beschlossenen unbedingten Bedeutung entdeckt wird. Das abstrahierende Denken der Metaphysik, das glaubte, selbst abstrakte Entitäten erkennen zu können, war von Denkern wie Malebranche oder Berkeley abgelehnt worden. Das Begreifen unter dem Artbegriff, das wir in der gegenständlichen Logik Humes finden, setzt nicht etwa ein in sich allgemeines Sein, sondern geht nur auf die Gesamtheit der Fälle des Begreifens und Begriffenseins und erreicht das Ganze durch das Umschließen alles Besonderen. Die auf das Ganze gehende Seinsbedeutung wird also immer nur vom Besonderen her gefaßt, und als das Ganze entspricht das Besondere von sich her der unbedingten Bedeutung des moralischen Urteils. Für Kant dagegen geht die Seinsbedeutung, die durch das Begreifen unter dem Artbegriff in der gegenständlichen Logik erlangt wird, als die Seinsbedeutung hervor, die das Besondere in seinem Fürsichgelten an sich selbst auch immer schon hat: und dies ist deswegen möglich, weil das Besondere schon an ihm selbst als das Geschehen der in sich beschlossenen unbedingten Bedeutung statthat und gewußt ist. Durch die im analytischen Verfahren des philosophischen Denkens geübte Abstraktion wird diese unbedingte Bedeutung, die unser Sichverstehen so vollzieht, daß sie auch schon in ihre eigene Verkehrung eingegangen ist, hervorgeholt; sie wird nicht so hervorgeholt, wie es dem in sich unbedingten Geschehen des Denkens und Sichverstehens eigentlich entsprechen würde, d. h. so daß das Unbedingte sich selbst als sein Sichgestalten einsichtig wäre; das besondere Gegebensein und Fürsichsein des Daseins des Menschen wird vielmehr auch als das gegebene Geschehen des Denkens als Denken behauptet, das, im einzelnen Falle gegeben, als Denken und Sichverstehen die intelligible Natur einer in sich allgemeinen Seinsbedeutung habe. Auf die Weise des gegebenen Seins findet die sich selbst verstehende Bedeutung statt, und diese Bedeutung ist als Seinsbeschaffenheit, die als solche Kenntnis und Erkenntnis ist, in sich unbezüglicher und in sich beschlossener, allgemeingültiger Natur.

In dieser Art abstrakten Denkens also verfährt die gegenständliche Logik der philosophischen Reflexion, die damit allem sich ins Empirische bindenden Denken den Abschied gibt. Mit der Einsicht in die Dialektik der praktischen Vernunft sind wir von der gemeinen sittlichen Vernunfterkenntnis — wie diese Philosophie sie vorstellt — zur philosophischen gekommen. Das Bewußtsein von der Dialektik der praktischen Vernunft würde zur Popularphilosophie ausarten, wenn man ihre Bedeutung in einem Denken verstehen wollte, das sich selbst in die Erfahrung bindet. Nur durch ein rein abstraktes Denken kann das moralische Sichverstehen des Menschen, das sich in dieser Dialektik austrägt, in seinem Prinzipe einsichtig werden. Das Wesen aber dieser Abstraktion besteht nicht darin, daß durch sie ein Ganzes dem Umfange nach angegeben würde, es liegt vielmehr darin, daß das Fürsichgelten des Gegebenen in seinem Bestimmtsein daraufhin angegangen wird, daß es durch sich das Wesen des Denkens als Denken angibt und so das Empirische selbst seiner Wahrheit nach als eine Bedeutung entdeckt wird, die nicht mehr empirisch bezeichnet werden kann.[78]

[78] A. a. O. S. 51: Wenn es denn keinen echten obersten Grundsatz der Sittlichkeit gibt, der nicht unabhängig von aller Erfahrung bloß auf reiner Vernunft beruhen müßte, so glaube ich, es sei nicht nötig, auch nur zu fragen, ob es gut sei, diese Begriffe, so wie sie samt den ihnen zugehörigen Prinzipien a priori feststehen, im allgemeinen (in abstracto) vorzutragen, wofern das Erkenntnis sich vom gemeinen unterscheiden und philosophisch heißen soll. Aber in unsern Zeiten möchte dieses wohl nötig sein. Denn wenn man Stimmen sammelte, ob reine von allem Empirischen abgesonderte Vernunfterkenntnis, mithin Metaphysik der Sitten, oder populäre praktische Philosophie vorzuziehen sei, so errät man bald, auf welche Seite das Übergewicht fallen werde.

A. a. O. S. 54f.: Aus dem Angeführten erhellt: daß alle sittlichen Begriffe völlig a priori in der Vernunft ihren Sitz und Ursprung haben und dieses zwar in der gemeinsten Menschenvernunft ebensowohl, als der im höchsten Maße spekulativen; daß sie von keinem empirischen und darum bloß zufälligen Erkenntnisse abstrahiert werden können; daß in dieser Reinigkeit ihres Ursprungs eben ihre Würde liege, um uns zu obersten praktischen Prinzipien zu dienen; daß man jedesmal soviel, als man Empirisches hinzutut, soviel auch ihrem echten Einflusse und dem uneingeschränkten Werte der Handlungen entziehe; daß es nicht allein die größte Notwendigkeit in theoretischer Absicht, wenn es bloß auf Spekulation ankommt, erfordere, sondern auch von der größten praktischen Wichtigkeit sei, ihre Begriffe und Gesetze aus reiner Vernunft zu schöpfen, rein und un-

Die unter dem Artbegriff begreifende gegenständliche Logik ist also dem Denken der Hoffnung darin gerade nicht gemäß, daß sie sich an ein Begreifen hält, das in das Fürsichgelten des Gegebenen in seinem Bestimmtsein gebunden ist; es geht ihr aber um die in sich unbedingte Bedeutung des Denkens der Hoffnung darin, daß das Denken das Besondere in seinem Gegebensein an sich selbst als das Geschehen der intelligiblen Bedeutung dieses Denkens eröffne.

Dieses abstrakte Denken kann nun das Geschehen des Verstehens unser selbst, wie es für sich selbst unter dem Begreifen im Bestimmten statthat und damit als Sichverstehen auch bestimmt ist, Begehren des Gegebenen zu sein, als Geschehen von Denken, das in seiner Bedeutung unbezüglich und in sich beschlossen gilt, nicht anders als dadurch angeben, daß alles, was wir auf besondere Weise meinen, sofern es als Vorstellung im Denken geschieht, auch in sich beschlossene Bedeutung hat und ist und insofern — in seiner Besonderheit — an sich selbst die Natur dessen hat, was an sich gilt, die Natur des Gesetzes oder der Gesetzmäßigkeit hat. Die praktische Vernunft besteht recht eigentlich darin, daß wir im Bewußtsein darüber, daß wir die Situation, in der wir uns befinden, denken und ihrer als Denkgeschehen gewiß sind, dieser Situation entsprechend handeln und so eine Bedeutung empirisch ausführen, die in sich selbst beschlossen ist und als in sich beschlossene Bedeutung die Natur des Gesetzes hat. Wir können in unserm Unsselbstverstehen diese in sich gesetzmäßige Natur, die unser Handeln als Handeln denkender Weltwesen hat, zur Durchführung bringen, es kann sich aber auch so verhalten, daß wir für uns selbst das Wesen des Denkens im Fürsichgelten des Bestimmten untergehen lassen, und man wird sagen können, daß wir uns, wenn wir in einer solchen Verfassung handeln, durch Begierden und durch Neigungen bestimmt erleben, in denen das vernünftige Weltwesen in seinem Sichverstehen aus dem Gegebensein heraus für sich da ist. Wir sind dann, wie Kant sagt, gewissen subjektiven Triebfedern unterworfen.

Es braucht sich aber nicht so zu verhalten, sondern wir können uns in unserm Handeln sehr wohl denkend und nach Gesetzen bestimmen. Das können wir durch das abstrakte Denken aus der empirischen Situation heraus leisten. Von dem Handeln, das als solches im Denken vollzogen ist und Ausdruck und Vollzug der Gesetzmäßigkeit ist, können wir sagen, daß es objektiv gültig ist. Weil wir aber nicht immer aus Denken handeln,

vermengt vorzutragen, ja den Umfang dieses ganzen praktischen oder reinen Vernunfterkenntnisses, d. i. das ganze Vermögen der reinen praktischen Vernunft, zu bestimmen.

sondern uns auch durch die Bedürfnisse bestimmen lassen, kann man sagen, daß solches objektiv gültige Handeln für uns subjektiv zufällig bleibt.

Die Bestimmung der Gesetzmäßigkeit und objektiven Gültigkeit unseres Handelns, wie das abstrakte Denken sie hier gibt, entspricht der Bestimmung der Freiheit, wie wir sie in der ›Kritik der reinen Vernunft‹ gefunden haben, nur daß das Bedenken der Freiheit dort noch nicht auf das Geschehen des Gegebenseins des menschlichen Daseins einging. Objektive Gültigkeit haben die empirischen Handlungen, sofern sie als Vollzug des Denkens und damit der Gesetzmäßigkeit geschehen. Die Inhalte dieser Handlungen sind empirische Inhalte. Weil es subjektiv zufällig bleibt, ob wir uns in unserm empirischen Handeln wirklich durch das Denken und die Gesetzmäßigkeit bestimmen lassen, es also zwar unserer Natur als denkender Weltwesen entspricht, daß wir so aus dem Denken und in der Gesetzmäßigkeit handeln, es aber nicht immer zutrifft, daß wir es tun, wir uns also nicht notwendig im Denken und in der Gesetzmäßigkeit bestimmen, kann man auch sagen, wir verstehen uns in bezug auf solche Selbstbestimmung in einem Sollen, d.h. auf etwas hin, worin unsere Natur zur Übereinstimmung mit sich selbst gelangt, ohne daß sie von sich aus diese Übereinstimmung mit sich immer schon hätte und wäre. So können wir sagen, daß unser Unsselbstbestimmen im Denken und in der Gesetzmäßigkeit für uns den Charakter des Imperativs hat. All dies können wir durch das abstrakte Denken einsehen, und all dies ist durch die Erfahrung bezeugt.

„Alle Imperativen werden durch ein *Sollen* ausgedrückt und zeigen dadurch das Verhältnis eines objektiven Gesetzes der Vernunft zu einem Willen an, der seiner subjektiven Beschaffenheit nach dadurch nicht notwendig bestimmt wird."[79] Subjektiv werden wir dann bestimmt, wenn wir, ohne die Handlung vom Gesetz der Vernunft abzuleiten, uns unmittelbar durch Neigungen und Bedürfnisse bewegen lassen. Objektiv aber bestimmen wir uns, wenn wir die Handlung aus der in sich beschlossenen Einsicht der Vernunft ableiten. Diese Einsicht in die objektive Gültigkeit der Handlungen entdeckt die gegenständliche Logik durch eine Abstraktion, die das Fürsichgelten des Gegebenen in seinem Bestimmtsein als den Vollzug des Fürsichseins der Vernunft versteht. Das Besondere wird in seiner Besonderheit als das Sichvollziehen der sich selbst verstehenden Vernunft erkannt und gewußt.

Die Abstraktion Humes ging vom Einzelfall auf die Gesamtheit der Einzelfälle, und da blieb das Ganze in gewisser Weise immer der Bestätigung durch die Einzelfälle bedürftig. Kant gelangt, aus dem Durch-

[79] A. a. O. S. 57.

gang seiner theoretischen Reflexion durch die ›Transzendentale Ästhetik‹ und die ›Transzendentale Analytik‹ zu einer gegenständlichen Logik, die das Besondere in seinem Fürsichgelten unmittelbar als das Sichvollziehen des in sich beschlossenen Wissens der Vernunft nimmt. Die theoretische Philosophie entdeckt die Seinsbedeutung der Natur im Naturgesetz, die praktische Philosophie entdeckt die Seinsbedeutung des menschlichen Willens im Vernunftgesetz.[80] Diese Entdeckung der Seinsbedeutung des Vernunftgesetzes für das menschliche Handeln bedeutet, daß das besondere gegebene Handeln unmittelbar und als solches, als die Besonderheit, die es ist, als in sich beschlossene und vollendete Bedeutung hervorgehen kann, daß es an sich selbst, d. h. daß seine Besonderheit als solche ein Ganzes und Allgemeingültiges ist. Damit entfällt, was bei Hume nötig war, daß das Denken die Einzelfälle ganz durchlaufe, um zur Bestätigung seiner Einsicht gelangen zu können. Aber die bei Kant in der gegenständlichen Logik gewonnene Einsicht ist dennoch auch in einem Denken gewonnen, das sich in seiner Abstraktion an das Fürsichgelten des Gegebenen hält. Auch die Einsicht in das Vernunftgesetz entspringt dem Begreifen unter dem Artbegriff. Wohl verhält es sich jetzt so, daß das Gegebene in seinem Fürsichgelten als solches das in sich beschlossene Wesen der Einsicht der Vernunft darstellen soll, während bei Hume das Gegebene dadurch das Ganze angeben sollte, daß die Erkenntnis über alle Einzelfälle erweitert wurde, aber das Begreifen nimmt seinen Ausgang doch immer vom Fürsichgelten des Gegebenen und entdeckt die allgemeine Bedeutung, die als solche Seinsbedeutung ist, als die allgemeine Bedeutung des Gegebenen. Bei Hume blieb das Denken dabei der bloßen Faktizität der Einzelfälle verhaftet und erweiterte sich über die ganze Sphäre der Einzelfälle; bei Kant erschließt sich der Einzelfall in einer allgemeinen Bedeutung, aber damit ist die gegenständliche Logik nun gerade auch ganz auf den bloßen Einzelfall festgelegt, in dem und als den sie die allgemeine Bedeutung, die als solche Seinsbedeutung ist, findet.

5. Die Auslegung des Gattungsbegriffes durch den Artbegriff: Die Imperative

Was die gegenständliche Logik bei Kant als die Wahrheit des menschlichen Handelns ausmacht, sind die Imperative. Die Imperative beziehen sich aber gerade auf das einzelne und besondere Handeln des

[80] Vgl. a. a. O. S. 103.

Menschen, sofern es an ihm selbst die Natur des Gesetzes zeigt. Die Imperative, in denen sich die wahre Seinsbedeutung des menschlichen Handelns gibt, sind daher für Kant im Ausgangspunkte seiner Überlegungen die Imperative, die er dann die hypothetischen Imperative nennt, in denen sich die Gesetzmäßigkeit des menschlichen Handelns als die Beschaffenheit des menschlichen Handelns in seinen bestimmten konkreten Situationen zeigt, wo Absicht und Mittel in einem in sich beschlossenen Wissen der Vernunft zur Einheit zusammengefaßt sind, die Einheit eines solchen Wissens sich durch sie vollzieht.

Es ist offensichtlich, daß die philosophische Reflexion mit dieser Einsicht der gegenständlichen Logik dem Denken der Hoffnung nicht genugtun kann. Das Denken der Hoffnung meinte, daß das unbedingte Wesen des Denkens auf die Weise des Gegebenen sein Fürsichsein als Sichbestätigen sein sollte. Die Lehre der gegenständlichen Logik von den hypothetischen Imperativen erbringt nur, daß das Gegebene in seinem Fürsichgelten und als dies Fürsichgelten das Wesen der Vernunft darstellt, es bringt nicht das neue Begreifen des Geschehens dieses Fürsichgeltens selbst, wonach es sich selbst als den Vollzug der Vernunft angeben müßte, anstatt daß die Vernunft von ihm her und durch es verstanden ist. Kant gibt in seiner Betrachtung der hypothetischen Imperative ausdrücklich an, daß durch sie letztlich auch die Seinsbedeutung der Glückseligkeit bestimmt werden müßte, daß aber das Fürsichgelten des Gegebenen, auf das sie sich beziehen, nicht dazu gelangt, anzugeben, was die Glückseligkeit eigentlich meine.[81]

Die Schwierigkeit für die gegenständliche Logik liegt darin, daß diese Logik nur analytisch verfahren kann. Das Denken der Hoffnung dagegen ist, wenn wir es mit Kant so ausdrücken wollen, ein in sich synthetisches Denken. Hier werden die Bedeutung des in sich unbedingten Geschehens des Denkens und die Bedeutung von Gegebensein zu einer Einheit zusammengenommen. Diesem in sich synthetischen Denken will nun die gegenständliche Logik in einem Verfahren gerecht werden, das selbst analytisch angelegt ist. In einem solchen Verfahren wird also ein in sich synthetisches Geschehen, das — nach dieser Philosophie — unser Sein ausmacht, im philosophischen Raisonnement einer Prozedur und einer Perspektive unterworfen, die diesem Geschehen gar nicht angemessen sein kann. Was bei dieser Prozedur zunächst herauskommt, ist die Einsicht in die hypothetischen Imperative und die Bestimmung auch der Bedeutung der Glückseligkeit durch den hypothetischen Imperativ. Indem im Wissen der Kontemplation das philoso-

[81] Vgl. a. a. O. S. 60–65.

phische Raisonnement an dem in sich synthetischen Denken der Hoffnung gemessen wird, ergibt es sich, daß, damit das Raisonnement dem synthetischen Geschehen des Denkens, das in der Kontemplation gewußt ist, gerecht werden könne, der Gedanke des hypothetischen Imperatives noch überschritten werden muß. Dies kann nur in einem analytischen Verfahren des Denkens im philosophischen Raisonnement geschehen, das sich auf die in sich synthetische Natur des unbedingten Wesens des Wissens und Sichverstehens bezieht. Für den hypothetischen Imperativ, in dem die Seinsbedeutung des menschlichen Handelns aus dem Fürsichgelten des Gegebenen verstanden ist, fand die philosophische Reflexion ein Material vor, in dem die Verwirklichung der Vernunft ihrem eigenen analytischen Verfahren entsprach. In den hypothetischen Imperativen analysierte sie Sätze, die selbst analytisch sind, das Vernunftgesetz liegt hier im Material, versteht sich aus dem Material heraus, und das philosophische Raisonnement brauchte in seinem analytischen Verfahren diese analytischen Sätze nur aus dem Wissen der Kontemplation heraus mitzuvollziehen. Es kommt aber jetzt für das analytische Verfahren des philosophischen Raisonnements darauf an, über diese bloß analytischen Sätze hinauszugehen und sich in gewisser Weise auch auf die in sich synthetische Natur des Wissens und Sichverstehens des Menschen zu erstrecken.

Hier ist nun dem analytischen Raisonnement gar keine direkte Handhabe gegeben. Es selbst ist es ja eigentlich, das die hypothetischen Imperative als analytische Sätze hat hervorgehen lassen: dieses Verständnis des Handelns des Menschen ist im philosophischen Raisonnement entstanden. Das synthetische Wesen des Denkens entzieht sich dem Raisonnement gerade. Zwar ist dieses in sich synthetische Wesen des Sichverstehens des Menschen im Wissen der philosophischen Reflexion offenbar, aber das Raisonnement kann es durch sich nicht direkt darstellen, sondern es bleibt in seinem analytischen Verfahren an das Fürsichgelten des Gegebenen gebunden. Für dieses analytische Verfahren des Raisonnements kann es nur die Möglichkeit geben, die unbedingte Bedeutung, die Gesetzmäßigkeit, die in den hypothetischen Imperativen liegt, dadurch über ihr Geschehen auf die Weise des Besonderen, über ihre Bindung an das Besondere zu erheben, daß dieses Besondere selbst ins Allgemeine erhoben wird. Wir kommen wieder zu der Art von Abstraktion zurück, die wir bei Hume als die allein mögliche gefunden haben. Das Besondere muß von sich her die ganze Sphäre angeben. Bei Kant eröffnet sich in den hypothetischen Imperativen das Besondere selbst als das Allgemeine. Aber das Allgemeine muß dabei durch das Besondere und als es gefaßt werden. Um nun der bloßen Besonderheit, die doch weiterhin für sich gilt, als solcher auch noch Herr zu werden, sie als solche in das unbedingte Geschehen des Denkens einzubeziehen, kann dem analytischen Verfahren des Raisonnements nichts anderes möglich sein, als das Besondere in seiner Besonderheit und als sie doch als das Allgemeine und Ganze anzugeben, wie auch Hume es durch die Erweiterung des Besonderen auf die Gesamtheit der Fälle getan hatte. Eine andere Möglichkeit ist für das Begreifen unter dem Artbegriff nicht gegeben. Innerhalb des Wesens der hypothetischen Imperative, wonach unser Handeln in seiner Besonderheit schon das Gesetz darstellt, muß also noch darauf ausgegangen werden, den Inhalt dieser Imperative selbst noch als in sich beschlossen, als ein Ganzes und ein Allumfassendes und Allgemeingültiges anzugeben.

Was wir durch die hypothetischen Imperative im Gesetze verwirklichen, soll nicht einfach diese besondere Absicht, dieser besondere Zweck sein, sondern durch die hypothetischen Imperative, in denen Gesetzmäßigkeit des Besonderen geschieht, soll auch ein besonderes Material verwirklicht werden, das als solches für alle einzelnen Fälle gilt, das das Ganze und Umfassende meint. Hume hatte dieses Ganze und Umfassende dann direkt vom gegebenen Einzelnen her angegeben, Kant muß es als das Sichdurchführen des in sich gesetzlichen Wesens der hypothetischen Imperative selbst angeben. Auf diese Weise kommen wir in der gegenständlichen Logik, wie sie unter dem Artbegriffe begreift, dazu zu sagen, die Seinsbedeutung des sittlichen Handelns des Menschen sei dann erfüllt, wenn die Besonderheit des besonderen gesetzmäßigen und vernünftigen Handelns der Menschen (wie es im hypothetischen Imperativ statthat) so bestimmt sei, daß es auf das Ganze und Allgemeingültige gehe. Es ist das besondere Sichverstehen des Menschen im hypothetischen Imperativ selbst, das jetzt, als das besondere — seiner Natur nach gesetzmäßige — Sichverstehen, das es ist, das Ganze und Allgemeine — im Sichverstehen — meinen soll. Während Hume einfach an den Fällen ansetzt, setzt Kant an dem Sichverstehen der Menschen an, wie es in den hypothetischen Imperativen statthat, das Besondere, in dem dieses Verstehen geschieht, soll als Besonderes des Verstehens den Charakter des Ganzen und Umfassenden bekommen. Was wir also, uns in den hypothetischen Imperativen und in ihrer in sich gesetzmäßigen Natur verstehend, verstehend meinen sollen, sind Handlungen, die aus dem Verstehen des Ganzen des gegebenen menschlichen Daseins in der Welt vollzogen werden, die in einem Verstehen geschehen, das das Dasein der Menschheit im ganzen umfaßt. Es wird von unserem Unsverstehen verlangt, in unserem Handeln nicht nur die Besonderheit unserer besonderen Situation zu meinen, sondern dieses

Besondere selbst in bezug auf das Dasein des menschlichen Geschlechts als ganzen zu verstehen. So ergibt sich der kategorische Imperativ, der verlangt, daß die Maxime, nach der ich mich in meinem besonderen Handeln im hypothetischen Imperativ bestimme,[82] einen idealen Charakter in dem Sinne an sich nimmt, daß sie in ihrer Besonderheit ein Verstehen des Ganzen der Ordnung des menschlichen Daseins, d.h. das Verstehen einer das ganze Menschengeschlecht umfassenden Gesetzmäßigkeit durch sich ausdrückt. „Der kategorische Imperativ ist also nur ein einziger und zwar dieser: *handle nur nach derjenigen Maxime, durch die du zugleich wollen kannst, daß sie ein allgemeines Gesetz werde.*"[83]

Nachdem der kategorische Imperativ einmal erstellt ist, haben wir für die objektive Gültigkeit, d.h. die Vernunftgültigkeit des menschlichen Handelns, gleichsam zwei Stufen. Das menschliche Handeln ist bloß subjektiv bestimmt, sofern es sich ohne deutlichen Vernunftgebrauch direkt von Impulsen und Neigungen bestimmen läßt. Im Handeln nach den hypothetischen Imperativen liegt, weil es ein Handeln aus Vernunft ist, Objektivität, aber diese Objektivität ist in unsere besondere Situation gebunden. Erst das Handeln nach dem kategorischen Imperativ, wo die besondere Bestimmung, die wir uns in unseren Maximen geben, aus dem Verstehen und Bedenken der Daseinsordnung des ganzen Menschengeschlechts, einer Gesetzmäßigkeit, die dieses Dasein umfaßt und in sich hält, genommen ist, kann als der wahre und in sich vollendete Vollzug des objektiven Handelns angesehen werden. In diesem Sinne kann dann das Handeln bloß nach hypothetischen Imperativen selbst auch als ein bloß subjektives Handeln bezeichnet werden. Dem direkten Raisonnement der gegenständlichen Logik war dieses Handeln objektiv; nach dem korrigierten Raisonnement dieser Logik, das der synthetischen Bedeutung des unbedingten Sichverstehens des Menschen in seinem analytischen Verfahren gerecht werden will, gibt nur der kategorische Imperativ uns die wahre objektive Bedeutung, d.h. Vernunft- und Seinsbedeutung unseres Handelns, und das Handeln bloß nach hypothetischen Imperativen bleibt bloß subjektiv.

Wenn wir nun diese Position Kants, wo das Ganze und das Allgemeine aus dem Sichverstehen des Menschen bestimmt werden und in ihm liegen sollen, mit der Lehre Humes vergleichen, dann sehen wir, daß Hume für die Art und Weise, wie er das Umfassende und Allgemeingültige suchte, in seiner gegenständlichen Logik den großen

[82] Vgl. a. a. O. S. 71.

[83] A. a. O. S. 68.

Vorteil hatte, daß er sich auf das moralische Urteil und Gefühl beziehen konnte, das selbst aus dieser Logik herausfiel, ihr voraufging. Nur solche Inhalte wurden in dem Begreifen unter dem Artbegriff als allgemeingültige Inhalte bestimmt, deren unbedingte Bedeutung durch das moralische Urteil und Gefühl im Einzelfalle ausgewiesen war. Die gegenständliche Logik gab die unbedingte Seinsbedeutung nur solchen Inhalten, die ihr in ihrer unbedingten Seinsbedeutung auch schon vorgegeben waren. So kann es sich in der Kantischen Lehre nicht mehr verhalten. Hier muß die gegenständliche Logik, weil sie sich aus dem kontemplativen Wissen vollzieht, den Anspruch erheben, als die Logik, die auf das Sichverstehen des Menschen geht, durch sich allein die unbedingte Bedeutung anzugeben. Dies ist aber für das Begreifen unter dem Artbegriff dann nur zu machen, sofern die unbedingte Bedeutung dem Fürsichgelten des Gegebenen unterworfen bleibt. Wir finden die unbedingte Bedeutung in den hypothetischen Imperativen; aber diese unbedingte Bedeutung ist gerade nicht die unbedingte sittliche Bedeutung, die Hume in seiner gegenständlichen Logik aus dem moralischen Urteil und Gefühl heraus schon gemeint hatte. Diese unbedingte sittliche Bedeutung, die das Gegebensein selbst als das Sichgestalten des unbedingten Wesens des Wissens und Sichverstehens an sich nimmt, kann durch das Denken, das im Begreifen unter dem Artbegriff die unbedingte Bedeutung durch sich allein anzugeben beansprucht, nicht erreicht werden, hier ist vielmehr immer nur möglich, das Fürsichgelten des Gegebenen von sich aus zum Unbedingten zu erheben. Im hypothetischen Imperativ geschieht dies, sofern die besondere Handlung doch der Vollzug des vernünftigen Sichverstehens des Menschen ist. Im kategorischen Imperativ, der das Besondere als Besonderes das Unbedingte werden lassen soll, kann dies, innerhalb des vernünftigen Sichverstehens des Menschen, nur so geschehen, daß das Besondere sich im Sichverstehen durch sich als allgemeingültig angibt. Das Begreifen im Artbegriff bleibt allein auf sich selbst angewiesen, es ist in seiner Auslegung der unbedingten Bedeutung in sich selbst festgelegt und durch sich gebunden. So muß das Unbedingte aus dem Fürsichgelten des Besonderen heraus auf die Weise des bloß erscheinungshaften Denkens nach Art der Naturgesetzlichkeit verstanden werden; wir sollen in unserem Handeln auf eine gesetzliche Ordnung des Daseins der Menschen in der Welt ausgehen, in der alles besondere Dasein gehalten ist und sein Sein hat. „*Handle so, als ob die Maxime deiner Handlung durch deinen Willen zum allgemeinen Naturgesetze werden sollte.*“ [84]

[84] Ebd.

So wird die in sich beschlossene Seinsbedeutung durch das bloß erscheinungshafte Denken bestimmt, das immer noch vom bloßen Fürsichgelten des Gegebenen ausgehen muß, von diesem Fürsichgelten her die unbedingte Bedeutung findet und es gerade nicht vermag, das Fürsichgelten des Gegebenen als solches als das Sichgestalten der unbedingten Bedeutung zu verstehen, wie dies für Hume im moralischen Urteil und Gefühl, das der gegenständlichen Logik voraufliegt, statthat. Das Fürsichgelten des Gegebenen bleibt vorausgesetzt, und als die Naturgesetze, auf denen die Seinsbedeutung des Gegebenen, d. h. des in der Welt gegebenen menschlichen Daseins beruhe, werden Ordnungen angesehen, in denen dieses Gegebene in seinem Fürsichgelten als solches bewahrt, erhalten und garantiert ist. Es wird immer nur vom schon Gegebenen her gedacht, das den absolut geltenden Ausgangspunkt bildet, und das Gegebene kann gerade nicht als das Unbedingte, das in ihm und als es sein Sichgestalten wäre, begriffen werden. So gibt die Lehre vom kategorischen Imperativ die unbedingte Bedeutung immer nur in erscheinungshaftem Denken vom Gegebenen selbst her an und kann das Gegebene als solches gerade nicht als das Sichgestalten des Unbedingten begreifen. Nur sofern das Gegebene von sich her und auf seine Weise auch eine allgemeine Ordnung angibt, durch die das Gegebene selbst, das gegebene Dasein der Menschen in der Welt, sich erhält, bewahrt und bestätigt, gibt es auf seine Weise auch ein unbedingtes Gelten an. Das ist die Form, unter der allein man im analytischen Verfahren des philosophischen Raisonnements die unbedingte Bedeutung des synthetischen Denkens erreichen kann, wobei die unbedingte Bedeutung des Gegebenen in gewisser Weise immer auch unausgewiesen bleiben muß und das Denken starr an das jeweilige Vorfindlichsein und Vorausgesetztsein des Gegebenen, d. h. an die Art und Weise, wie man die Menschen und ihre gesellschaftliche Ordnung tatsächlich vorfindet, gebunden ist. Mag die Kantische Lehre, ihrer eigentlichen Meinung nach genommen, eine geschichtliche Entwicklung des Menschengeschlechts zulassen oder gar fordern, für das Sichverstehen des Menschen im kategorischen Imperativ, wie es durch das philosophische Raisonnement erstellt wird, kann nur gelten, daß der Mensch sich aus dem Schongegebensein der Einzelnen und der Gesellschaft verstehe, und aus diesem Schongegebensein die Naturgesetze abnehme, nach denen er sich in seinem Sichverstehen und Handeln bestimmen soll.

Der kategorische Imperativ geht auf das Sichverstehen des Menschen, und dieses Sichverstehen legt er durch das Begreifen unter dem Artbegriff aus. Dieses Begreifen verlangt, daß es ein Sichverstehen und ein Sichbestimmen des Menschen gebe, nach dem es dem Menschen darum geht, durch sein Handeln eine allgemeingültige, gesetzliche Ordnung für das Dasein der Menschen in der Welt, für die menschliche Gesellschaft als ganze zu meinen. Damit wird im Sichverstehen des Menschen eine Absicht, ein Zweck gesetzt, der, obwohl er vom hypothetischen Imperativ her konzipiert worden ist, als Bewußtseinsinhalt mit dem, was der hypothetische Imperativ meint, gerade nicht mehr zu vereinigen ist. Im hypothetischen Imperativ geht das Sichverstehen auf die besonderen Absichten und Zwecke des Einzelnen, im kategorischen Imperativ geht es auf die Weise des Besonderen um das Allgemeine, um das Gesetz. Eben derselbe materiale Bewußtseinsinhalt hat unter dem hypothetischen Imperativ eine ganz andere Bedeutung als unter dem kategorischen Imperativ. Das Besondere gilt das eine Mal im Sichverstehen als solches und um seiner selbst willen, das andere Mal gilt es als das Sichdurchführen einer in sich allgemeinen und gesetzlichen Bedeutung, die gerade als die wahre Seinsbedeutung des menschlichen Daseins und Handelns begriffen ist. Kant sagt, daß es uns im kategorischen Imperativ nicht um den Inhalt, sondern um die Form unseres Handelns geht.[85] Es ist aber beide Male derselbe Inhalt des Sichverstehens, um den es geht und der durch sich selbst die verschiedene Bedeutung eröffnet. Daher müssen für diese gegenständliche Logik, wie sie als ein Begreifen unter dem Artbegriff auf das Sichverstehen des Menschen geht, das Handeln unter dem hypothetischen Imperativ und das Handeln unter dem kategorischen Imperativ einander ausschließen. Die beiden Möglichkeiten, die für den Menschen bestehen, sich aus einem bestimmten Inhalt heraus zu verstehen und zu bestimmen, können im Denken nicht zusammengenommen werden. Kant muß das Handeln unter dem hypothetischen Imperativ — oder das nur subjektiv bestimmte Handeln ganz allgemein — als ein Handeln aus bloßer Selbstliebe dem Handeln unter dem kategorischen Imperativ, das allein wahre Seinsbedeutung habe, allein Handeln in Wahrheit sei, allein eigentlich objektive Gültigkeit habe, radikal entgegensetzen.

Für Hume konnten das moralische Urteil und Gefühl einerseits und das Selbstinteresse des Menschen andererseits ein und dasselbe meinen, und der Philosoph war sich im kontemplativen Wissen dessen bewußt,

[85] A. a. O. S. 61: Endlich gibt es einen Imperativ, der, ohne irgend eine andere durch ein gewisses Verhalten zu erreichende Absicht als Bedingung zum Grunde zu legen, dieses Verhalten unmittelbar gebietet. Dieser Imperativ ist KATEGORISCH. Er betrifft nicht die Materie der Handlung und das, was aus ihr erfolgen soll, sondern die Form und das Prinzip, woraus sie selbst folgt, und das Wesentlich-Gute derselben besteht in der Gesinnung, der Erfolg mag sein, welcher er wolle. Dieser Imperativ mag der der SITTLICHKEIT heißen.

daß seine Einsicht nur das deutliche Bewußtsein vom sittlichen Sichverstehen des Menschen als solchem war. In diesem kontemplativen Wissen war es einsichtig, daß das moralische Urteil und das Selbstinteresse ein und dieselbe Ausrichtung auf die Glückseligkeit haben, in der das denkende Weltwesen die wahre Seinsbedeutung erkennt. Die Selbstliebe war dann nichts anderes als ein Sichverhalten des reflektierenden Wesens, das der Mensch ist, zu sich selbst, das wir wegen unseres Gebundenseins an das Fürsichgelten des Gegebenen nicht vermeiden können: wir richten uns auch vom Gegebensein unseres Daseins her auf das Glück und erstreben es von diesem Gegebensein her. So ergibt sich als ein sekundäres Moment unseres Unsselbstverstehens der Egoismus, der das Sichdurchführen des Unbedingten auf die Weise unseres gegebenen Daseins nicht direkt meint, sondern nur in einem zusätzlichen Moment des Sichverstehens unser Unszuwenden zu uns selbst vom Fürsichgelten unseres gegebenen Daseins her bedeutet, das wir als reflektierende Wesen, die vom Gegebenen her denken müssen, nicht vermeiden können. Wenn man es in etwa mit Kant ausdrücken wollte, so könnte man sagen, daß der Egoismus oder die Selbstliebe immer nur erscheinungshafte Bedeutung haben, die die Bedeutung an sich unseres Daseins gar nicht tangieren oder verändern kann, welche sich ihrerseits sowohl im moralischen Urteil und Gefühl als auch durch das Sicherfahren des Menschen im Selbstinteresse, das unmittelbarer Lebensvollzug ist, bekundet. Bei Kant aber, dessen ›Kritik der reinen Vernunft‹ uns ja gerade ausdrücklich vor die bloß erscheinungshafte Bedeutung unseres Denkens und Handelns stellt, verhält es sich in der moralphilosophischen Reflexion anders. Hier hat die gegenständliche Logik mit ihrem Begreifen unter dem Artbegriff nicht mehr jene nur hinzutretende Bedeutung, die ihr in der Moralphilosophie Humes zukommt, sondern hier gibt sie durch sich die Bedeutung des moralischen Sichverstehens des Menschen an. Das moralische Sichverstehen des Menschen kann nicht mehr wie bei Hume unmittelbar aus sich sprechen, sondern es muß für den reflektierenden Philosophen durch die Auslegung, die ihm die gegenständliche Logik mit ihrem Begreifen unter dem Artbegriff gibt, hindurch; das Sichverstehen des Menschen kann sich für den Philosophen überhaupt nur durch diese Selbstauslegung angeben. In dieser Auslegung durch die gegenständliche Logik aber wird nun das Selbstinteresse, auf dessen Weise sich für Hume die unbedingte Bedeutung des Lebens als solche durchführt, zum Sichmeinen des Menschen in einer Selbstliebe, die sich selbst als unbedingte Bedeutung will. Wer aus Neigungen lebt oder sich bloß durch hypothetische Imperative bestimmt, der meint die unbedingte Bedeutung des menschlichen Daseins auf die

Weise des bloßen Fürsichgeltens seines Gegebenseins und durch dies Gegebensein und läßt die intelligible Bedeutung unseres Daseins sich darin in ihrer eigenen Kraft gegen sich selbst kehren.

Bei Hume war das Selbstinteresse ein unmittelbares Sichverstehen des Menschen in der unbedingten Bedeutung seines Lebens. Die Selbstliebe war ein zusätzlicher Akt der Reflexion, die vom Fürsichgelten des Gegebenen ausgeht, der die unbedingte Bedeutung unseres Lebensgeschehens als solche nicht tangiert. Für die philosophische Reflexion Kants, nach der das Sichverstehen des Menschen an sich selbst ein solches sein soll, das sich durch das Begreifen unter dem Artbegriff, wie es vom Fürsichgelten des Gegebenen ausgeht, bestimmt, kann der Daseinsvollzug des Menschen, wie er aus den Neigungen und unter den hypothetischen Imperativen erfolgt, nur als Daseinsvollzug in einer Selbstliebe verstanden werden, die als solche auf die unbedingte Bedeutung des menschlichen Lebens geht. Bei Hume gilt die Selbstliebe gerade nur als ein Sichverstehen des Menschen in bloß erscheinungshafter Bedeutung. Bei Kant, für den das Sichverstehen des Menschen als solches durch die gegenständliche Logik, die mit ihrem Begreifen unter dem Artbegriff am Fürsichgelten des Gegebenen ansetzt, bezeichnet ist, wird die Selbstliebe die Weise, wie der Mensch mit seinem an das Fürsichgelten des Gegebenen gebundenen Sichbegreifen auf die unbedingte Bedeutung seines Daseins als solche ausgeht und darin diese unbedingte Bedeutung seines Daseins und Sichverstehens sich gegen sich selbst kehren läßt. *Das* Selbstinteresse aber, in dem wir unmittelbar unser Leben als Geschehen unbedingter Bedeutung erfahren, kann in dieser Lehre, die das Sichverstehen des Menschen als solches durch sein Sichauslegen durch die gegenständliche Logik bezeichnet sein läßt, gar nicht mehr vorkommen.[86]

Hieraus folgt nun für das Verständnis des moralischen Sichverstehens des Menschen in der Kantischen Lehre die Schwierigkeit, daß das Handeln nach dem kategorischen Imperativ seinen Inhalten nach von den hypothetischen Imperativen her bestimmt werden muß, daß der Mensch aber von diesen hypothetischen Imperativen nur in der Weise Gebrauch machen darf, daß er nach ihnen eine allgemeine Weltordnung des menschlichen Daseins, der menschlichen Gesellschaft mitbefördert. So gehört es sehr wohl zum Handeln unter dem kategorischen Imperativ, daß ich mir, auf diese Weise eine allgemeine Weltordnung mitbefördernd, die Glückseligkeit der anderen zum Gegenstand mache, aber um mein eigenes Glück als solches darf es mir nicht gehen,

[86] Kritik der praktischen Vernunft, § 3.

da ich das bloße Fürsichgelten des Gegebenseins meines Daseins damit schon zum Prinzip meines Michverstehens mache und die Selbstliebe nicht vermeiden kann. Daß ich dagegen mein Leben erhalte, das gehört zu den Aufgaben, die mir durch den kategorischen Imperativ gestellt sind, denn hier geht es nicht darum, daß ich mich selbst in meinem Glücke meine und befördere, sondern nur darum, daß das Geschehen des Lebens, das als solches unbedingte Bedeutung ist, statthabe und bewahrt bleibe: ich wende mich mir selbst nicht im Genusse zu, wenn ich mein Leben erhalte. Wir können aber hier unser selbst nicht vollkommen sicher sein; so werden wir nur, wenn wir das Leben im Überdruß und als Last erfahren, wenigstens meinen können, daß wir es nach dem kategorischen Imperativ und nicht in der Selbstliebe erhalten. Um aber unser Leben erhalten zu können, müssen wir unsere Bedürfnisse befriedigen. Die Befriedigung unserer Bedürfnisse kann nicht ohne Selbstliebe geschehen, denn wir müssen uns dabei von dem Fürsichgelten unseres Daseins in seinem Gegebensein her bestimmen. Ohne in die Selbstliebe zu verfallen, können wir die Pflicht, unser Leben dem kategorischen Imperativ gemäß zu erhalten, gar nicht durchführen, ohne dem hypothetischen Imperativ zu erliegen, können wir — für unsere eigene Existenz — den kategorischen Imperativ gar nicht verwirklichen. Beide Imperative aber schließen nach dieser Doktrin, der das moralische Sichverstehen des Menschen als solches durch die gegenständliche Logik, wie sie durch das Begreifen unter dem Artbegriff bezeichnet ist, bestimmt ist, einander aus. So bleibt, ohne daß der Mensch in seinem Sichverstehen dazu gelangen könnte, Übereinkommen in sich selbst zu sein, nur übrig, daß er dem hypothetischen Imperativ gerade soviel zugesteht, wie unbedingt erforderlich ist, damit er sein Leben erhalte. Das Resultat dieses moralischen Sichverstehens ist damit ein kärgliches Sicherhalten im Leben, in dem der Mensch zugleich wünschen muß, von sich selbst als einem Wesen der Neigungen frei zu sein.[87]

[87] Grundlegung, a. a. O. S. 97: So soll ich z. B. fremde Glückseligkeit zu befördern suchen, nicht als wenn mir an deren Existenz was gelegen wäre (es sei durch unmittelbare Neigung, oder irgend ein Wohlgefallen indirekt durch Vernunft), sondern bloß deswegen, weil die Maxime, die sie ausschließt, nicht in einem und demselben Wollen, als allgemeinem Gesetz, begriffen werden kann.

A. a. O. S. 69: Einer, der durch eine Reihe von Übeln, die bis zur Hoffnungslosigkeit angewachsen ist, einen Überdruß am Leben empfindet, ist noch so weit im Besitze seiner Vernunft, daß er sich selbst fragen kann, ob es auch nicht etwa der Pflicht gegen sich selbst zuwider sei, sich das Leben zu nehmen. Nun versucht er: ob die Maxime seiner Handlung wohl ein allgemeines Naturgesetz werden könne. Seine Maxime aber ist: ich mache es mir aus Selbstliebe zum Prinzip,

Alle diese Konsequenzen ergeben sich aus der Auslegung, die dem Denken der Hoffnung durch die gegenständliche Logik widerfährt. So ist es kein Wunder, daß Kant in den Schriften, in denen er das moralische Sichverstehen des Menschen nicht aus dieser Auslegung bestimmt sein läßt, sondern das Wissen, das im Denken der Hoffnung liegt, sich aus sich selbst heraus in das weltliche Dasein des Menschen hineingestalten läßt, es sich als dieses weltliche Dasein selbst gestalten läßt, eine Lehre vorträgt, die, um das ausdrückliche Verstehen der bloß erscheinungshaften Bedeutung unseres Seins und Denkens bereichert, die Lehren Humes sozusagen in gerader Linie weiterführt. In solchem Sinne handelt Kant in der ›Metaphysik der Sitten‹ von der Freundschaft und spricht er in der ›Anthropologie‹ von dem höchsten physisch-moralischen Gute, das wir, sofern wir uns als einzelne Individuen nehmen, bei einem guten Mahle in guter Gesellschaft zu finden hoffen können. Von all dem kann ich aber in diesem kleinen Buche, das sich nur — und auch nur in aller Kürze — auf die sozusagen offizielle Doktrin Kants beziehen kann, nicht näher handeln.

Aber auch die ›Grundlegung der Metaphysik der Sitten‹ und die ›Kritik der praktischen Vernunft‹ selbst können den kategorischen Imperativ nicht einfach so akzeptieren, wie er in der gegenständlichen Logik durch das Begreifen unter dem Artbegriff erstellt ist. Es muß für die Doktrin selbst ein Ungenügen darin bestehen bleiben, daß das Geschehen der unbedingten Bedeutung nur durch das abstrakte Wissen des bloß erscheinungshaften Denkens angegeben werden kann. Durch das Raisonnement läßt sich aber über diese Situation nicht hinauskommen. So muß in die Doktrin der Rückgriff auf das unmittelbare Sichbezeugen der unbedingten Bedeutung des Denkens und Sichverstehens

wenn das Leben bei seiner längern Frist mehr Übel droht, als es Annehmlichkeit verspricht, es mir abzukürzen. Es fragt sich nur noch, ob dieses Prinzip der Selbstliebe ein allgemeines Naturgesetz werden könne. Da sieht man aber bald, daß eine Natur, deren Gesetz es wäre, durch dieselbe Empfindung, deren Bestimmung es ist, zur Beförderung des Lebens anzutreiben, das Leben selbst zu zerstören, ihr selbst widersprechen und also nicht als Natur bestehen würde, mithin jene Maxime unmöglich als allgemeines Naturgesetz stattfinden könne und folglich dem obersten Prinzip aller Pflicht gänzlich widerstreite.

A. a.O. S. 78: Gegenstände der Neigungen haben nur einen bedingten Wert; denn, wenn die Neigungen und darauf gegründete Bedürfnisse nicht wären, so würde ihr Gegenstand ohne Wert sein. Die Neigungen selber aber als Quellen des Bedürfnisses haben so wenig einen absoluten Wert, um sie selbst zu wünschen, daß vielmehr gänzlich davon frei zu sein, der allgemeine Wunsch eines jeden vernünftigen Wesens sein muß.

im weltlichen Sichgestalten des menschlichen Daseins eingebracht werden, durch den aber das Raisonnement als solches und die Bestimmung des Sichverstehens, die es gibt, gar nicht verändert werden. Die allgemeine Ordnung und Gesetzmäßigkeit, die der kategorische Imperativ als Prinzip für unsere Selbstbestimmung verlangt, kann immer nur von den hypothetischen Imperativen her inhaltlich bestimmt und die Allgemeinheit immer nur als ein abstraktes Prinzip des Sichverstehens in diesen Inhalten angegeben werden, aber wir können aus dem Denken der Hoffnung hinzufügen, daß es das intelligible Wesen unseres Wollens als solches sei, das sich durch den kategorischen Imperativ erfülle, und daß der kategorische Imperativ als Formel, über die wir freilich in unserem Unsselbstverstehen nicht hinausgelangen können, doch durch das bloß erscheinungshafte Denken angegeben sei. Der kategorische Imperativ ist durch den Verstand gedacht, und durch den Verstand können wir vom Wesen der Vernunft nur erscheinungshaft Rechnung legen; aber wir haben für unser Unsselbstverstehen keine andere Möglichkeit, als uns auf den Verstand zu beziehen: so können wir auch sagen, daß wir der intelligiblen Bedeutung des Sittengesetzes im kategorischen Imperativ nur durch einen Typus dieser Bedeutung selbst inne sind: „Es ist also auch erlaubt, die *Natur der Sinnenwelt* als *Typus* einer *intelligiblen Natur* zu brauchen, solange ich ... bloß die *Form der Gesetzmäßigkeit* überhaupt darauf beziehe.“ [88]

Der kategorische Imperativ kann als solcher auf den guten Willen bezogen werden, und es kann gesagt werden, daß das Gesetz, das der gute Wille sich gibt, nicht der kategorische Imperativ selbst ist, sondern die innere Gesinnung, als die dieser Wille für sich selbst statthat und die sich durch den kategorischen Imperativ ihren faßlichen Ausdruck gibt.[89] Auf solche Weise können dann auch solche Inhalte des Wollens, die von ihrem materialen Bestimmtsein her sehr wohl geeignet wären, zur Grundlage für eine allgemeine Gesetzgebung zu dienen, im Namen des kategorischen Imperativs deswegen verworfen werden, weil das Wollen des Menschen sich seiner intelligiblen Natur nach nicht durch

[88] Kritik der praktischen Vernunft, S. 124 Orig.-Ausg.; vgl. S. 121–122.

[89] Grundlegung, a. a. O. S. 101: Der schlechterdings gute Wille, dessen Prinzip ein kategorischer Imperativ sein muß, wird also, in Ansehung aller Objekte unbestimmt, bloß die *Form des Wollens* überhaupt enthalten und zwar als Autonomie, d. i. die Tauglichkeit der Maxime eines jeden guten Willens, sich selbst zum allgemeinen Gesetze zu machen, ist selbst das alleinige Gesetz, das sich der Wille eines jeden vernünftigen Wesens selbst auferlegt, ohne irgend eine Triebfeder und Interesse derselben als Grund unterzulegen.

eine derartige, allgemeine Gesetzgebung ausgedrückt finden könnte. So sagt Kant in bezug auf die Maxime, unser Leben dem Genusse zu widmen: „Da sieht er nun, daß zwar eine Natur nach einem solchen allgemeinen Gesetze immer noch bestehen könne...; allein er kann unmöglich wollen, daß dieses ein allgemeines Naturgesetz werde, oder als ein solches in uns durch Naturinstinkt gelegt sei. Denn als vernünftiges Wesen will er notwendig, daß alle Vermögen in ihm entwickelt werden, weil sie ihm doch zu allerlei möglichen Absichten dienlich und gegeben sind." [90]

Die Berufung auf die intelligible Bedeutung, die im kategorischen Imperativ stecke, führt, wenn sie, wie dies nicht anders geschehen kann, wieder von den hypothetischen Imperativen her verstanden wird, zu der Lehre, daß das menschliche Dasein Zweck an sich selbst sei.[91] Der Zweck an sich selbst wäre ein Zweck, vor den wir uns in den besonderen Situationen unseres Lebens nicht mehr so gestellt finden, daß dieser Zweck sich gerade aus der besonderen Konstellation heraus versteht, sondern daß umgekehrt die besondere gegebene Situation ihre Bedeutung daraus hat, daß sich auf ihre Weise eine unbedingte Seinsbedeutung durchführt, die wir um ihres unbedingten Geltens willen als unseren Zweck ansehen müssen. Der Mensch muß uns in seinem Gegebensein als Weltwesen immer schon das sein, worum es uns auf unbedingte Weise geht, so nämlich, daß dieser Zweck uns nicht aus unserem Unserfahren in unserer Bedürftigkeit usw. entspringt, sondern immer schon das ausmacht, was durch sich und als solches so beschaffen ist, daß es die Bedeutung unseres Lebens ausmacht. Diesen absoluten Zweck können wir nicht aus unserem Ausgehen auf unser Glück verstehen, sondern er ist das Geschehen der weltlich gegebenen intelligiblen Bedeutung, aus der und als die wir unser Dasein immer schon vollziehen müssen. Wenn aber das gegebene Dasein des Menschen in der Welt so das Geschehen dessen ist, worum es uns schlechthin gehen muß und was an sich selbst unbedingt gilt, dann können wir auch sagen, daß die besonderen Zwecke, die sich der Mensch, dessen Dasein so die unbedingte Seinsbedeutung hat, selbst unter den hypothetischen Imperativen setzt, der Ausdruck und das Sichselbstdurchführen dieser unbeding-

[90] A. a. O. S. 70–71.

[91] A. a. O. S. 78: Nun sage ich: der Mensch und überhaupt jedes vernünftige Wesen *existiert* als Zweck an sich selbst, *nicht bloß als Mittel* zum beliebigen Gebrauche für diesen oder jenen Willen, sondern muß in allen seinen sowohl auf sich selbst, als auch auf andere vernünftige Wesen gerichteten Handlungen jederzeit *zugleich als Zweck* betrachtet werden.

ten Bedeutung sind und daß sich durch diese besonderen Zwecke gerade die unbedingt geltende Ordnung ausdrückt, die wir im philosophischen Raisonnement dann wieder durch ihre Fähigkeit, zum Prinzip einer allgemein geltenden Gesetzgebung dienen zu können, beschreiben. Das Wissen darum, daß der Mensch in seinem weltlich gegebenen Dasein Zweck an sich selbst ist, gibt uns auch die Gewißheit darüber, daß der empirisch bestimmte Wille des Menschen gerade in seiner empirischen Verfassung und als sie der allgemein gesetzgebende Wille ist.[92]

6. Die Auslegung der Bedeutung des kategorischen Imperativs durch die Freiheit

Es ließe sich hierzu noch vieles weiter ausführen, aber wir müssen mit dieser Untersuchung auch der Kantischen Moralphilosophie nun an ein Ende zu gelangen suchen. Es ist für die moralphilosophische Reflexion nicht möglich gewesen, durch ein in sich synthetisches Denken das weltliche Sichgestalten des unbedingten Wesens des Denkens und Sichverstehens sich aus sich selbst als das Geschehen seines Fürsichseins als Sichbestätigen eröffnen zu lassen, sondern dieses Geschehen mußte vielmehr in einem analytischen Verfahren des Denkens, das sich an das Fürsichgelten des Gegebenen in seinem Bestimmtsein hält, verstanden werden. Dieses analytische Denken will seinem Anspruch nach das weltliche Sichgestalten des Unbedingten als sein Geschehen als Sichbestätigen verstehen lassen.

Gegen die Dialektik der praktischen Vernunft soll uns der zweite Teil der ›Grundlegung zur Metaphysik der Sitten‹ zeigen, daß wir uns in unserem weltlichen Dasein in der Tat aus praktischer Vernunft bestimmen und wie dies möglich sei: was wir ja direkt gerade nicht sehen können und deswegen in die Dialektik geraten. Die Analyse soll es hervorgehen lassen, daß auf die Weise unseres weltlichen Handelns die unbedingte Bedeutung geschieht und sich für sich selbst als solche ausweist

[92] A. a. O. S. 82: Es liegt nämlich der Grund aller praktischen Gesetzgebung *objektiv in der Regel* und der Form der Allgemeinheit, die sie ein Gesetz (allenfalls Naturgesetz) zu sein fähig macht (nach dem ersten Prinzip), *subjektiv* aber im *Zwecke*; das *Subjekt* aller Zwecke aber ist jedes vernünftige Wesen, als Zweck an sich selbst (nach dem zweiten Prinzip): hieraus folgt nun das dritte praktische Prinzip des Willens, als oberste Bedingung der Zusammenstimmung desselben mit der allgemeinen praktischen Vernunft, die Idee *des Willens jedes vernünftigen Wesens als eines allgemein gesetzgebenden Willens.*

und bestätigt. Das ist gerade die Aufgabe einer Metaphysik der Sitten, wodurch sie sich von der bloßen Popularphilosophie, die im Ausgang von der Dialektik der Vernunft das sittliche Sichbestimmen des Menschen ohne eigentliche Einsicht nur aus der empirischen Konstellation heraus behauptet, unterscheidet. Die Durchführung dieser Analyse zeigt aber, daß das Begreifen seine Bindung an das bloße Fürsichgelten des Gegebenen, das die unbedingte Bedeutung gerade nicht als solche begreifen läßt, nicht überspringen kann. Das philosophische Raisonnement kann es wohl erreichen, von diesem Fürsichgelten des Gegebenen her das Geschehen unbedingter Bedeutung näher anzugeben und zu bestimmen, aber die unbedingte Bedeutung, die so erreicht wird, kann sich nicht selbst als das unbezügliche Geschehen der Seinsbedeutung angeben, als die sie in der philosophischen Reflexion eigentlich gemeint ist, sondern sie kann immer nur aus dem bloßen Statthaben des Gegebenen verstanden werden, das sich als solches nur selbst in seinem Bestimmtsein angibt. So kann das Geschehen der unbedingten Bedeutung durch dieses analytische Denken nie als solches entdeckt werden, wir können die weltliche Bedeutung des Unbedingten wohl in gewisser Weise fassen, wir können aber nicht sagen, daß diese Bedeutung tatsächlich stattfinde und auf welche Weise dies geschehen könne. Der zweite Teil der ›Grundlegung‹ ist mit dem Anspruch aufgetreten, diese Frage aufzulösen. In der Durchführung wird die Lösung der Frage immer neu aufgeschoben und der Anspruch schließlich darauf reduziert, daß durch die Analyse nur habe angegeben werden sollen, was durch die Sittlichkeit, um deren Wirklichkeit wir nicht wissen könnten, von der wir nur faktisch feststellen könnten, daß die Menschen sich in ihrem Handeln unter ihr verstünden, eigentlich gemeint sei, welche Bedeutung sie habe. „Wir zeigten nur durch Entwicklung des einmal allgemein im Schwange gehenden Begriffs der Sittlichkeit: daß eine Autonomie des Willens demselben unvermeidlicherweise anhänge, oder vielmehr zum Grunde liege.“ [93] Die Dialektik der praktischen Vernunft hat also nicht überwunden werden können. Nur die Bedeutung dessen, was Sittlichkeit meint, ist im Raisonnement deutlich gemacht worden. Diese Bedeutung ist aber nicht eigentlich als Seinsbedeutung hervorgegangen, wodurch allein das Denken über die Dialektik der praktischen Vernunft hätte hinausgelangen können, sie ist vielmehr nur eine am Gegebenen, d. h. am tatsächlich vorgefundenen Dasein der Menschen in der Welt festgestellte Bedeutung, die das Gegebene durch sein bloßes Fürsichgelten gerade nicht als solche bestätigen kann. Es geht im Rai-

[93] A. a. O. S. 102.

sonnement wohl um die unbedingte Seinsbedeutung, aber das weltliche Dasein des Menschen kann in ihm gerade nicht als das Geschehen dieser unbedingten Bedeutung selbst als ihr Sichbezeugen verstanden werden.[94]

In der Vorrede zur ›Grundlegung‹ sagt Kant: „Im Vorsatze nun, eine Metaphysik der Sitten dereinst zu liefern, lasse ich diese Grundlegung vorangehen. Zwar gibt es eigentlich keine andere Grundlage derselben, als die Kritik einer *reinen praktischen Vernunft.*“[95] Das synthetische philosophische Denken hätte die Metaphysik der Sitten, die dann als solche vielleicht in gewisser Weise wieder hätte analytisch durchgeführt werden können, begründen müssen. In der ›Grundlegung‹ hält Kant sich an das analytische Verfahren des Denkens, und dieses Verfahren führt nicht zu der Einsicht in die Wirklichkeit der Sittlichkeit, zu der es eigentlich hätte führen sollen. An die Grundlegung der Metaphysik, die der zweite Teil gibt, soll nun noch ein dritter Teil angefügt werden, in dem das philosophische Denken in einem synthetischen Verfahren von der Metaphysik der Sitten zur Kritik der reinen praktischen Vernunft führen soll, von der in der Vorrede doch gerade gesagt worden war, daß sie der Metaphysik der Sitten, wenn diese recht zustande kommen soll, eigentlich vorausgehen müsse. Allenfalls, so gibt Kant es dort an, kann die Metaphysik der Sitten auch in vorläufiger Weise in einem analytischen Denken fundiert werden; aber diese analytische Fundierung hat dann ihre — bloß vorläufige — Gültigkeit eben in sich selbst. Dies leisten zu können, hat Kant offenbar auch bis weit in die Durchführung des zweiten Teiles hinein immer noch gemeint. Aber das Bemühen, die Metaphysik der Sitten durch das analytische Verfahren des philosophischen Denkens zu begründen, bricht schließlich, was seine Hauptintention angeht, in sich zusammen; lediglich die Bedeutung der Sittlichkeit kann durch das analytische Raisonnement in gewisser Weise faßlich gemacht werden, ohne sich damit aber als die sich durch sich ausweisende Seinsbedeutung des menschlichen Daseins bezeugen zu können. Aus dieser Situation heraus, in der die Fundierung der Metaphysik der Sitten bereits versucht worden ist, und in bezug auf diese Situation sucht Kant nun doch das synthetische Denken herbeizurufen, in bezug auf das als das Denken einer Kritik der reinen praktischen Vernunft er in der Vorrede sagt: „Zu einer solchen Vollständigkeit konnte ich es aber hier noch nicht bringen, ohne Betrachtungen von ganz anderer Art herbeizuziehen und den Leser zu verwirren.“[96]

[94] Vgl. a. a. O. S. 65–66; 73; 76; 95–96; 102.

[95] A. a. O. S. 25.

[96] Ebd.

Dieses Verfahren von ganz anderer Art, das dem analytischen Verfahren eigentlich hätte voraufgehen müssen, wird hier dem Anspruch nach so an das analytische Verfahren angeschlossen, daß es dabei, obwohl es immer noch als synthetisches Verfahren deklariert wird, doch von dem analytischen Verfahren und seinem Resultat her seinen Ausgang nehmen und dadurch bestimmt sein soll. Das aber kann der eigentlichen Natur des synthetischen Denkens nicht entsprechen, das sich vielmehr durch sich verstehen lassen und voraussetzungslos statthaben muß.

So ergibt sich für den dritten Teil der ›Grundlegung‹ die eigentümliche Situation eines — wenigstens seinem Anspruche nach — synthetischen philosophischen Denkens, das sich doch aus einer in einem analytischen Verfahren des Denkens gewonnenen Einsicht heraus vollziehen soll. Das synthetische Denken vollzieht sich aus einer Situation, in der, um es frei nach Kant auszudrücken, schon ein andersartiges Denken „die Oberaufsicht über es gütigst auf sich genommen hat".[97] Dieses synthetische Denken muß das Geschehen der unbedingten Bedeutung so aufnehmen, wie das analytische Raisonnement sie ihm gibt und kann nur innerhalb dieser Situation versuchen, das weltliche menschliche Dasein nun doch als ihr Sichverwirklichen als Sichbezeugen zu verstehen. Das ist also ein Versuch, in dem das philosophische Denken schon als bloßes Unterfangen durch das voraufgehende analytische Denken bedingt sein muß, denn ohne diese Voraussetzung ist der philosophischen Reflexion das synthetische Denken überhaupt nicht möglich.

Wir haben eine Art von synthetischem Denken innerhalb eines Denkens, das schon als Denken in analytischem Verfahren dasteht, und das synthetische Denken ist überhaupt nur aus der Voraussetzung dieses analytischen Denkens und in ihr möglich. Dieses synthetische Denken, das seiner Natur nach sozusagen nur abgeleitetes Denken sein kann, kann sich in das analytische Denken nur so einbringen, daß es, durch das analytische Denken markiert, selbst auf die Weise bloßen Behauptens geschieht und darin die Faßlichkeit gewinnt, die es für die Position der Kantischen Doktrin voraussetzungslos nicht erlangen kann. Das synthetische Denken bringt sich in der Tat in die philosophische Reflexion ein, aber es kann sich nur so in sie einbringen, daß es als solches als durch das analytische Denken bedingtes Denken und als aus diesem Denken heraus seine Bedeutung vollziehendes Denken geschieht.

Daß die unbedingte Bedeutung des Wissens und Sichverstehens auf die Weise des gegebenen menschlichen Daseins als ihr Sichbestätigen geschehe, muß von diesem synthetischen Denken, das seine Möglichkeit

[97] Beantwortung der Frage: Was ist Aufklärung?, Cassirer, Bd. IV, S. 169.

selbst aus dem analytischen Denken heraus bekommen hat, darin behauptend angegeben werden, daß die Autonomie des Willens, auf die die Untersuchung des zweiten Teiles als Bedeutung des sittlichen Bewußtseins geführt hat, ohne ihre Wirklichkeit und Möglichkeit beweisen zu können, in der Tat als Sichselbstverstehen des Menschen in seinem weltlichen Dasein, als Geschehen seines weltlichen Daseins als Sichverstehen gelebt werde. Unser gegebenes weltliches Dasein geschieht für uns selbst als ein Unserfahren, das intelligible Selbstbestimmung meint. Die Autonomie oder Selbstgesetzgebung des menschlichen Willens, von der der zweite Teil gehandelt hatte, wird darin umgesetzt, das gegebene menschliche Dasein, wie es für sich selbst als Sichverstehen geschieht, zu sein. Der Mensch, wie er hier aus der Situation des philosophischen Raisonnements heraus vorgestellt ist, wird damit in seinem Gegebensein und als das Gegebensein, das er für sich selbst ist, das Zeugnis dafür, daß dieses sein Sichverstehen, sein Gegebensein als solches die geschehende Autonomie und Selbstgesetzgebung ist. Die Autonomie und Selbstgesetzgebung ist selbst als Gegebensein, das als solches Sichverstehen ist, da. Das synthetische Denken stellt sich so als Vollzug der unbedingten Bedeutung im analytischen Begreifen dar und gibt diesem Begreifen, in dem die unbedingte Seinsbedeutung ihr Sichbezeugen gerade nicht sein konnte, die Legitimation, durch sich die unbedingte Bedeutung doch als Sichbezeugen auszudrücken. Das muß aber gerade auf die Weise des bloßen Fürsichgeltens des Gegebenen geschehen: dieses Fürsichgelten des Gegebenen ist jetzt selbst und als solches das Geschehen der unbedingten intelligiblen Bedeutung als Sichbezeugen. Indem wir die in der Welt Handelnden sind, verstehen wir uns im Gegebensein unseres Daseins und als es — der philosophischen Doktrin nach — als die, die intelligibles Sichbestimmen aus sich selbst sind; unser Gegebensein ist uns dieses intelligible Unsselbstbestimmen.

Die Autonomie und Selbstbestimmung war im zweiten Teile so gemeint, daß wir um der Gesetzmäßigkeit des Handelns willen handeln; jetzt, in diesem Sichdarstellen synthetischen Denkens durch analytisches Begreifen, ist es unser weltliches Gegebensein, das als solches unser Unsselbstverstehen ist, das als solches und auf seine Weise, nämlich als Gegebensein, das Geschehen des Handelns als unbezügliche Bedeutung sein soll, das als solches das in sich beschlossene Sichbestimmen sein soll. Auf diese Weise kommen wir im synthetischen Denken zum Begriffe der Freiheit, als einem Sichverstehen des Menschen, in dem er sich als das weltliche Sicherfahren, als das weltliche Gegebensein, das er ist, als das Geschehen und Sichvollziehen intelligibler Verursachung weiß und auf die Weise seines weltlichen Sicherfahrens selbst von sich sagen kann: ich geschehe in meinem Dasein und als es als der mich selbst unbezüglich und unbedingt Bestimmende, mein Dasein geschieht als das intelligible Michbestimmen, das ich in der Gestalt dieses Daseins bin.

Als Kant in der ›Kritik der reinen Vernunft‹ — im ›Kanon der reinen Vernunft‹ — von der Freiheit in praktischer Bedeutung gesprochen hat, da hat er unser Unsverstehen in Freiheit darein gesetzt, daß wir über die mannigfachen Inhalte dessen, was uns begehrenswert erscheint, aus der vernünftigen Überschau verfügen und uns nicht den sich uns unmittelbar aufdrängenden Eindrücken unterwerfen. In einem solchen Verfügenkönnen weiß der Mensch sich frei; und diese Problematik muß ganz von der gesondert werden, die sich etwa im theoretischen Bereiche, in dem sich das Denken und das Sein nur in bloß erscheinungshafter Bedeutung darstellen können, einfinden mag. Alles, was im theoretischen Bereiche bezüglich der Freiheit abgehandelt werden mag, wird immer nur bloß erscheinungshafte Bedeutung haben können, wird niemals das Denken und das Sein in seiner Wahrheit angeben. Dazu gehört auch und vor allem das Verständnis der Freiheit als Kausalität, die immer nur im Ausgang des Denkens von dem Fürsichgelten des Gegebenen gedacht werden kann, weswegen schon Hume an die Stelle des rationalen Begreifens der Kausalität — und damit auch der Freiheit — das Wissen des Gefühls gesetzt hatte, das uns das Wesen des Seins und des Vermögens jenseits des Raisonnements doch in gewisser Weise verstehen läßt. Von dieser theoretischen Unzulänglichkeit ist nun die Freiheit, wie die ›Transzendentale Methodenlehre‹ sie als praktische Freiheit versteht, gar nicht betroffen, weil es hier gar nicht darum geht, die Freiheit in der philosophischen Reflexion zu begreifen, was in die Dialektik führen würde, sondern nur das Sichverstehen des Menschen in seinem weltlichen Dasein, wie es als in sich kontemplatives Wissen statthat, als solches aufgefaßt ist. Die Freiheit ist so unmittelbare Bedeutung, die unser Dasein in seinem Gegebensein für uns selbst hat. Soll diese Behauptung als solche begriffen werden, so ist es freilich erforderlich, das weltliche Gegebensein unseres Daseins durch ein synthetisches Denken als das Geschehen des Fürsichseins des Wissens in seiner unbedingten Bedeutung als Sichbezeugen zu verstehen. Ein solches synthetisches Denken könnte unmöglich jemals darauf führen, daß die Freiheit Kausalität sei, denn dieser Gedanke der Kausalität gehört gerade dem bloß erscheinungshaften Denken, das in das Fürsichgelten des Gegebenen gebunden ist, zu: die Freiheit müßte durch das synthetische Denken vielmehr als ein Verstehen des Gegebenseins der Welt und des menschlichen Daseins in ihr hervorgehen, nach dem dieses Gegebensein an sich selbst und als solches das Sichoffenbaren des Geschehens einer unbezüglichen und unbedingten Seinsbedeutung ist, als die das menschliche Sichverstehen für sich selbst statthat.

Das synthetische Denken aber, wie es sich hier als Anliegen der Vernunft durch das analytische Begreifen der gegenständlichen Logik ausführt und so zum Geschehen dieser gegenständlichen Logik selbst mit dem unbedingten Seinsanspruch wird, dem sie durch sich gerade nicht gemäß sein konnte, setzt die unbedingte intelligible Bedeutung selbst auf die Weise des Gegebenen, wie es als das empirische Sichverstehen des Menschen statthat. Im Fürsichgelten meines Gegebenseins finde ich für mich selbst so statt, daß ich sagen kann, dieses mein Gegebensein meint das Geschehen einer in sich unbedingten Kausalität, eines unbedingten Sichbewirkens durch sich selbst: auf solche Weise eben erfahre ich die in sich beschlossene unbedingte Seinsbedeutung in der Gestalt des Fürsichseins meines Daseins als Gegebensein. Daß das analytische Begreifen so das synthetische Denken in sich hineinnimmt und mit dem Anspruch auftreten kann, durch sich das unbedingte Geschehen der Seinsbedeutung als solches anzugeben, bewirkt nun aber innerhalb der philosophischen Doktrin und für sie selbst wieder eine Art Dialektik der Vernunft, indem nämlich die philosophische Reflexion einerseits dessen inne ist, daß das analytische Begreifen der gegenständlichen Logik sich selbst nicht übersteigen kann, sondern darein gebunden bleibt, daß es die Seinsbedeutung immer nur vom bloßen Fürsichgelten des Gegebenen her, d.h. also gerade nicht in ihrem Sichbezeugen durch sich selbst angeben kann, und andererseits als kontemplatives Wissen darum weiß, daß durch dies Begreifen doch mehr ausgedrückt werden müsse, als dies Begreifen direkt hergibt, daß sich durch es auch das Geschehen der unbedingten Bedeutung als Sichbezeugen mitangeben müsse. Dies Sichmitangeben der unbedingten Bedeutung muß durch das Begrenztsein in sich des analytischen Begreifens immer schon als Sichbezeugen in Frage gestellt sein. So erhält in dieser Dialektik der Vernunft, die sich in der Durchführung der philosophischen Doktrin und allein für sie ergibt, die Freiheit, indem ihre Annahme nicht vermieden werden kann, auch den Charakter der bloßen Voraussetzung, die das analytische Begreifen durch sich nicht ausweisen kann. „Daher ist Freiheit nur eine *Idee* der Vernunft, deren objektive Realität an sich zweifelhaft ist... Ob nun gleich hieraus eine Dialektik der Vernunft entspringt,... so ist doch in *praktischer Absicht* der Fußsteig der Freiheit der einzig mögliche, auf welchem es möglich ist, von seiner Vernunft bei unserem Tun und Lassen Gebrauch zu machen." [98]

[98] A. a. O. S. 116f.

Diese Dialektik ist aber der Ausdruck des theoretischen Verfahrens der gegenständlichen Logik, die durch sich Anspruch auf die unbedingte Seinsbedeutung erhebt. Das Anliegen der Vernunft, das sich in dieser Dialektik ausdrückt, bleibt als solches das Anliegen der Vernunft selbst, auch wenn es sich sich selbst nur in dieser auswegslosen Weise der Behauptung einer Kausalität aus Freiheit faßlich machen kann. Die philosophische Doktrin muß sich daher daran halten, daß das Bewußtsein der Freiheit tatsächlich stattfindet und daß wir uns auf die Weise dieses Bewußtseins in der Wahrheit unseres Seins verstehen, indem wir doch zugleich darum wissen, daß dieses wahre Bewußtsein von uns selbst auch ein Bewußtsein ohne Legitimation bleiben muß. „Ich sage nun: Ein jedes Wesen, das nicht anders als *unter der Idee der Freiheit* handeln kann, ist eben darum in praktischer Rücksicht wirklich frei, d. i. es gelten für dasselbe alle Gesetze, die mit der Freiheit unzertrennlich verbunden sind, ebenso als ob sein Wille auch an sich selbst und in der theoretischen Philosophie gültig für frei erklärt würde."[99]

Diese Dialektik der Vernunft und diese Behauptung über die Freiheit des Menschen finden sich aber eben nur in der philosophischen Doktrin, wie sie dazu fortgeschritten ist, im analytischen Verfahren der gegenständlichen Logik das synthetische Denken zu vollziehen, und wie sie dabei die Freiheit als das Geschehen der intelligiblen Bedeutung unseres weltlichen Daseins selbst in das Begreifen unter dem bloßen Fürsichgelten des Gegebenen bindet und das Verstehen der Freiheit nach der Art eines bloß theoretischen Wissens als das Verstehen angibt, das wir eigentlich erreichen möchten, aber leider nicht erreichen können. Daß für die Freiheit ein auf das Begreifen im Fürsichgelten des Gegebenen gegründeter Anspruch des theoretischen Verstehenkönnens erhoben wird, das bewirkt dann die Lehre von der doppelten Bedeutung des Gegebenseins, wonach unser gegebenes Dasein einerseits eine bloß sinnliche gegebene Bedeutung habe, andererseits aber auch das Sichvollziehen einer intelligiblen gegebenen Bedeutung sei. Daß es sich für das Sichverstehen des Menschen in der Tat so verhalte, dafür wird wieder der gemeine Verstand, ja der „gemeinste Verstand" angerufen.[100]

Es bleibt aber dabei, daß dieses Bewußtsein der Freiheit, wie es hier in der philosophischen Doktrin und nur für sie gültig erstellt wird, dem Sichverstehen des Menschen im kategorischen Imperativ nicht verleihen kann, daß es ein Sichverstehen im Geschehen der unbedingten Bedeutung des Seins als Sichbezeugen sei. Die abstrakte Bestimmung des Un-

[99] A. a. O. S. 105.
[100] Vgl. a. a. O. S. 109.

bedingten, die uns die gegenständliche Logik im kategorischen Imperativ gibt, gibt von sich her die intelligible Kausalität, die die Freiheit sein soll, nicht als solche an, dieser Satz gibt vielmehr nur eine Struktur unseres Selbstverständnisses, die in ihrer Bedeutung allein auf sich selbst bezogen und in sich beschlossen ist. Der kategorische Imperativ ist in der gegenständlichen Logik vom Fürsichgelten des gegebenen menschlichen Daseins her in abstraktem Begreifen gewonnen worden und gibt die unbedingte Bedeutung dieses Daseins allein von diesem Fürsichgelten her und durch es an. Das synthetische Denken aber des dritten Teils der ›Grundlegung‹ erstellt die Lehre von den zwei Reichen, und da kann der kategorische Imperativ, der gerade als das Geschehen der unbedingten Bedeutung im sinnlichen Reich gefunden worden ist, durchaus nicht auf das intelligible Reich der Freiheit bezogen werden, das ja selbst auch nach Art eines besonderen Gegebenen vorgestellt werden muß. Im zweiten Teil brauchte man, damit das Sichverstehen des Menschen im kategorischen Imperativ deutlich sei, die Freiheit überhaupt nicht. Im dritten Teil soll die Freiheit als intelligible Kausalität dazu führen, daß man die Wirklichkeit und Möglichkeit des Sichbestimmens des Menschen durch den kategorischen Imperativ doch begreife, d. h. daß das Geschehen des weltlichen menschlichen Daseins doch als Sichbezeugen der unbedingten Seinsbedeutung gewußt werde. Aber indem die Freiheit hier zum intelligiblen Gegebenen wird, kann der kategorische Imperativ, der die unbedingte Bedeutung, die das Sinnliche doch hat, auszudrücken sucht, zu diesem Sichbezeugen des Unbedingten überhaupt nicht in Beziehung gesetzt werden, und das philosophische Denken muß noch wieder eine Synthesis der intelligiblen Kausalität aus Freiheit und des kategorischen Imperativs meinen, die aber nun selbst nicht etwa Vollzug eines synthetischen Denkens ist, sondern nur das begriffslose Zusammennehmen dessen, was im Raisonnement getrennt bleiben muß, in der Einheit des kontemplativen Wissens: „so begreifen wir zwar nicht die praktische unbedingte Notwendigkeit des moralischen Imperativs, wir begreifen aber doch seine *Unbegreiflichkeit.*“ [101]

So führt die moralphilosophische Reflexion, wie sie sich durch die gegenständliche Logik verwirklicht, in die Ausweglosigkeit. Indem allein durch das Begreifen, das an das Fürsichgelten des Gegebenen gebunden ist, erlangt werden soll, daß dem Menschen sein Sichverstehen in der unbedingten Seinsbedeutung zu einem als Sichbezeugen geschehenden Fürsichsein wird, da kommt es gerade dazu, daß sich der Mensch von diesem Geschehen seines Sichverstehens überhaupt keine in sich be-

[101] A. a. O. S. 118.

schlossene Einsicht verschaffen kann, sondern ihm dies Sichverstehen in eine Vielzahl von Instanzen zerfällt, die sich nebeneinander angeben, die alle Anspruch auf das Geschehen dieses Sichverstehens als Sichbezeugen erheben, die aber, obwohl sie ein Ganzes des Sichverstehens ausmachen, nicht in die Einheit eines Begreifens oder Urteilenkönnens zusammengenommen werden können. All diese Schwierigkeit aber kommt daher, daß das bloß erscheinungshafte Denken, das in dieser Lehre ja gerade als solches erkannt und durchschaut ist, doch den Anspruch erhebt, durch sich das Sichvollziehen der unbedingten Seinsbedeutung als Sichbezeugen anzugeben.

Das erscheinungshafte Denken muß in dem Begreifen, das von ihm ausgeht, diesen totalen Anspruch erheben, gerade weil es nicht mehr als bloßes Faktum gilt, sondern als die Weise offenbar ist, in der das unbedingte Wesen der Vernunft für sich selbst geschehen muß. Damit ist aber zugleich auch dies offenbar, daß alle Einsicht, die das Begreifen so erlangt, und aller Anspruch, den es so erhebt, über das Geschehen des Denkens und der Vernunft als Innesein nichts vermag, sondern immer auch als das bloß erscheinungshafte Vollziehen von Seinsbedeutung charakterisiert bleiben muß. In diesem Sinne müssen wir sagen, daß die ganze moralphilosophische Doktrin Kants von dieser bloßen Erscheinungshaftigkeit des Raisonnements mitbezeichnet ist, die macht, daß alle ihre Aussagen sich in ihrer Seinsbedeutung in gewisser Weise doch auch gar nicht zu der Seinsbedeutung erheben können, die das Denken der Vernunft, das das Denken der Hoffnung ist, meint, obgleich dieses Denken sich durch eben diese Raisonnements, die seine Bedeutung nur auf erscheinungshafte Weise auslegen können, Gestalt geben muß. Das Denken der Hoffnung bleibt, begriffslos, in gewisser Weise von der Gestaltung, in der es sich selbst begrifflich angibt, auch unbetroffen. Das moralische Sichverstehen des Menschen ist dieses Denken der Hoffnung, das sich selbst begrifflich immer nur in Unzulänglichkeit angeben kann, welche Unzulänglichkeit des Begreifens aber, eben weil sie als solche auch die Unzulänglichkeit und das Unvermögen der Seinsbedeutung selbst ist, über das Geschehen des Denkens der Hoffnung, wie es in sich selbst und für sich selbst gilt, nichts vermag. Dieses Denken der Hoffnung bezeugt sich ohne Begriff auf die Weise des Gegebenseins des menschlichen Daseins, wie es für sich selbst als Sichverstehen statthat. So geschieht es, ebenso wie dies auch für Hume gegolten hatte, auf die Weise des Gefühls: nur daß in diesem Geschehen des Sichverstehens als Gefühl, das die Dialektik der Vernunft voraussetzt, das Wissen darum liegt, daß all unser Begreifen und damit alles philosophische Raisonnement, das sich in dieses Begreifen bindet, nur erscheinungshafte Denk- und Seinsbedeutung haben könne.

Dieses Sichverstehen des Menschen ist sich selbst als sein moralisches Sichverstehen offenbar, ohne daß all die Raisonnements, in denen es um das Begreifen der Möglichkeit und Wirklichkeit dieses moralischen Sichverstehens geht und die in ihrem erscheinungshaften Denken sein Geschehen als Sichbezeugen nicht fassen können, dies Sichverstehen eigentlich betreffen könnten; als ein Meinen, das in seiner Seinsbedeutung unzulänglich ist, bleiben sie doch auch hinter ihm zurück, obwohl dies Sichverstehen sich gerade durch sie auslegen muß. In solchem Sichverstehen, wie es auf die Weise des Gefühls statthat, ist es offenbar, daß unser Dasein das Geschehen der Moralität meint, die so sie selbst ist, daß es ihr um sich selber geht und die darin als sie selbst auch die Glückseligkeit bedeutet. Das Raisonnement kann die intelligible Bedeutung als solche unmöglich jemals vom kategorischen Imperativ her entdekken, dessen Begreifen immer an das bloße Fürsichgelten des Gegebenen gebunden bleibt. Der kategorische Imperativ gibt nicht an, daß es uns tatsächlich um die unbedingte moralische Bedeutung gehe, er gibt nur die Struktur des Unbedingten für das Sichverstehen des Menschen im Gegebenen an. Das Denken der Hoffnung, das als das Sichverstehen im Gefühl geschieht, ist diese Gewißheit. Und Kant hält es, auch gegen seine Raisonnements, fest, daß unser moralisches Unsselbstverstehen als ein solches ursprüngliches Sichvollziehen unseres Seins aus der Moralität und als Moralität geschieht, daß unser Sein darin liegt, daß es dem moralischen Sichverstehen um sich selbst geht. Das Begreifen kann das in der Kantischen Doktrin nicht einsichtig machen. Es muß aber dies Wissen für Kant dazu gelangen, sich selbst einsichtiges Vernunftgeschehen zu sein; und es kann nicht dabei sein Bewenden haben, daß sich das Geschehen der unbedingten Bedeutung unseres Seins selbst nur — im Gefühl — auf die Weise unseres Unsverstehens im Gegebensein so darstellt, daß wir dabei doch nur im Fürsichgelten des Gegebenen für uns selbst dasind. „Die subjektive Unmöglichkeit, die Freiheit des Willens zu *erklären*, ist mit der Unmöglichkeit, ein *Interesse* ausfindig und begreiflich zu machen, welches der Mensch an moralischen Gesetzen nehmen könne, einerlei; und gleichwohl nimmt er wirklich daran ein Interesse, wozu wir die Grundlage in uns das moralische Gefühl nennen, welches fälschlich für das Richtmaß unserer sittlichen Beurteilung von einigen ausgegeben worden, da es vielmehr als die *subjektive* Wirkung, die das Gesetz auf den Willen ausübt, angesehen werden muß, wozu Vernunft allein die objektiven Gründe hergibt.“ [102]

[102] A. a. O. S. 122f.

SCHLUSS: DAS SINNLICHE GESCHEHEN DES MORALISCHEN SICHVERSTEHENS

> … daher es mir auch scheint, daß wem das Pflichtgeboth einmahl recht klar geworden dem steth es gar nicht mehr frei, selbes zu übertreten, dan ich müste selbst mein Sinndliches gefühl beleidigen, wenn ich Pflichtwidrig handln müste, es komt mir so instincktartig vor, daß ich gewiß nicht das geringste Verdienst hab Morallisch zu seyn.
>
> Maria v. Herbert an Kant, Januar 1793

So geht es in der Kantischen Moralphilosophie eigentlich darum, daß das unbedingte Geschehen des Denkens und Sichverstehens auf die Weise des gegebenen menschlichen Daseins in der Welt sein Fürsichsein als Sichbezeugen sei. Aus der Dialektik der Vernunft heraus ist dieses Wissen in der philosophischen Reflexion wirklich und gibt sich selbst auch als Denken der Hoffnung Gestalt. Das Denken der Hoffnung aber geschieht, indem das unbedingte Geschehen des Denkens sich in seinem Fürsichsein doch nur auf die Weise des bloßen Gegebenseins des menschlichen Daseins, wie es in seinem Bestimmtsein für sich gilt, aufnimmt. Damit geschieht das Denken der Hoffnung in seinem Sichverwirklichen als Unangemessenheit. Das Denken meint sich aber im Fürsichgelten des Gegebenen doch auch als Übereinkommen. Dieses sein Geschehen als Übereinkommen muß es von dem Fürsichgelten des Gegebenen aus und als dies Fürsichgelten anzugeben suchen: dies geschieht in der gegenständlichen Logik, wie sie im Ausgang vom Fürsichgelten des Gegebenen unter dem Artbegriff begreift. So ergibt sich ein Sichmeinen des Denkens in seinem unbedingten Geschehen als Übereinkommen, das als solches gerade als das Gebundensein des Begreifens in das Geschehen des Denkens als Unangemessenheit statthat. Daraus ergibt sich die Lehre vom kategorischen Imperativ und weiter von der Freiheit, wie wir sie dargestellt haben, in denen das Denken die unbedingte Seinsbedeutung seines Geschehens als Übereinkommen so meint, daß sich dies Übereinkommen gerade auf die Weise der Unzulänglichkeit zu sich selbst angibt. Indem aber die Auslegung, die das

Denken seinem Sichmeinen als Übereinkommen in der philosophischen Reflexion gibt, durch das Sichdurchführen des Denkens in der Unzulänglichkeit und d. h. in bloß erscheinungshafter Seinsbedeutung bezeichnet ist, da vermag sie zugleich nichts über das Denken der Hoffnung, in dem das Dasein des Menschen in der Welt im Fürsichgelten seines Gegebenseins doch schon als das Fürsichsein des unbedingten Geschehens des Denkens und Sichverstehens gewußt ist, wenn sich dies Wissen auch nicht aus dem Fürsichgelten des Gegebenen heraus für sich auszuweisen vermag.

Das Wissen der Kantischen Moralphilosophie liegt darin, daß das gegebene Dasein des Menschen in der Welt das Fürsichsein des unbedingten Geschehens des Denkens als Sichbezeugen ist, und ihre kritische Durchführung ist die Ausführung der Hilflosigkeit, die das Denken für sich selbst ist, wenn es dazu gelangt ist, als solches Wissen für sich selbst dazusein. Wenn Kant auf das kritische Denken verzichtet und nur das Denken der Hoffnung ausführt, wie wir jetzt schon in ihm stehen, dann erhält sich im Wissen um das Geschehen der unbedingten Bedeutung des menschlichen Daseins auf die Weise des Sichgegebenseins zugleich das Wissen um das höchste Gut, das sich auch in solchem Gegebensein in gewisser Weise erfüllt und verwirklicht. So kann Kant etwa in der ›Metaphysik der Sitten‹ in bezug auf die Freundschaft als Gesinnung sagen: „Diese (bloß moralische Freundschaft) ist kein Ideal, sondern (der schwarze Schwan) existiert wirklich hin und wieder in seiner Vollkommenheit.“ [103] Aber das Begreifen des Sichverwirklichens des höchsten Gutes schon auf die Weise dieses Daseins kann doch immer nur so geschehen, daß es auch schon als Unzulänglichkeit zu dem durch es Gemeinten geschieht, daß die philosophische Reflexion, die dies Begreifen ist, ihr Geschehen als Unzulänglichkeit zu ihrer eigenen Bedeutung ist. Doch darin hat sich, und das ist es, was uns die Kantische Philosophie — ganz im Gegensatz zu dem, was man aus der oberflächlichen Beurteilung der Lehre vom kategorischen Imperativ usw. herausliest — erbringt und damit über das frühere Denken gänzlich hinausgeht, das menschliche Dasein in seinem Gegebensein und als dies Gegebensein als das Geschehen und Sichbezeugen der unbedingten Seinsbedeutung eröffnet. Von hier aus müssen wir die weitere Entwicklung des Sichverstehens des Menschen in seinem Dasein in der Welt begreifen.

Es muß das Geschehen des menschlichen Daseins als — wie es die ›Kritik der reinen Vernunft‹ bezeichnet — Rezeptivität, als Zeitlichsein,

[103] Kants Werke, hrsg. v. Cassirer, Bd. III, S. 287.

als Leiden selbst sein, das sich selbst auch als das Geschehen des Denkens der Hoffnung angibt. Das Geschehen des Unzulänglichen muß als solches auch die Bedeutung haben, daß es an sich selbst und als solches das in sich beschlossene Geschehen des Zulänglichen sei. In diesem Sinne können wir sagen, daß es das Sichverstehen des Menschen im Leiden ist, in das hinein sich die Kantische Moralphilosophie im 19. Jahrhundert entwickelt. Schon Schiller hat in der Fortentwicklung dessen, was Kant selbst noch in der ›Kritik der Urteilskraft‹ gesagt hat, dem Gefühl des Erhabenen so hohe Bedeutung beigemessen, in dem wir erfahren, daß „die Natur sogar ein sinnliches Mittel angewendet" hat, „uns zu lehren, daß wir mehr als bloß sinnlich sind".[104]

[104] Friedrich Schiller, Vom Pathetischen und Erhabenen, Ausgewählte Schriften zur Dramentheorie, hrsg. v. K. L. Berghahn, Stuttgart 1977, S. 88.

AUSWAHLBIBLIOGRAPHIE

Zusammengestellt von RUDOLF MALTER und CLAUDIA BURGER

Die folgende Bibliographie stellt die erweiterte Fassung der Auswahlbibliographie zur ›Einführung in die Philosophie der Aufklärung‹ (Darmstadt 1979) dar. Trotz der Titelergänzungen handelt es sich auch bei dieser Bibliographie nur um eine Zusammenstellung zum Zwecke der Erstinformation.

Adam, A.: Le mouvement philosophique dans la première moitié du XVIIIe siècle. Paris 1967.

Adam, A.: Les Libertins au XVIIe siècle. Paris 1964.

Aldridge, A. O.: Shaftesbury and the Deist Manifesto, in: Transactions of the American Philosophical Society (Philadelphia), Vol. 41, 1951, part 2.

Allerhand, J.: Das Judentum in der Aufklärung. Stuttgart 1980.

Anchor, R.: The Enlightenment Tradition. New York 1967.

Anz, W. — Greiner, M. — Maurer, W.: Aufklärung, in: Die Religion in Geschichte und Gegenwart. Bd. 1. Tübingen 1957, 703–730.

Baczko, B.: Lumières de l'utopie. Paris 1978.

Baeumler, A.: Kants Kritik der Urteilskraft. Ihre Geschichte und Systematik. 1. Bd. Halle 1923 (2., durchgesehene Auflage Tübingen 1967 — mit einem Nachwort zum Neudruck — unter dem Titel: Das Irrationalitätsproblem in der Ästhetik und Logik des 18. Jahrhunderts bis zur Kritik der Urteilskraft; reprografischer Nachdruck dieser Auflage, Darmstadt 1975).

Bahr, E. (Hrsg.): Kant, Erhard, Hamann, Herder, Lessing, Mendelssohn, Riem, Schiller, Wieland: Was ist Aufklärung? Thesen und Definitionen. Stuttgart 1974.

Barni, J.: Histoire des idées morales et politiques en France au 18e siècle. 2 tomes. Paris 1867 (Repr. Genève 1967).

Barthel, E. Ph.: Die Wurzeln der Ethik Kants in Rousseaus Glaubensbekenntnis, in: Actes du XIe Congrès International de Philosophie, Amsterdam 1953, Vol. XIII, 110–118.

Beardsley, M. C. (ed.): The European Philosophers from Descartes to Nietzsche. New York 1960.

Beck, L. W.: Early German Philosophy. Kant and His Predecessors. Cambridge/Mass. 1969.

Becker, C. L.: The Heavenly City of the Eighteenth-Century Philosophy. New Haven 1932 ([4]1942) (dt.: Der Gottesstaat der Philosophen des 18. Jahrhunderts. Würzburg 1946).

Belin, J. P.: Le mouvement philosophique de 1784 à 1789. Paris 1913.

Benrubi, I.: L'Idéal morale chez Rousseau, Mme. de Staël et Amiel. Paris 1940.

Benrubi, I.: J. J. Rousseaus ethisches Ideal. Langensalza 1904.

Benrubi, I.: Rousseau et les grands représentants de la pensée Allemande, in: J. J. Rousseau — Leçons faites à l'École des Hautes Études Sociales. Paris 1912, 201–249.

Benrubi, I.: Rousseau et le mouvement philosophique et pédagogique en Allemagne, in: Annales de la Société J. J. Rousseau VIII, 1912, 99–130.

Bernstein, J. A.: Shaftesbury, Rousseau, and Kant. An Introduction to the Conflict between Aesthetic and Moral Values in Modern Thought. Cranbury, N. J. 1980.

Beyerhaus, G.: Kants „Programm" der Aufklärung aus dem Jahre 1784, in: Kant-Studien 26, 1921, 1–16.

Biedermann, K.: Deutschland im achtzehnten Jahrhundert. 2 Bde. Leipzig [2]1880 ([1]1867).

Böhm, B.: Sokrates im 18. Jahrhundert. Studien zum Werdegang des modernen Persönlichkeitsbewußtseins. Neumünster [2]1966 ([1]1929).

Bourel, D.: Bulletin d'Aufklärung, in: Archives de Philosophie 39, 1977, 309–315.

Bredvold, L. C.: The Brave New World of Enlightenment. Ann Arbor 1961, [2]1962.

Bréhier, E.: Histoire de la philosophie. Tome II: La philosophie moderne. Fasc. 2: Le XVIIIe siècle. Paris 1941.

Brinton, C.: Enlightenment, in: The Encyclopedia of Philosophy. Vol 2, New York — London 1967 (Repr. 1972), 519–525.

Brinton, C. (ed.): The Age of Reason Reader. New York 1956.

Brockdorf, C. von: Die deutsche Aufklärungsphilosophie. München 1926 (Repr. Nendeln 1973).

Brockdorf, C. von: Die englische Aufklärungsphilosophie. München 1924 (Repr. Nendeln 1973).

Brown, S. C. (ed.): Philosophers of the Enlightenment, Brighton 1979.

Bruford, W. H.: Germany in the Eighteenth Century: The Social Background of the Literary Revival. Cambridge 1935.

Brüggemann, F.: Aus der Frühzeit der deutschen Aufklärung. Leipzig 1926.

Brunschvicg, L.: Le progrès de la conscience dans la philosophie occidentale. T. 1. Paris 1927 ([2]1953).

Brunschvicg, L.: Les Ages de l'Intelligence. Paris 1947.

Burgelin, P.: Kant lecteur de Rousseau, in: J. J. Rousseau et son œuvre. Problèmes et Recherches. Paris 1964.

Burgelin, P.: La Philosophie de l'Existence de J. J. Rousseau. Paris 1952.

Callot, E.: La philosophie de la vie au 18e siècle. Paris 1965.

Cassirer, E.: Das Erkenntnisproblem in der Philosophie und in der Wissenschaft der neueren Zeit. Bd. 2. Berlin 1907 ([2]1911) (Nachdr. der 3. Aufl. 1922, Darmstadt 1974).

Cassirer, E.: Die Philosophie der Aufklärung. Tübingen [2]1932.

Castex, P.-G. — Surer, P.: Manuel des études littéraires françaises XVIIIe siècle. Paris 1949.
Caullery, M.: La science Française depuis le XVIIe siècle. Paris 1948.
Châtelet, F. (ed.): Histoire de la philosophie. Idées, Doctrines. Sous la direction de François Châtelet. T. 4.: Les Lumières (le XVIIIe siècle). Paris 1972.
Chaunu, P.: La civilisation de l'Europe des Lumières. Paris 1971.
Chevalier, J.: Histoire de la pensée. T. III: La pensée moderne de Descartes à Kant. Paris 1961.
Copleston, F.: A. History of Philosophy. Vol. VI: Wolff to Kant. London 1960 (^{3}1964).
Cottier, A.: Der Gottesbeweis in der Geschichte der modernen Aufklärungsphilosophie. Descartes — Spinoza — Leibniz — Wolff — Kant. Diss. Freiburg/Schweiz 1940.
Crocker, L. G.: An Age of Crisis. Man and World in Eighteenth Century French Thought. Baltimore 1959.
Damiron, J. P.: Mémoire pour servir à l'histoire de la philosophie au dix-huitième siècle. 3 vol. Paris 1858–64 (Repr. Genéve 1967).
Daumas, M.: Les instruments scientifiques aux 17e et 18e siècles. Paris 1953.
Desne, R.: Les Matérialistes français de 1750 à 1800. Textes choisis présentés par R. Desne. Paris 1965.
Dessoir, M.: Geschichte der neueren deutschen Psychologie. Zweite, völlig umgearbeitete Auflage. Berlin 1902 (Repr. Amsterdam 1964) (^{1}1894).
Deussen, P.: Allgemeine Geschichte der Philosophie mit besonderer Berücksichtigung der Religionen. 2. Band 3. Abt.: Die neuere Philosophie von Descartes bis Schopenhauer. Leipzig 1917.
Deutsche Aufklärung und Judenemanzipation. Beiheft 3 zu: Jahrbuch des Instituts für Deutsche Geschichte (Universität Tel Aviv), hrsg. von Walter Grab, 1980.
Dilthey, W.: Studien zur Geschichte des deutschen Geistes. Gesammelte Schriften 3. Bd. Stuttgart — Göttingen 1969 (4., unveränderte Aufl.).
Dinkler, R.: Das Zeitalter der Aufklärung. Leipzig — Berlin 1918.
Duchet, M.: Anthropologie et Histoire au siècle des Lumières. Buffon, Voltaire, Rousseau, Helvetius, Diderot. Paris 1971.
Elson, Ch.: Wieland and Shaftesbury. New York 1913.
Encyclopédie de la Pléiade: Histoire de la philosophie II: De la Renaissance à la révolution Kantienne. Volume publié sous la direction d'Yvon Belaval. Paris 1973.
Engfer, H.-J.: Die Urteilstheorie von H. S. Reimarus und die Stellung seiner „Vernunftlehre“ zwischen Wolff und Kant, in: s. Logik im Zeitalter der Aufklärung, 33–58.
Enlightenment Studies in Honour of Lester G. Crocker. Ed. by Alfred J. Bingham and Virgil W. Topazio. Oxford 1979.
Erdmann, J. E.: Versuch einer wissenschaftlichen Darstellung der neuern Philosophie. Faksimile-Neudruck in sieben Bänden. Mit einer Einführung in Jo-

hann Eduard Erdmanns Leben und Werke von Hermann Glockner. Stuttgart 1932.
Ermatinger, E.: Deutsche Kultur im Zeitalter der Aufklärung. Potsdam 1935.
Ewald, O.: Die französische Aufklärung. München 1924 (Repr. Nendeln 1973).
Fabre, J.: Lumières et romantisme. Énergie et nostalgie de Rousseau à Mickiewicz. Paris 1963.
Ferrari, J.: Les Sources Françaises de la philosophie de Kant. Paris 1979.
Forestier, L.: XVIIIe siècle français — Le siècle des Lumières. Paris 1961.
Francastel, P. (ed.): Utopie et Institution au XVIIIe siècle. Le pragmatisme des Lumières. Textes recueillis par P. Francastel. Paris 1963.
Freyer, J.: Geschichte der Geschichte der Philosophie im 18. Jahrhundert. Leipzig 1911.
Friedell, E.: Kulturgeschichte der Neuzeit. München 1928 (3. Buch: Aufklärung und Revolution. München 1961).
Funke, G. (Hrsg.): Die Aufklärung. In ausgewählten Texten dargestellt und eingeleitet von Gerhard Funke. Stuttgart 1963.
Funke, G.: Das sokratische Jahrhundert, in: Die Aufklärung (Einleitung), 1–92.
Gay, P.: The Enlightenment. An Interpretation. 2 Vols. New York 1967/69 (Ndr. 1977).
Gershoy, L.: L'Europe des princes éclairés, 1763–1789. Paris 1966 ([1]1944).
Ghio, M.: L'idea di progresso nell'illuminismo francese e tedesco. Turin 1962.
Goyard-Fabre, S.: La philosophie des Lumières en France. Paris 1972.
Grean, S.: Shaftesbury's Philosophy of Religion and Ethics: A Study in Enthusiasm. Athens, Ohio 1967.
Groethuysen, B.: Die Entstehung der bürgerlichen Welt- und Lebensanschauung in Frankreich. 2 Bde. Halle 1927/1930.
Groethuysen, B.: Philosophie de la révolution française. Paris 1956 (dt.: Philosophie der Französischen Revolution. Mit einem Nachwort von Eberhard Schmitt. Übersetzt von Manfred Müller und G. H. Müller. Darmstadt und Neuwied; Frankfurt — Berlin — Wien 1975).
Gulyga, A. W.: Der deutsche Materialismus am Ausgang des 18. Jahrhunderts. Berlin 1966 (Orig.-Ausg. Moskau 1962. Übersetzt von I. Bauer und G. Korf).
Gusdorf, G.: Les sciences humaines et la pensée occidentale. T. IV: Les principes de la pensée au siècle des lumières: Paris 1971; T. V: Dieu, la nature, l'homme au siècle des lumières. Paris 1972; T. VI: L'avénement des sciences humaines au siècle des lumières. Paris 1973; T. VII: Naissance de la conscience romantique au siècle des lumières. Paris 1976.
Haacke, U. (Hrsg.): Die Aufklärung im deutschen Schrifttum. Bielefeld und Leipzig 1931.
Haaß, R.: Die geistige Haltung der katholischen Universitäten Deutschlands im 18. Jahrhundert. Ein Beitrag zur Geschichte der Aufklärung. Freiburg 1952.
Hall, A. R.: The Scientific Revolution 1500–1800: The Formation of the Modern Scientific Attitude. London [2]1962.
Hampe, J. Ch.: Ehre und Elend der Aufklärung gestern wie heute. Ein engagierter Vergleich. München 1971.

Hazard, P.: La crise de la conscience européenne (1680–1715). Paris 1935 (dt.: Die Herrschaft der Vernunft. Das europäische Denken im 18. Jahrhundert. Übers. v. H. Wegener u. K. Linnebach. Hamburg 1949).

Heimpel-Michel, E.: Die Aufklärung. Eine historisch-systematische Untersuchung. Langensalza 1928.

Hettner, H.: Geschichte der deutschen Literatur im achtzehnten Jahrhundert. 3 Bde. Braunschweig [6]1913.

Hinske, N. (Hrsg.): Was ist Aufklärung? Beiträge aus der Berlinischen Monatsschrift. Berlin 1783 bis 1786. In Zusammenarbeit mit M. Albrecht ausgewählt, eingeleitet und mit Anmerkungen versehen von N. Hinske. 2., um ein Nachwort vermehrte Aufl. Darmstadt 1977 ([1]1973).

Hinske, N.: Aufklärung über Aufklärung. Zu Werner Schneiders' Buch „Die wahre Aufklärung", in: Studia Leibnitiana VIII, 1976, 120–127.

Hinske, N.: Kant als Herausforderung an die Gegenwart. Freiburg — München 1980.

Hinske, N.: Reimarus zwischen Wolff und Kant. Zur Quellen- und Wirkungsgeschichte der *Vernunftlehre* von Hermann Samuel Reimarus, in: s. Logik im Zeitalter der Aufklärung, 9–32.

Hinske, N.: Ich handle mit Vernunft — M. Mendelssohn und die europäische Aufklärung. Hamburg 1981.

Hirsch, E.: Geschichte der neuern evangelischen Theologie im Zusammenhang mit den allgemeinen Bewegungen des europäischen Denkens. 5 Bände, Gütersloh 1949 ff. ([4]1968).

Hocks, P. — Schmidt, P.: Index zu deutschen Zeitschriften der Jahre 1773–1830: Zeitschriften der Berliner Aufklärung. 3 Bde. Nendeln, Liechtenstein 1979.

Horkheimer, M., und Adorno, T. W.: Dialektik der Aufklärung. Philosophische Fragmente. Amsterdam 1947, Frankfurt 1969 (u. ä.).

Horkheimer, M.: Kants Philosophie und die Aufklärung, in: Horkheimer: Um die Freiheit. Frankfurt 1962, 27–42.

Joret, Ch.: L'idéologie des Lumières, in: Revue de l'Université de Bruxelles, Heft 2–2, 1972.

Joret, Ch.: La littérature Allemande au XVIIIe siècle, dans ses rapports avec la littérature française et avec la littérature Anglaise. Paris — Aix 1876 (Repr. Genève 1970).

Kantzenbach, F. W.: Protestantisches Christentum im Zeitalter der Aufklärung. Gütersloh 1965.

Köster, A.: Die deutsche Literatur der Aufklärungszeit. Heidelberg 1925.

Kondylis, P.: Die Aufklärung. Stuttgart 1981.

Krauss, W. (Hrsg.): Die französische Aufklärung im Spiegel der deutschen Literatur des 18. Jahrhunderts. Hrsg. u. eingeleitet von W. Krauss. Berlin 1963.

Krauss, W. — Mayer, H. (Hrsg.): Grundpositionen der französischen Aufklärung. Berlin 1955.

Krauss, W.: Studien zur deutschen und französischen Aufklärung. Berlin 1963.

Krauss, W.: Perspektiven und Probleme. Zur französischen und deutschen Aufklärung und andere Aufsätze. Neuwied — Berlin 1965.

Krauss, W.: Zur Anthropologie des 18. Jahrhunderts. Die Frühgeschichte der Menschheit im Blickpunkt der Aufklärung. Hrsg. v. Hans Kortum u. Christa Gohrisch. Berlin 1978, München, Wien 1979.

Krieger, L.: The German Idea of Freedom. Chicago — London 1957.

Lamanna, E. P.: Storia della filosofia. Da Cartesio a Kant. Firenze 1967.

Langer, W.: Friedrich der Große und die geistige Welt Frankreichs. Hamburg 1932.

Leiste, L.: Der Humanitätsgedanke in der Philosophie der deutschen Aufklärung. Halle 1932.

Leroy, M.: Histoire des idées sociales en France de Montesquieu à Robespiere. Paris 1946.

Lévy-Bruhl, L: L'Allemagne depuis Leibniz. Essai sur le développement de la conscience nationale en Allemagne 1700–1848. Paris 1890.

Ley, H.: Geschichte der Aufklärung und des Atheismus. Bd. 1, Berlin 1966; Bd. 2/1, 1970; Bd. 2/2, 1971; Bd. 3/1, 1978.

Lichtenberger, F.: Histoire des Idées religieuses en Allemagne depuis le milieu du XVIIIe siècle jusqu'à nos jours. 3 vol., Paris 1887.

Linden, M.: Untersuchungen zum Anthropologiebegriff des 18. Jahrhunderts. Bern — Frankfurt 1976.

Lötzsch, F.: Zur Genealogie der Frage „Was ist Aufklärung?": Mendelssohn, Kant und die Neologie, in: Theokratia. Jahrbuch des Institutum Delitzschianum. Festgabe für K. H. Rengstorf zum 70. Geburtstag. Bd. 2, 1970, 307–322.

Logik im Zeitalter der Aufklärung. Studien zur „Vernunftlehre" von Hermann Samuel Reimarus. Hamburg 1980 (Hrsg. Wolf Walther und Ludwig Borinski).

Magnino, B.: Illuminismo e christianesimo. 3 Bde. Brescia 1960.

Manuel, F. E.: The Age of Reason. Ithaca/N. Y. 1951 ([7]1962).

Marck, S.: Das Jahrhundert der Aufklärung. Vom englischen Empirismus bis Kant. Leipzig 1923.

Martens, Wolfgang: Die Botschaft der Tugend. Die Aufklärung im Spiegel der Moralischen Wochenschriften. Stuttgart 1968.

Martineau, J.: Types of Ethical Theory. Vol 2. 3rd. Edition, Revised. Oxford 1891.

Masters, R. D.: The Political Philosophy of Rousseau. Princeton, N. J. 1968.

Mauzi, R.: L'idée de Bonheur au XVIIIe siècle dans la littérature et la pensée françaises. Paris [4]1969.

May, H. F.: The Enlightenment in America. London — New York — Oxford 1976.

McDonald, J.: Rousseau and the French Revolution 1762–1791. London 1965.

McGiffert, A. C.: Protestant Thought before Kant. London 1911.

Merker, N.: L'illuminismo tedesco. Etá di Lessing. Bari 1968.

Merkle, S.: Die kirchliche Aufklärung im katholischen Deutschland. Berlin 1910.

Moravia, S.: La scienza dell'uomo nel settecento. Bari 1970 (dt.: Beobachtende Vernunft. Philosophie und Anthropologie in der Aufklärung. Aus dem Italienischen von E. Piras. Hamburg 1973).

Mornet, D.: La pensée française au XVIIIe siècle. Paris 1962 (^1 1947).

Nivelle, A.: Kunst- und Dichtungstheorien zwischen Aufklärung und Klassik. Berlin 1960 (^2 1971).

Petersen, P.: Geschichte der aristotelischen Philosophie im protestantischen Deutschland. Leipzig 1921.

Philipp, W.: Das Werden der Aufklärung in theologiegeschichtlicher Sicht. Göttingen 1957.

Philipp, W. (Hrsg.): Das Zeitalter der Aufklärung. Bremen 1963.

Pomeau, René: L'Europe des Lumières. Cosmopolitisme et Unité Européenne au XVIIIe siècle. Paris 1966.

Puaux, F.: Les Précurseurs Français de la Tolérance au XVIIe siècle. Paris 1881.

Pütz, P.: Die deutsche Aufklärung. Darmstadt 1978.

Raabe, P. — Schmidt-Biggemann, W. (Hrsg.): Aufklärung in Deutschland. Bonn 1979 (auch engl., franz., span.).

Reau, L.: L'Europe Française au Siècle des Lumières. Paris 1938.

Reichmann, E.: Die Herrschaft der Zahl. Quantitatives Denken in der deutschen Aufklärung. Stuttgart 1968.

Rendall, J.: The Origins of Scottish Enlightenment. London — New York 1978.

Rendtorff, T. (Hrsg.): Religion als Problem der Aufklärung. Göttingen 1980.

Rivaud, A.: Histoire de la philosophie. Tome IV: Philosophie française et philosophie anglaise de 1700 à 1830. Paris 1962; Tome V: La philosophie allemande de 1700 à 1850. Première partie: De l'Aufklärung à Schelling. Paris 1968.

Roger, J.: Les Sciences de la Vie dans la pensée française du XVIIe siècle. Paris 1963.

Rossi, P. (Hrsg.): Gli illuministi francese. Torino 1973.

Sampson, R. V.: Progress in the Age of Reason. Melbourne, London, Toronto 1956.

Schalk, F.: Studien zur französischen Aufklärung. München 1964 (2., verbesserte und vermehrte Auflage Frankfurt 1977).

Schneiders, W.: Die wahre Aufklärung. Zum Selbstverständnis der deutschen Aufklärung. Freiburg — München 1974.

Schneiders, W.: Leibniz — Thomasius — Wolff. Die Anfänge der Aufklärung in Deutschland, in: Akten des II. Internationalen Leibniz-Kongresses Hannover, 17.–22. Juli 1972. Bd. 1. Wiesbaden 1973, 105–121.

Schöffler, H.: Deutscher Geist im 18. Jahrhundert. Essays zur Geistes- und Religionsgeschichte. Hrsg. v. Götz von Selle. 2. Aufl. Göttingen 1967.

Schöffler, H.: Deutsches Geistesleben zwischen Reformation und Aufklärung. Frankfurt 1956.

Schröder, W. (Hrsg. u. a.): Französische Aufklärung. Leipzig 1974.

Schulz, U.: Die Berlinische Monatsschrift (1783–1796). Eine Bibliographie. Mit einer Einleitung von G. Schulz. Hildesheim 1969.

Sckommodau, H.: Thematik des Paradoxes in der Aufklärung, in: Sitzungsberichte der Wissenschaftlichen Gesellschaft an der Johann Wolfgang Goethe-Universität Frankfurt. Bd. 19, 1971, Nr. 2. Wiesbaden 1972, 55–101.

Seidel, H.: Philosophiehistorische Bemerkungen zum Begriff 'Aufklärung', in: Deutsche Zeitschrift für Philosophie 11, 1980, 1371–1376.

Shklar, J. N.: Men and Citizens: A Study of Rousseau's Social Theory. Cambridge, England 1969.

Sommer, R.: Grundzüge einer Geschichte der deutschen Psychologie und Ästhetik von Wolff — Baumgarten bis Kant — Schiller. Würzburg 1892 (Repr. Amsterdam 1966).

La spécificité des »Lumières« allemandes [= Archives de Philosophie 42, 1979, Cahier 3 (I), Cahier 4 (II)].

Starobinski, J.: L'Invention de la Liberté. 1700–1789. Genève 1964.

Starobinski, J.: Jean-Jacques Rousseau: La Transparence et l'Obstacle. Suivi de sept essais sur Rousseau. Paris 1971 ([1]1957).

Steiner, M.: Die Welt der Aufklärung. Nachgelassene Schriften. Hrsg. u. eingel. v. Kurt Hiller. Berlin 1912.

Stolleis, M.: Staatsraison, Recht und Moral in philosophischen Texten des späten 18. Jahrhunderts. Meisenheim 1972.

Streisand, J.: Geschichtliches Denken von der deutschen Frühaufklärung bis zur Klassik. Berlin 1964.

Stuke, H.: Aufklärung, in: Geschichtliche Grundbegriffe. Historisches Lexikon zur politisch-sozialen Sprache in Deutschland. Hrsg. v. O. Brunner, W. Conze, R. Koselleck. Bd. 1 (A–D). Stuttgart 1972, 243–342.

Tonelli, G.: La philosophie allemande de Leibniz à Kant, in: Histoire de la philosophie II. Paris (Pléiade) 1973, 728–785.

Tonelli, G.: „Lumières", „Aufklärung": A Note on Semantics, in: International Studies in Philosophy (Studi Internazionali di Filosofia) 6, 1974, 166–169.

Torrey, N. L. (ed.): The Philosophers of the Enlightenment and Modern Democracy. New York 1961.

Transactions of the 1st International Congress on the Enlightenment: The 18th Century Philosophers. New York 1956.

Tuveson, E. L.: The Imagination as a Means to Grace. Locke and the Aesthetics of Romanticism. Berkeley 1960, New York 1971 ([2]1974).

Tuveson, E. L.: Shaftesbury and the Age of Sensibility, in: Studies in Criticism and Aesthetics, 1600–1890. Ed. by Howard Anderson and John S. Shea. Minneapolis 1967, 73–93.

Tuveson, E. L.: Shaftesbury on the Not so Simple Plan of Human Nature, in: Studies in English Literature 5, 1965, 403–434.

Ueberweg, F.: Grundriß der Geschichte der Philosophie. 3. Teil: Die Philosophie der Neuzeit bis zum Ende des XVIII. Jahrhunderts. Zwölfte, mit einem Philosophen- und Literatoren-Register versehene Auflage. Völlig neu bearbeitet von Max Frischeisen-Köhler und Willy Moog. Berlin 1924, 348 ff.

Valjavec, F.: Geschichte der abendländischen Aufklärung. Wien — München 1961.

Venturi, F.: Saggi sull'Europa illuminista. Torino 1954.
Vernière, P.: L'idée d'humanité au 18e siècle, in: Studium Generale 15, 1962, 171–179.
Voegelin, E.: From Enlightenment to Revolution. Edited by John Hallowell. Durham, N. C. 1975.
Voitle, R. B.: Shaftesbury's Moral Sense, in: Studies in Philology 52, 1955, 17–38.
Vorländer, K.: Philosophie der Neuzeit. Die Aufklärung. Geschichte der Philosophie V. Bearbeitet von Hinrich Knittermeyer. Mit Quellentexten und bibliographischen Ergänzungen versehen von Eckhard Keßler. Reinbek 1967.
Wade, J. O.: The Structure and Form of the French Enlightenment, 2 Vols., Princeton 1977.
Walther, W. — Borinski, L.: Logik im Zeitalter der Aufklärung. Hamburg 1980.
White, R. J.: The Anti-Philosophers. A Study of the Philosophers in Eighteenth Century France. London 1970.
Windelband, W.: Lehrbuch der Geschichte der Philosophie. Mit einem Schlußkapitel: Die Philosophie im 20. Jahrhundert und einer Übersicht über den Stand der philosophiegeschichtlichen Forschung, hrsg. v. H. Heimsoeth. 15., durchgesehene und ergänzte Auflage. Tübingen 1957.
Wolf, A.: A History of Science, Technology and Philosophy in the 18th Century. 2 vols. London 1938 (^{2}1963).
Wolfenbütteler Studien zur Aufklärung. Im Auftrag der Lessing-Akademie hrsg. v. G. Schultz. Wolfenbüttel u. Bremen 1974ff.
Wolff, H. M.: Die Weltanschauung der deutschen Aufklärung in geschichtlicher Entwicklung. Bern 1949 (^{2}1963).
Wundt, M.: Die deutsche Schulphilosophie im Zeitalter der Aufklärung. Tübingen 1943 (Nachdr. Hildesheim 1964).
Yates, F. A.: The Rosicrucian Enlightenment. London — Boston 1972 (dt.: Aufklärung im Zeichen des Rosenkreuzes, übers. v. E. Zahn. Stuttgart 1957).
Zeller, E.: Geschichte der Philosophie in Deutschland seit Leibniz. München 1873.

REGISTER